Margot Schmitz | Michael Schmitz

Emotions-Management

Margot Schmitz | Michael Schmitz

Emotions-Management

Anleitung zum Glücklichsein

Piper München Zürich

Mehr über unsere Autoren und Bücher
www.piper.de

Von Margot Schmitz und Michael Schmitz
liegen im Piper Verlag vor:
Seelenfraß
Seelennahrung

Hinweis:
Bei allen Beispielen aus der Praxis wurden die Namen geändert.

ISBN 978-3-492-05254-2

Satz: Satz für Satz. Barbara Reischmann, Leutkirch
Druck und Bindung: CPI – Clausen & Bosse, Leck
Printed in Germany

Inhalt

Vorwort

Wir Menschen sehnen uns angeblich nach nichts mehr als nach dem Glück, sind aber ausgesprochen erfinderisch, wenn es darum geht, dem Unglück auf den Weg zu helfen. Ja, mit einiger Geduld lässt sich ein komplex strukturiertes Regelwerk identifizieren, das verlässlich für Unglück sorgt.

- Regel Nummer 1
  Vertrauen Sie auf Ihre fest gefügten Denkmuster. Sie haben sich doch bewährt, gelernt ist schließlich gelernt, und ohne sie wären Sie nicht da, wo Sie sind, oder?

- Regel Nummer 2
  Lassen Sie sich von neuem Wissen nicht in Ihrer Grundhaltung erschüttern. Halten Sie Widersprüche aus. Die Regel ist bei Partnerwahl oder Kindererziehung ebenso nützlich wie beim Anstieg auf der Karriereleiter. Die Haltung ist gerade auf Führungsetagen in Unternehmen und Organisationen verbreitet. Deshalb geht dort so herrlich viel schief.

- Regel Nummer 3
  Folgen Sie allein Ihrem Gefühl. Verlassen Sie sich vor allem dann blind auf Ihre Intuitionen, wenn Sie von dem, worum es geht, keine Ahnung haben. Dazu raten sogar Psychologieprofessoren, Bestsellerautoren bezeichnen das als »denken ohne zu denken«.

- Regel Nummer 4
  Sie haben kein Vertrauen zu Ihren Gefühlen? Dann vertrauen Sie ausschließlich auf Ihren Verstand. Falls Sie viel über etwas

wissen, erkennen Sie, wie viel mehr Wissen Sie sich noch beschaffen können. Erarbeiten Sie sich vollständige Informationen, erforschen Sie jedes Detail, erwägen Sie jede denkbare Alternative. Lassen Sie sich dabei von keinem Gefühl irritieren, achten Sie nur auf die Fakten. So entscheiden Sie nichts, erwecken aber einen ungeheuer kompetenten Eindruck.

- Regel Nummer 5
  Machen Sie andere für Misserfolge verantwortlich. Wenn sich zeigt, dass Sie mit Ihrem Standardrepertoire von Mustern und Vorurteilen nicht die gewünschten Ergebnisse erzielen, können Sie sich so bequem an ihnen schadlos halten.

- Regel Nummer 6
  Zeigen Sie, dass Sie sich nichts gefallen lassen. Lassen Sie jeden Ärger raus und stellen Sie sich vor, so könnten Sie ihn am besten loswerden. Wenn andere Ihnen blöd kommen, sind die selbst schuld, wenn Ihnen der Kragen platzt.

Wir können Ihnen versprechen: In diesem Buch werden Sie eine Vielzahl weiterer Regeln finden, die zuverlässig ins Unglück führen, und es werden Ihnen Leute begegnen, die es in ihrer Befolgung zu wahrer Meisterschaft gebracht haben. Es ist ja verblüffend: Die Glücksratgeberliteratur erlebt seit vielen Jahren einen schier unglaublichen Boom, aber so richtig erfolgreich waren all diese Ratgeber nicht. Eher muss man staunen, wie Paul Watzlawicks Büchlein *Anleitung zum Unglücklichsein* nicht nur Millionenauflagen erlebt, sondern auch millionenfach Schule macht. Wie schrieb er schon 1983? »Es ist höchste Zeit, mit dem jahrtausendealten Ammenmärchen aufzuräumen, wonach Glück, Glücklichkeit und Glücklichsein erstrebenswerte Lebensziele sind.« Und weiter: »Die Zahl derer, die sich ihr eigenes Unglück nach bestem Wissen und Gewissen zurechtzimmern, mag verhältnismäßig groß erscheinen. Unendlich größer aber ist die Zahl derer, die auch auf diesem Gebiet auf Rat und Hilfe angewiesen sind.«

Mehr als ein Vierteljahrhundert später ist dem vom Grundsatz her nichts hinzuzufügen, im Detail aber schon. Denn mittlerweile haben die Neurowissenschaften und, überraschend genug, die Managementtheorie enorme Fortschritte gemacht bei der Suche nach Ursachen für Glück und Unglück, Erfolg und Misserfolg, Beharren und Fortschritt. Wir wissen heute sehr viel genauer, wie Menschen, Organisationen und Unternehmen sich ins Verderben manövrieren, und könnten daraus Regeln ableiten, wie dies, wenn gewünscht, zu vermeiden wäre. Was wir allerdings auch gelernt haben: Die bloße Erkenntnis bewirkt rein gar nichts.

Wir, die Autoren dieses Buches, arbeiten seit vielen Jahren interdisziplinär, sind nicht nur im Bereich der Medizin und Psychologie, sondern auch der Organisations- und Unternehmensberatung tätig, arbeiten als Arzt, Coach, Berater und haben darüber vielfältige Einblicke erhalten, wie Menschen sich an einmal gelernte Muster klammern – auch wenn sie eigentlich erkannt haben, dass sie damit ihrer ganz persönlichen Regel zum Unglücklichsein folgen (wir gestehen: auch als Experten in dieser Sache sind wir selbst nicht vollkommen frei davon). Immer wieder erleben wir Menschen in unserer Coaching Company, die intellektuell längst erfasst haben, wie sie sich regelmäßig selbst ein Bein stellen, von diesem Verhalten aber einfach nicht lassen können. Weil sie ihrer Angst oder Wut, ihren Schuld- oder Schamgefühlen, aber auch ihrer Euphorie ausgeliefert sind. Sie werden einige davon in diesem Buch kennenlernen.

Die meisten von ihnen gehen heute zufriedener durchs Leben, meistern ihren Weg besser. Nicht weil wir sie geheilt hätten – das ist nicht unser Gewerbe (und wenn wir schon mal dabei sind: Die klassische Psychoanalyse mit ihrer Fixierung auf die Vergangenheit scheint uns eine besonders erfolgreiche Regel zum Unglücklichsein). Nein, wir haben sie nur auf ihrem Weg unterstützt, die Logik ihrer Gefühle zu entschlüsseln und sich aus ihren Mustern zu befreien, indem sie Schritt für Schritt ihr Gehirn neu programmierten. Wir haben erlebt, wie

Paniker, die sich jahrzehntelang selbst blockierten, ihre Angst überwanden, wie Leute, die aus dauernder Sorge um falsche Entscheidungen nie etwas entschieden, ihr Leben dann in die Hand nahmen; wie Choleriker, denen immer wieder die Selbstkontrolle versagte, sich zu verträglichen und umgänglichen Kollegen wandelten; wie Computer-Nerds, die sich sozialphobisch im Internet gefangen hielten, aus ihrer Isolation ausbrachen und menschliche Nähe fanden; wie sich durch Scham Geknickte aufrichteten und Selbstbewusstsein erlangten; wie von Macht, Reichtum und Ruhm Abhängige ihre Sucht besiegten. Die Theorie liefert uns die Anleitung für die Praxis. Und da bewährt sie sich!

Die Basis unserer Arbeit nennen wir: Emotions-Management. Wir haben dieses Konzept selbst entwickelt. Diese Tatsache darf, ja muss Sie misstrauisch machen! Denn begeben wir uns damit nicht auf eine Ebene mit jenen, die lauthals ihr Rezept von der »Glücksformel« zu Markte tragen? Vor denen warnte ja schon Watzlawick, der bereits 1983 »in einer Flutwelle von Anweisungen zum Glücklichsein zu ertrinken« glaubte. Nein, tun wir nicht (auch wenn wir unser Buch »Anleitung zum Glücklichsein« genannt haben). Denn wir predigen keine Heilsformeln, weisen Ihnen keine Schnellstraße oder Abkürzung dorthin. Wir erklären Ihnen stattdessen, wie Sie die Logik Ihrer Gefühle besser ergründen können und wozu das gut ist. Wir erläutern, wie das Gehirn funktioniert, wie es uns immer wieder in die Falle lockt und wie Sie es besser benutzen können. Und wir zeigen, welche Kräfte in Ihnen frei werden, wenn Gefühl und Verstand nicht mehr nebeneinander oder gar gegeneinander, sondern miteinander arbeiten. Aus der Kenntnis vieler Studien, dem Austausch mit Kollegen aus aller Welt und der Erfahrung in der Praxis haben wir gelernt: Den einen selig machenden Weg zu einem gelingenden Leben gibt es nicht. Aber dank der neueren Erkenntnisse der Wissenschaften tun sich für uns neue Chancen auf, den ganz persönlichen Weg dorthin zu finden.

Und hier noch die Regel Nummer 23 fürs Unglücklichsein

(die Regeln 7 bis 22 finden Sie, mitsamt den bereits zitierten, im Anhang): Fragen Sie sich nie »Wer bin ich?«. Gedanken daran machen Sie alltagsuntauglich, Sie funktionieren danach nie mehr wie zuvor. Denn hinter dieser Frage beginnt der seelische Abgrund! Die Warnung kann Sie nicht schrecken? Na, dann los.

Die Logik der Gefühle

Der Philosoph Descartes lehrte uns: »Ich denke, also bin ich.« Der Satz ist berühmt! Aber er ist nur die halbe Wahrheit. Denn ohne Gefühle bleibt das Denken irrational. Ohne Gefühle gelangen wir nicht zur Vernunft. Gefühle haben ihre eigene Logik. Sie bestimmt, wie wir denken und wie wir uns verhalten. Wir erleben immer wieder, dass Gefühle uns zu unvernünftigen Handlungen treiben können. Wenn wir begreifen, wie sehr Gefühle uns leiten und welche Logik ihnen zugrunde liegt, können wir das vermeiden.

»Jetzt oder nie«, dachte Phillip Gaus. »Die Aktienkurse sind im Keller, das ist die Gelegenheit zu kaufen«, predigte sein Bankberater und stellte Gaus eine satte Rendite in Aussicht: »20 Prozent.« In weniger als fünf Jahren könne er sein Vermögen mehr als verdoppeln. Gaus stellte sich vor, dann genug Kapital zu haben, um nicht mehr arbeiten zu müssen, und geriet ins Schwärmen. Er zeichnete 1,2 Millionen Euro für einen Immobilienfonds und setzte alles auf die ausgespielte Karte. Und er fühlte sich großartig dabei. Es käme eben darauf an, in der richtigen Situation Mut zu beweisen, schmeichelte ihm sein Berater. Phillip Gaus verließ das Bankhaus in Feierlaune.

Doch seine Euphorie verflog schnell. Schon wenige Wochen nach seinem Kauf sackten die Kurse des Fonds nach unten. Zunächst hoffte er noch auf Erholung, doch es wurde nur schlimmer. Gaus schaffte den Ausstieg nicht aus diesem trügerischen Geschäft. Drei Monate später notierte er statt 20 Prozent Gewinn 80 Prozent Verlust. Der Traum vom Leben ohne

Arbeit platzte mit einem lauten Knall. Als Phillip Gaus den Kaufvertrag unterschrieben hatte, glaubte er, das Wort »Rendite« stünde für »sicheren Gewinn«. Dass mit kühnen Prognosen Risiken verbunden sind, kam ihm nicht in den Sinn. Zwar wusste er es rational, doch das euphorische Gefühl, mit einem Streich schnell sein ersehntes Ziel erreichen zu können, hatte den Gedanken beiseitegedrängt. Erst nach dem Scheitern stellte sich für ihn die Einsicht wieder ein, dass bei besonders hohen Renditeofferten auch die Risiken besonders hoch sein müssen. Wer als Broker hoch optimistische Einkünfte verspricht, braucht nämlich solche Verlockungen, um Investoren zu betören. Der Bankberater, zürnte Gaus verbittert, habe wohl mehr an seine Provision als an das Interesse seines Kunden gedacht.

Ferdinand Merck sinnierte: »Ich sollte das Angebot ausschlagen.« Er schaute auf seine Für-und-Wider-Liste, mit der er versuchte, Klarheit zu erlangen, ob er auf den Vorschlag seines Chefs eingehen sollte, im Unternehmen als Leiter eine neue Business-Unit aufzubauen. Merck, ein ausgezeichneter Entwicklungsingenieur, zählte weit mehr Punkte, die seiner Meinung nach gegen das Ansinnen seines Chefs sprachen. So glaubte er, zu wenig und nicht ausreichend qualifizierte Mitarbeiter zu bekommen, in Konkurrenz zu Firmen antreten zu müssen, die ähnliche Entwicklungen betrieben, allerdings mit weit mehr Ressourcen, und schließlich auf unüberwindbare Hindernisse zu treffen, wenn es galt, für sein Produkt – ein energiesparendes Heizsystem – eine renommierte Händlerkette als Partner zu gewinnen.

Dafür, sich auf das Angebot einzulassen, sprach für ihn die Qualität seiner Entwicklung. Aber würden dafür genügend Kunden ausreichend zahlen? Könnte er für ein solches Projekt die Verantwortung übernehmen? Daran zweifelte Ferdinand Merck stark. Er suchte Rat bei uns in der Coaching Company. Im Lauf unserer Zusammenarbeit dämmerte dem Ingenieur, dass er von jeher zum Zaudern neigte. Er stellte sich gern lebhaft vor, was bei Unternehmungen alles schiefgehen könnte, sodass er jeden Mut verlor, sich auf Wagnisse einzulassen. Nun fragte er sich, welche Chancen er sich dadurch bereits hatte entgehen lassen? Er begriff, dass seine üblichen Handlungsmuster ihn dazu verleiten würden, sich wieder zurückzunehmen. Jetzt spürte er den Reiz, mehr von seinen Ideen umzusetzen und neue Herausforderungen anzunehmen. Er merkte, wie unterschiedliche Gefühle und Bedürfnisse sich in ihm meldeten und miteinander kämpften. Merck schwankte zwischen kühner Hoffnung und den Schlaf raubender Angst. Irgendwann meldete sich immer heftiger das Gefühl, zu oft von Worst-case-Szenarios ausgegangen und zu vorsichtig gewesen zu sein. Dieses Mal, spürte er schließlich, könne er das Risiko wagen und Unsicherheiten aushalten. Er gewann Zuversicht, weil es ihm im Coaching gelang, mehr Wertschätzung für Leistungen zu entwickeln, die er als Ingenieur und Führungskraft bereits erbracht hatte. »Ich habe ein zunehmend besseres Gefühl bei der Sache«, entdeckte Merck. Er überwand seine ihn sonst blockierenden Zweifel und seine Unsicherheit und entschied sich, die Führung der neuen Business-Unit zu akzeptierten und dafür die Verantwortung zu übernehmen. Gemeinsam analysierten wir, bezogen auf die neue Aufgabe, seine Stärken und Schwächen und Merck suchte für sein Team Leute mit den Fähigkeiten, die ihm fehlten, um das Projekt erfolgreich zu starten und voranzubringen. Und tatsächlich landete er nach knapp einem Jahr einen großen Erfolg. Mit seinem neuen Produkt erschloss er, unter eigener Regie, seinem Unternehmen einen neuen Markt. Weil Gefühl und Verstand sich auf neue Weise ergänzten.

Wie Gefühle unsere Wahrnehmung bestimmen

Wie wir denken, wie wir eine Situation erleben, selbst wie uns etwas schmeckt, hängt vor allem von unseren Gefühlen ab, mit welchen Empfindungen wir ihr begegnen und was wir dann tatsächlich fühlen. Erinnern Sie sich an einen Urlaub, den Sie in besonders schöner Erinnerung haben: ein Essen in lieblicher Landschaft, ein warmer Wind, der sanft die Haut streichelt und Ihnen ganz nah der Mann oder die Frau Ihrer Träume? Wie hat der Wein geschmeckt? Einfach phantastisch, oder? Haben Sie von diesem Wein ein paar Flaschen mit nach Hause genommen? Und dann probiert, wie er Ihnen an einem regnerischen Abend schmeckt, wenn Sie nach einem stressigen Tag voller Ärgernisse im Büro in Ihren Sessel sacken und sich nur noch etwas Gutes gönnen wollen? Ganz ehrlich: Sie mochten den Wein ganz und gar nicht, oder?

Mit einiger Süffisanz beschreibt der Psychiater Luc Ciompi, wie Verliebtheit uns in »psychosenahe« Zustände versetzen kann. Sie seien betört, verzaubert, besessen, sagen Verliebte über sich. Sie beschreiben, wie der Verstand aussetzt. Schon Plato nannte die Verliebtheit einen »göttlichen Wahnsinn«. Ciompi erkennt »manche Übereinstimmung mit der Struktur einer krankhaften affektiv-kognitiven Verrückung«. Fühlen und Denken, konstatiert er, sei in der akuten Verliebtheit hochgradig labil und zugleich exaltiert. Verliebte verlören »in zuweilen psychotischer Weise den Kontakt zur Realität« und meinten, über den Wolken zu schweben. Sexuelle Begierden verengten alles Fühlen und Handeln auf erotische Reize und Vorstellungen gleich »dem tierischen Brunstverhalten, in welchem das Syndrom der Verliebtheit evolutionär natürlich wurzelt«.

Ciompi beruhigt uns freilich mit der Bemerkung, dass die Exaltiertheit, die Verwirrung und Verrückung, der Realitätsverlust der Verliebtheit kaum je den Grad, die Dauer und die Allgegenwart einer Psychose erreiche und sich die Grenzen des Ichs nicht so dramatisch auflösten, sondern sich vornehmlich auf den oder die Geliebte beschränkten. Dadurch bliebe eine gewisse Alltagstauglichkeit gewahrt. Auf Dauer förderlich sei dagegen die echte Liebe. Sie schließe auf und mache sehend, fördere die Fähigkeit zum Absehen vom eigenen Standpunkt als Zentrum allen Denkens und könne die konstruktiven und kreative Potenziale wecken.

Den eigenen Gefühlen auf die Spur zu kommen ist nicht leicht. Sie sind einfach da, ohne dass wir sie gewollt hätten und (meist) ohne uns ihrer bewusst zu sein. Damit wir begreifen, welche Gefühle uns beeinflussen, müssen wir sie identifizieren und benennen. Das verlangt feinen Spürsinn und erfordert Reflexion. Solange wir lediglich sagen können, ob es uns gut oder schlecht geht, begreifen wir Gefühle nicht richtig. Sie treten in den unterschiedlichsten Varianten auf: als Freude, Angst, Schuld, Scham, Ärger, und sie beschäftigen uns in verschiedenen Graden und Kombinationen, ohne dass wir unmittelbar wissen, wann dies geschieht oder warum. Wir benennen sie als »Stimmungen«, oft ohne ihre Ursachen ergründen zu können. Mitunter suchen wir nach plausiblen Erklärungen, mit denen wir uns Gründe zwar zurechtlegen, aber wirklich verstehen können wir sie nicht.

Große Gefühle zeigen nicht sogleich ihre Macht. In Gedanken können wir sie leicht bagatellisieren. Sie können uns aber auch vereinnahmen. Angst macht sich bemerkbar als Sorge, Misstrauen, Befangenheit, Kleinmut, Feigheit, Unterwürfigkeit. Sie begegnet uns als Furcht, Entsetzen, Grauen, Horror oder Panik. Sie beeinflusst uns, je nach Ausprägung, in unterschiedlicher Weise. Ähnlich ist es mit Schuld und Scham. Doch die Gefühle haben andere Ursachen und entstehen anders. Dabei zeigen sie sich oft als Form von Angst, etwa der Angst, schuldig zu werden oder sich schämen zu müssen. Doch Angst ist schneller zu empfinden und leichter zu identifizieren als Schuld oder Scham, und sie verdeckt tiefer liegende und stärker beeinflussende Gefühle, sodass diese nicht gefasst und nicht verstanden werden können.

Ärger zeigt sich in Gereiztheit, Missmut, Verdruss, Unhöflichkeit, Grobheit, Ungeduld, Strenge, Hohn, Sarkasmus, Zynismus. Ärger ist, wie Angst, ein schnelles Gefühl. Ärger explodiert oft mit einer Wucht, die uns fassungslos machen kann. Wir rätseln über die Ursachen. Worin unser Ärger wurzelt, ist nur mit besonderer Anstrengung zu verstehen. Wir neigen dazu, den vordergründigen Anlass für die eigentliche

Ursache zu halten und anderen die Schuld dafür zu geben, dass wir uns ärgern, missmutig, ungeduldig, gereizt oder rüde sind. Ärger paart sich mit Neid, ebenso mit Angst. Er kann getrieben sein von Schuld. Er kann uns guttun oder schaden – wie all unsere Gefühle.

Euphorie lässt uns nur das Positive sehen. Die Welt scheint uns zu gehören, mit unbegrenzten Möglichkeiten. Euphorie sagt: Nichts kann schiefgehen, alles muss gelingen. Sie beflügelt uns, wir fühlen uns großartig. Wir sprühen vor Ideen, schmieden phantastische Pläne. Wir sind verzückt, überschwänglich, verklärt, ausgelassen, zugeneigt. Wir triumphieren und könnten die ganze Welt umarmen, wir empfinden uns als entschlossen, kühn, ekstatisch. Wunderbar! Wir sollten in einer solchen Stimmung freilich keine gravierenden Entscheidungen treffen, denn wir nehmen Risiken nicht mehr wahr. Unser kritischer Verstand versagt, und das analytische Denken ist blockiert.

Wir erwerben *unsere* Gefühle im Lauf *unseres* Lebens und bilden Gefühlskonzepte. Aber sie sind nicht von Geburt an in uns angelegt. Wir entwickeln sie durch Erfahrungen und den Umgang mit anderen Menschen, vor allem solchen, die für uns wichtig sind. Diese Konzepte bestimmen unsere Wahrnehmung – *wie* wir wahrnehmen und *was* wir wahrnehmen, worauf wir unsere Aufmerksamkeit besonders richten. Das geschieht automatisch und unbewusst. Wie wir sie entwickeln, hängt von verschiedenen Faktoren ab, die wir zu einem großen Teil nicht beeinflussen können.

Wir wissen mittlerweile aus der Forschung, dass bereits Erlebnisse des Ungeborenen während der Schwangerschaft die Ausprägung von Gefühlen beeinflussen können. Stress zum Beispiel verstärkt die Neigung zu Ängstlichkeit. Nach der Geburt beeinflussen dann die Menschen in unserer Umgebung, welche Gefühle wir haben – ob wir uns sicher und geborgen fühlen, umsorgt oder vernachlässigt, freundlich ermuntert oder abgestraft. All das geschieht, bevor wir sprechen können, bevor wir uns als »Ich« erleben, bevor unser Hirn seine kognitiven Fähigkeiten entwickelt hat. So entstehen in uns Gefühlswelten, die unser Verhalten bestimmen, bevor wir uns derer bewusst sein können.

Das emotionale Gedächtnis

»Ich denke, also bin ich« – das Postulat von Descartes prägt noch immer das Weltbild der Rationalisten. Und tatsächlich ist das selbstbewusste Denken die Gabe und Fähigkeit, die uns Menschen von allen anderen Lebewesen abhebt – selbst wenn sich das menschliche Gehirn in seinen genetischen Anlagen nur um wenige Prozent von dem Gehirn anderer Primaten unterscheidet. Allerdings gibt es kein »reines« Denken, wie sehr es sich Philosophen auch immer gewünscht haben. Wir wissen heute dank moderner Hirnforschung: Jeder Mensch braucht, um handlungsfähig zu sein, die Verbindung von Gefühl und Verstand. Sie muss als Verschaltung von Nervenzellen verschiedener Areale – von Denk-Hirn und Emotions-Hirn – funktionieren. Wir müssen deshalb feststellen: Denken ohne Gefühle ist irrational und unvernünftig. Mit der Kunst des Denkens ist es ohne Gefühle nicht weit her.

Phillip Gaus scheiterte, weil er sich von seinen Gefühlen zu unvernünftigen Investitionen verleiten ließ. Welches Wagnis er einging, wollte er gar nicht wissen. Daraus mag mancher den Schluss ziehen, dann sei es doch besser, Gefühle bei derartigen Entscheidungen außen vor zu lassen. Aber das geht nicht. So ist unser Gehirn nicht gebaut. Es funktioniert so nicht. Und Ferdinand Merck zeigt uns, dass Gefühle sehr wohl helfen können, ein scheinbar rein rationales Denken zu überwinden, das ihn viele Jahre blockiert und um persönliche Entwicklung, Interessen, Spaß und Erfolg gebracht hat. Gefühle können wir nicht abschalten. Deshalb müssen wir sie und ihren Einfluss verstehen.

Die Lehre von den formalen Beziehungen zwischen Denkinhalten, die uns zu richtigen Schlüssen befähigen soll, wie es uns die formale Logik verspricht, reicht nicht aus, um sich selbst und die Beziehungen zu anderen Menschen zu verstehen, klug zu entscheiden, sich in der Welt zurechtzufinden und das eigene Leben vernünftig zu gestalten.

Wenn wir begreifen wollen, wie Vernunft entsteht – nämlich aus der Verbindung von Fühlen *und* Denken! –, trachten wir nicht mehr nach Vorschriften, wie korrekterweise gedacht werden *sollte*. Wir trauen der formalen Logik nicht mehr. Wir wollen vielmehr verstehen, wie in einem realen Kontext gedacht *wird*. Darauf hat bereits Luc Ciompi hingewiesen, der als Erster die emotionalen Grundlagen des Denkens beschrieb. Ciompi führte den Begriff der »Affektlogik« ein und erklärte dessen doppelte Bedeutung: Er meint sowohl eine »Logik der Affekte« wie auch eine »Affektivität der Logik«, weil Fühlen und Denken untrennbar miteinander verbunden sind und immer zusammenwirken. Ohne Gefühle kein Denken. Und Gefühle, die wir erwerben, haben, wenn das Hirn (biologisch) seine Denkfähigkeit entwickelt, immer eine kognitive Dimension.

Neurowissenschaftliche Studien weisen in bildgebenden Verfahren nach, dass Areale des Denk- und des Emotions-Hirns durch eine Vielzahl von neuronalen Netzwerken miteinander verschaltet sind und sich ständig wechselseitig beeinflussen. Es sind keine voneinander getrennt arbeitenden Systeme. Alle Prozesse im Gehirn, alle inneren Zustände, jedes Lernen und jedes Verhalten ist sowohl kognitiv als auch emotional bedingt. Für die, die genauer wissen wollen, wie das menschliche Gehirn aufgebaut ist, wie es funktioniert und wie wir es am besten benutzen, haben wir in diesem Buch eine »Kleine Hirnkunde« geschrieben.

Gefühle beeinflussen, wie wir unsere Aufmerksamkeit fokussieren, was wir wahrnehmen, mit welchem »Stoff« wir denken, woraus wir *unser* Verständnis von der Welt konstruieren, welchen *Sinn* wir alldem geben. Phillip Gaus ließ sich treiben von dem Wunsch nach schnellem Reichtum. Ferdinand Merck sah viele Jahre in seinem Beruf besondere Komplikationen und Gefahren und erst dann vornehmlich interessante Chancen, als er Gefühle wie Zuversicht und Mut in sich entdeckte und so lange förderte, bis sie stärker waren als die Angst, die ihn zuvor stets blockiert hatte. Gefühle sind also weit mehr als die Energiespender unseres Denkens und Handelns. Sie bewerten, was sich uns bietet. Sie fördern, beschleunigen oder bremsen unser Verhalten, indem sie uns unterschiedlich starke Motive geben. Gefühle sind unsere wahren Motivatoren.

Und Gefühle sind es auch, die aus der Unmenge an Informationen, denen wir zu jeder Zeit ausgesetzt sind und die wir nicht alle wahrnehmen oder gar verarbeiten können, bestimmte herausfiltern. Wir nehmen nur einige Informationen auf und verarbeiten diese dann in Denkprozessen, die zu unseren Gefühlen passen. Akut starke Gefühle üben dabei einen besonders großen Einfluss aus. Freude und Verliebtheit erleichtern uns den Genuss. Optimismus beschert uns Ausdauer und erhöht unsere Frustrationstoleranz. Zu viel Optimismus macht uns blind für Risiken. Angst lenkt unsere Aufmerksamkeit auf mögliche Gefahren – je stärker sie ist, umso mehr blendet sie alles andere aus. Wer von Flugangst gepackt wird, denkt bei jedem Schwanken an nichts anderes als den Absturz. Wer in Panik gerät, wenn er einen Vortrag halten soll, erlebt das Publikum als lauernde Meute, der nicht zu entkommen ist. Beim Screening möglicher Gefahren greift das Gehirn zurück auf Inhalte des emotionalen Gedächtnisses. Besonders alarmiert, was auch nur entfernt an Situationen erinnert, die in ähnlicher Weise bedrohlich waren. Die Inhalte des emotionalen Gedächtnisses sind keine »Gefühlsablagerungen«, sondern kognitiv verarbeitete Gefühle, »emotionale Situationsanalysen«, die so gespeichert werden, wie sie für uns Sinn machen. Das gilt für positive Erlebnisse ebenso wie für negative, für Glücksmomente wie für Katastrophen. Dazu gehört also immer der erlebte Kontext, ohne den das emotionale Gedächtnis keinen Abgleich mit der Wirklichkeit vornehmen und uns keine Orientierung geben könnte. Dem emotionalen Gedächtnis verdanken wir, dass wir derartige Bewertungen vornehmen können, es für uns überhaupt Kontinuität gibt und wir nicht in jeder Sekunde ein neues Konzept von uns und der Welt konstruieren müssen.

Die meisten Menschen haben einige Gefühle erworben, die sie besonders prägen. Diese Gefühle beeinflussen besonders stark, wie wir wahrnehmen, bewerten, denken und handeln. Sie vor allem etablieren unser Repertoire. Sie leiten uns an. Deshalb nennen wir diese Gefühle Leitgefühle. Ängstliche Menschen wittern schneller irgendwo eine Gefahr und halten sie für bedrohlich als Menschen, die von diesem Gefühl nicht so sehr dominiert werden. Leitgefühle erwerben wir aus der Interaktion mit unserer Umwelt. Sie sind soziale Konzepte, die steuern, wie wir uns – je nach Situation – verhalten, wie wir uns positionieren. Scham kann so stark sein, dass wir uns vor uns selbst schämen. Unser »Über-Ich« klagt uns der Unzulänglichkeit und Minderwertigkeit an. Meist jedoch empfindet man Scham in der Öffentlichkeit. Wer von Scham als Leitgefühl bestimmt wird, fühlt sich schnell beobachtet, beurteilt und dann abgewertet. Leitgefühle sind in unserem emotionalen Gedächtnis besonders tief und fest verankert und laufen bei jedem Screening unterschwellig mit. Sie beeinflussen somit nicht nur, was wir wahrnehmen, sondern auch, was wir aus dem Gedächtnis abrufen. Sie installieren »Pforten« oder »Schleusen«, die bestimmte Gedächtnisspeicher aufschließen und andere verschlossen halten.

Vor allem die Leitgefühle bestimmen die Abläufe und die Hierarchie unseres Denkens. Die mit ihnen gekoppelten Gedanken nehmen mehr Raum ein als andere und drängen diese beiseite. Indem Gefühle filtern und hierarchisieren, reduzieren sie Komplexität. So sorgen sie dafür, dass wir uns überhaupt in der Welt zurechtfinden. Sie schaffen die Denkmuster und Faustregeln, mit denen wir Sinn konstruieren und unser Verhalten leiten. Dass es sich dabei um Leitgefühle handelt, ist den meisten Menschen nicht bewusst. Sie haben davon nicht einmal eine Idee. Erklärungen von Empfindung und Verhalten suchen sie vielmehr in Umständen. Damit verstehen sie Gefühle allenfalls als Reflex. Verantwortlich erklären müssen sie sich für sie nicht mehr. Wir gewöhnen uns, so wir sie latent empfinden, auch an starke Gefühle. So, wie wir uns an höhere Temperaturen gewöhnen. Wir empfinden sie nach einiger Zeit nicht mehr so intensiv, wir nehmen sie nicht mehr so aufmerksam wahr, sie scheinen uns schließlich normal. So kann Überängstlichkeit nur noch reflektiert werden als gewöhnliche Sorge, Scham als natürliche Vorsicht. Doch dadurch ändern sich nicht die unbewussten Mechanismen selektiver Wahrnehmung. Leitgefühle geben vor, wie wir fokussieren, speichern, abrufen, ausblenden, abgleichen, kombinieren. Sie bilden ihre spezifische Logik. Menschen können also vornehmlich von einer »Angst-Logik«, einer »Schuld-Logik« oder einer »Scham-Logik« bestimmt sein. Oder von jeder anderen Gefühlslogik, die beeinflusst wird von dem jeweils dominierenden Leitgefühl.

Wenn die Leitgefühle nicht dominieren, weil die konkrete Situation es nicht erfordert, lässt ihre Intensität nach. Packen uns dann in diesem Moment keine besonders heftigen Gefühle, die besondere Umstände mit sich bringen, bestimmt die Alltagslogik mit ihrer Mischung aus weniger intensiven Gefühlen, wie wir unsere Standardoperationen ausüben und unsere automatisierten Alltagsprogramme ablaufen lassen. Sie basieren auf Gewohnheiten, einstudierten Fähigkeiten und Fertigkeiten; sie enthalten unsere selbstverständlichen Vorannahmen, Wertvorstellungen, Vorurteile, zeitübergreifenden Motive und jene besonderen Dispositionen, die unsere individuelle Mentalität ausmachen. Alltagsprogramme, gesteuert von der Alltagslogik, erfordern wenig Aufmerksamkeit und Anstrengung und beeinflussen doch ständig unser Fühlen, Denken und Handeln.

Ambivalente Verstrickungen

Die Auswahl, Verknüpfung und Gewichtung von kognitiven Inhalten wird also von Gefühlen beeinflusst und ist damit immer subjektiv. Deshalb nehmen wir Situationen nicht nur subjektiv wahr, wir setzen, was wir wahrnehmen, zu subjektiven Wahrheiten zusammen, zu persönlichen *Konstruktionen*, denen wir unseren eigenen Sinn geben. »Objektivität« ist eine Illusion. Empfindungen und Beschreibungen von dem, was geschieht, müssen sich subjektiv unterscheiden. Was wir als Chance oder Bedrohung wahrnehmen, beeinflusst durch unsere Leitgefühle, ist immer eine persönliche Empfindung. Sehen andere es ebenso wie wir, mögen wir uns einreden, es handele sich um objektive Tatsachen. Aber mit dieser Sichtweise täuschen wir uns selbst. Objektivität ist allenfalls eine Verständigung über Subjektivitäten. Deshalb gibt es auch nicht eine »Rationalität«. Wir bewerten und entscheiden, was wir subjektiv für vernünftig halten. Welche Werte für uns gelten, bestimmen unsere Gefühle. Für unsere Werte können wir vernünftige Erklärungen abgeben. Vernünftige Erklärungen gewinnen wir aus Reflexionen, mit denen wir das Zusammenspiel von Gefühlen und Verstand begreifen und daraus unsere Schlüsse ziehen. Werte begründet nicht der Verstand allein. Mit Gefühlen erstellen wir sozusagen die höhere Ordnung. So ist auch »das Sittliche« letztlich emotional begründet.

Rationalisten definieren Logik aus dem reinen Verstand als richtiges Denken. Für sie gelten Wahrheiten wie »eine Aussage und ihr Gegenteil können nicht beide zugleich wahr sein« und »eine Aussage kann nur wahr oder falsch sein«. Die Logik der Gefühle überführt diese Annahme als falsch. Tatsächlich gibt es ja nicht *die* Gefühlslogik, sondern die Logiken der unterschiedlichen Gefühle. Sie können zur selben Zeit sehr unterschiedliche Wahrheiten konstruieren, bei denen sowohl die eine Wahrheit gilt als auch deren genaues Gegenteil. Das eine Gefühl ist so wahr wie das andere.

Das mag paradox erscheinen. Haben wir doch zuvor erklärt, wie bestimmend Leitgefühle und akut sehr starke Gefühle sein können. Doch wir werden nie von nur einem Gefühl beeinflusst. Unterschiedliche Gefühlslogiken können sich, mehr oder weniger stark, gleichzeitig geltend machen. Selbst wenn ein starkes Leitgefühl vorherrscht, ist es nicht das einzige bestehende Gefühl. Zwar dominiert es andere Gefühle, löscht sie aber nicht völlig aus. Es können sogar gleich starke Gefühle miteinander kämpfen – das nennen wir dann Ambivalenz.

Hassliebe ist dafür ein gutes Beispiel. In einem Unternehmen haben wir als Businesscoaches mit einer Managerin und einem Manager gearbeitet, ohne zunächst zu wissen, was beide verband. Sie hatten schon längere Zeit ein Verhältnis miteinander – und ein hierarchisches Problem, denn die Managerin war die Vorgesetzte des Mannes. Er war verheiratet, sie geschieden. Die Affäre war zu Anfang vornehmlich bestimmt von sexuellem Verlangen, ohne dass einer von beiden daraus weitere Beziehungsansprüche abgeleitet hätte. Nach einigen Monaten allerdings wünschte die Frau mehr. Der Mann kam ihren Erwartungen ein Stück weit entgegen, geriet allerdings bei seiner Frau zunehmend in Erklärungsnot und in einen immer größeren Konflikt. Ein Klassiker.

Schließlich stellte die Managerin ihren Liebhaber vor die Alternative: deine Frau oder ich. Er fühlte sich zusehends in die Enge getrieben und war hin und her gerissen. Als er sich – auch nach Wochen heftiger Streitigkeiten – nicht klar bekennen wollte, fühlte sich die Geliebte nicht ausreichend geliebt, nicht geschätzt, nicht geachtet, schließlich benutzt. Die beiden manövrierten sich in immer dramatischere Konfrontationen. Die Frau drohte mit Selbstmord und forderte schließlich seine Kündigung. Dem Geliebten, zugleich Ehemann und Familienvater, bereitete das Szenario zunehmend Angst.

Er wusste schließlich nicht mehr weiter und offenbarte sich uns mit seinen Konflikten und Nöten. Wir bestärkten ihn darin, sich nicht mit Selbstmord drohen zu lassen, weil das – bei allem Drama – eine Erpressung ist, die Selbstaufgabe verlangt. Solche Drohungen sind übergriffig und bürden anderen die Verantwortung auf, die man für sich selbst nicht übernehmen will. Ist dazu jemand wirklich nicht in der Lage, muss ein Psychiater zu Hilfe gezogen werden. Das zu hören war für ihn eine Befreiung. Er lasse sich nicht erpressen, erklärte er seiner Liebschaft. Die empfand seine Weigerung wie einen Schlag vor den Kopf. Sie hatte ihre Version mittlerweile auch uns erzählt und flehte ihn nun an, es sich doch noch einmal zu überlegen. Gleichzeitig begann sie, seine Arbeit in der Firma schlechtzumachen. Das machte die Angelegenheit auch für uns, die Coaches, kompliziert, weil wir im Unternehmen waren, um Manager zu unterstützen, bessere Führungskräfte zu werden. Wir rieten dem Mann, den Vorgesetzten der Managerin um ein vertrauliches Gespräch zu bitten und ihm zu offenbaren, in welche Lage er geraten war und was er befürchtete. Der Vorgesetzte versprach ihm Beistand und signalisierte der ihm direkt unterstellten Managerin, dass er wisse, in welche verhängnisvolle Affäre sich beide verstrickt hatten.

Wie die Geschichte ausging? Die Frau ließ sich krankschreiben, brauchte tatsächlich auch einige Wochen ärztliche Hilfe und einigte sich schließlich mit der Firma auf eine »einvernehmliche Kündigung«. Mit Selbstmord drohte sie nie wieder. Sie arbeitet jetzt in einem anderen Unternehmen. Und er ist weiter an seinem alten Arbeitsplatz und hat mit seiner Ehefrau eine Partnertherapie begonnen.

Ambivalenten Verstrickungen ist schwer zu entkommen. Gegensätzliche Gefühle sind weniger ein gleichzeitiges Miteinander als ein schnell abwechselndes Nacheinander. Von einer Umdrehung auf die andere können Gefühle völlig anders sein und nicht mehr gelten lassen, was kurz zuvor in den Gedanken noch zweifelsfrei schien. Formal-logisch kann es so etwas nicht geben. Ebenso wie alle anderen Ambivalenzen, die alle Menschen in sich tragen. Wer von uns wollte nicht, gelegentlich, sowohl das eine als auch das andere: nicht unbedingt Geliebte und Ehefrau, aber Karriere und Familie, Geld und wenig Arbeit, den Nachtisch und die schlanke Linie?

Dass sich unterschiedliche Gefühle mit verschiedenen Logiken und gegensätzlichen Kognitionen in uns Geltung verschaffen können, macht unser Gefühlsleben für uns verwirrend. Wie soll der Verstand entscheiden, ob wir zum Beispiel mehr Stunden in unsere Arbeit stecken oder für unsere Familie aufbringen sollten? Wir müssen Gefühle gewichten. Das heißt: entscheiden, was uns wichtiger ist. Wir müssen die verschiedenen Gefühle, die in der jeweiligen Lebenslage Einfluss auf uns nehmen, registrieren und ihre Logik verstehen. Dazu müssen wir in uns gehen, Gefühlen nachspüren, vor allem auch denen, die von akuten starken oder latenten Leitgefühlen überdeckt und übertönt werden. Wir müssen in uns hineinhören, den Gefühlen Aufmerksamkeit schenken und feststellen, was sie uns zu sagen haben. Erst dann können wir sie wertschätzen und abwägen, was wir vor allem wollen, was wir auch möchten, worauf wir unter keinen Umständen oder nicht auf Dauer verzichten, was wir mit anderen oder gegen andere erreichen wollen. So beginnen wir, unsere Motive zu verstehen und zu begreifen, wie Leitgefühle Leitmotive schaffen.

Wenn wir unsere Gefühle als ernst zu nehmende Mitspieler betrachten, wenn wir (wichtige) Entscheidungen treffen, Pläne schmieden, Vorsätze fassen, Ziele formulieren, dann können wir sie – bildlich gesprochen – verstehen als Partner in unserem »inneren Team«. Es gelten die Regeln guter Teamprozesse: Jeder Partner muss ausreichend zu Wort kommen, gehört und verstanden werden. Sonst treffen wir keine vernünftigen Entscheidungen. Wir entdecken so Gefühle, die uns stützen können, wo wir bisher keinen Rückhalt finden konnten. Wir können Mut finden, wo wir zuvor nur Schrecken sahen. Wir heben aus unserem Gefühlsschatz Freude, wo bisher Trauer herrschte. Wir nutzen unseren Ärger, um Gefühlen Wirkung zu geben, die sich bisher keine Geltung verschaffen konnten. Jede Veränderung ist ein emotionaler Prozess. Allein mit dem Kopf (gemeint ist natürlich der Verstand) gelingt uns das nicht. Wie die innere Teambildung geschehen kann, dazu später mehr.

Weshalb haben Sie bis hierher gelesen? Weil auch Denken lustvoll sein kann. Denken bereitet Lust, wenn wir etwas besser verstehen, wenn wir dadurch Irritationen, Widersprüche, Unstimmigkeiten und damit innere Spannung reduzieren. Denken zielt darauf ab, in Dingen und Vorgängen, die sich voneinander unterscheiden, Gemeinsamkeiten zu erkennen. So bilden wir Begriffe, entwickeln wir Sprache, Denkmuster und Faustregeln für unser Verhalten. Wir verschaffen uns Ordnung und Übersicht, mit der wir in der Welt besser zurechtkommen. Erkenntnisse bereiten uns schon als Erkenntnisse Lust. Außerdem nutzen sie uns. Wir gewinnen durch sie sozusagen einen doppelten Vorteil. Das ist auch ein Grund, warum Menschen nachdenken und sich obendrein auf ein Coaching einlassen. Sie *erhoffen* sich mehr Erkenntnis, bessere Einsichten, mit denen sie mehr Gutes für sich und andere tun können. Weil die Welt, in der wir leben, komplex ist und sich ständig ändert, können wir jedoch nie zu Ende denken. Und auch Neugier ist ein Gefühl! Wir mögen Angst vor Neuem haben, und dennoch sind wir – wieder so eine Ambivalenz – neugierig. Angst mahnt uns zur Vorsicht, aber wenn sie nicht im Übermaß vorhanden ist, schaltet sie nicht unser Interesse aus, unsere Umwelt zu erforschen. Auch Interesse ist ein menschliches Grundgefühl! Ohne Interesse sind wir nicht aufmerksam, nicht aktiv.

Interesse und Neugier halten unser Denken in Gang. Mit jedem neu erworbenem Wissen werden uns neue Wissenslücken gewahr. Wir erkennen in unseren Konstruktionen immer wieder Unvereinbarkeiten, die kognitive Dissonanzen und Spannung hervorrufen und in uns den Wunsch wecken, sie zu lösen. Im Bedenken und im Denken über das Denken zeigt sich abermals die Einsicht, dass Emotionen und Kognitionen in steter Wechselwirkung miteinander entstehen. Darin ist die Möglichkeit von Veränderung angelegt. Die Logik der Gefühle ist also nichts Starres. Und: Wir sind unseren Gefühlen nicht ausgeliefert!

Die Macht der Gefühle

Mit Gefühlen erleben wir die Höhen und Tiefen des Lebens. Sie können uns anstacheln zu kühnen Unternehmungen oder in halsbrecherische Abenteuer treiben, in berauschende und katastrophale Liebesbeziehungen, in steile Karrieren und dramatische Abstürze. Gefühle können uns vereinnahmen und uns zu einem Verhalten treiben, über das wir anschließend nur den Kopf schütteln und es mit dem Verstand als »völlig unvernünftig« beschreiben. Und dennoch verleiten Leitgefühle viele Menschen zu den immer gleichen Fehlern, trotz des offensichtlichen Schadens, den sie sich damit zufügen. Mit dem Verstand allein kommen sie gegen ihre »Unvernunft« nicht an. Aber der Verstand kann – richtig genutzt – helfen, die Übermacht der Gefühle zu besiegen. Wichtiger als angestrengt darüber nachzudenken, woher dominierende Gefühle rühren mögen, ist es, ein anderes Verhalten zu trainieren.

Ziele verfolgen wir nur, wenn sie für uns einen *Wert* haben. Was einen Wert hat, sagt uns nicht die Logik. Jeder Entscheidung liegt eine *Bewertung* zugrunde, egal, ob wir sie bewusst oder unbewusst vornehmen. Ohne Gefühle entscheiden wir nichts. Aus logischen Schlussfolgerungen folgt kein Handeln. Auch wenn der Verstand erkennt, was zu tun wäre, um etwas Bestimmtes zu erreichen, so tun wir es nur, wenn wir es *wollen*.

Kant – der Denker der Aufklärung, noch immer der Lieblingsphilosoph vieler Deutscher – meinte, allein der Verstand bringe uns zur Erkenntnis. Er warnte vor Affekten, Sinnlichkeit und Leidenschaft als »Krankheit des Gemüts«. Wer in die Lebensgeschichte des Königsbergers schaut, dem kommt freilich der Gedanke, Kant selbst liefere uns ein Beispiel dafür, wie Gefühle das Denken bestimmen. Kant war nämlich ein Kauz, der sich selbst nicht leiden konnte. Er hatte keine Freunde, lebte in einer symbiotischen Beziehung zu seiner Mutter, bis sie ihn in ein strenges Internat schickte. Dort verbrachte er freudlos seine Schul- und Studienjahre. Zeitlebens hatte er keine Beziehung zu einer Frau. Er flüchtete ins Philosophieren. Armer Kant. Verkannt.

Gegen diesen Rationalismus revoltierten die Romantiker. »Im Herzen leben wir, nicht in den Gedanken«, postulierte Johann Gottfried Herder. Theodor Lessing ortete den »Geist als Widersacher des Lebens«. Sie beschworen die großen Gefühle und sahen den Sinn des Lebens darin, sich von ihnen leiten zu lassen. Ihr Romantizismus bereitete dem Irrationalismus den Weg. Gerade die Deutschen seien dafür bis heute besonders anfällig, argwöhnen Historiker und Kritiker des Zeitgeistes und neigen deshalb dazu, das Gefühlsleben generell gering zu schätzen. In der Vernunft soll es nichts zu suchen haben.

Die moderne Philosophie allerdings entdeckt die menschlichen Gefühle neu und zertrümmert dabei die heiligsten Gedankengebäude ihrer Zunft. Sie *be-denkt* die Erkenntnisse der Psychologie und der Neurowissenschaften und stellt einsichtig fest, »dass die Herrschaft der Vernunft auf eine funktionierende Emotionalität angewiesen ist« (Eva-Maria Engelen), dass »der Begriff der menschlichen Vernunft heute auf eine Weise neu zu bestimmen ist, dass er sich nicht gegen die Gefühle richtet« (Heiner Hastedt). Gefühle formen mentale Landschaften, meint die angesehene amerikanische Philosophin Martha Nussbaum und erklärt, sie seien »Bestandteil unserer Intelligenz«.

Gefühle sind für sich genommen weder intelligent noch unintelligent, weder *gut* noch *schlecht*. Sie können alles sein: intelligent und gut und unintelligent und schlecht. Intelligent und gut sind sie, wenn sie uns helfen zu erkennen, was wir wollen, und uns Orientierung geben, wie wir das erreichen. Unintelligent und schlecht sind Gefühle, wenn sie uns zu einem Handeln treiben, mit dem wir uns oder anderen schaden. Dabei können Gefühle sehr trickreich sein. Sie können uns Hinweise geben, was wir tun sollen, damit es uns akut besser geht, und uns so daran hindern, das zu tun, was uns längerfristig mehr nutzen würde.

Gefühlsfallen! So stellen wir sie uns selbst auf: Eva trennt sich nicht von Adam, obwohl er sie schlecht behandelt. Eva geht es miserabel, aber noch elender fühlt sie sich bei der Vorstellung, allein, ohne Freund zu sein. Adam behandelt sie weiter schlecht, betrügt sie mit einer anderen und lässt sie schließlich sitzen. Daniel ist unzufrieden in seinem Beruf, weil er dort nicht so selbstständig arbeiten kann, wie er es sich wünscht. Ein Freund bietet ihm an, gemeinsam eine eigene Firma zu gründen. Aufträge, damit der Laden läuft, hat er schon. Daniel fürchtet dennoch, die Sache könne schiefgehen, und wählt »die Sicherheit« seines Jobs. Der Freund startet sein Unternehmen allein. Drei Monate später wird Daniel gekündigt, weil er angeblich nicht selbstständig genug arbeite.

Nur weil wir ein gutes Gefühl haben, versichert uns dieses Gefühl nicht, dass es uns gut gehen wird, wenn wir diesem Gefühl folgen. Nur weil wir ein schlechtes Gefühl haben, schützt es uns nicht vor schlechten Entscheidungen. Gefühle, würden die Philosophen sagen, sind nicht selbstverifizierend, sie können recht und unrecht haben. Wir müssen sie reflektieren, sie dem Verstand vermitteln, um sie zu verstehen. Der Verstand analysiert ihre Informationen, bedenkt den Zusammenhang, in dem sie entstehen und zur Geltung kommen, gleicht die Ergebnisse mit den Erfahrungen und der aktuellen Wirklichkeit ab und vermittelt sie wiederum dem Gefühls-Hirn zur Bewertung.

In diesem Prozess gibt es immer wieder Konflikte zwischen Einsicht und Gefühl. Das mag als Gegeneinander von Verstand und Gefühl erscheinen. Aber es gibt – wie wir bereits dargelegt haben – weder den reinen, von Gefühlen ungetrübten Verstand noch das reine Gefühl, das frei wäre von kognitiver Bewertung. Gefühle unterliegen immer der Interpretation.

Dabei können wir uns natürlich über sie täuschen. Was uns umtreibt, sind die Uneindeutigkeiten und Widersprüche in unserer Gefühlswelt – unsere Ambivalenzen.

Wer mit seinen Gefühlen nicht klarkommt, sie nicht richtig wahrnimmt und sich von ihnen verwirren lässt, mag dazu neigen, sie loswerden zu wollen. Solche Menschen legen sich besondere »Disziplin« auf und verlangen im Umgang stets »Sachlichkeit«. Sie sind durchaus erfolgreiche Macher. Deshalb reklamieren sie, recht zu haben. Der ehemalige Bundeskanzler Helmut Schmidt, von den Deutschen zum »weisesten Mann« gewählt, ist so einer. Für seinen Erfolg als Politiker und später Herausgeber der Wochenzeitung *Die Zeit*, erklärte er zu seinem neunzigsten Geburtstag, habe er »keine Leidenschaft, nur Disziplin und Zigaretten« gebraucht. In einer »rationalisierten« Gesellschaft stellen die Rationalisten die Mehrheit und bestimmen die Konventionen. Emotionen erklären sie zur Privatangelegenheit. Doch auch wenn sie Gefühle, wie Helmut Schmidt, mit Rhetorik, Witz und Ironie kaschieren, so sind sie dennoch da. Die Macher machen sich nur etwas vor.

Die Verstandesbornierten begegnen ihren Pendants in den Gefühlsduseligen, die Gefühle spirituell erhöhen, weil ihnen das Denken zu anstrengend ist. Auf die Komplexität der Welt, die immer rasanter stattfindenden Veränderungen, die immer umfassender, schneller und zu jeder Zeit zur Verfügung stehenden Informationen reagieren zunehmend mehr Menschen mit einem Abschalten des Verstands. Sie übersteigern Gefühle zum ausschließlichen Maßstab ihrer Entscheidungen. Sie predigen Innerlichkeit und flüchten in Romantik oder Esoterik. Schlecht, wenn sie da nicht mehr herausfinden, weil sie dann der Wirklichkeit entrückt bleiben.

Wann Emotionen intelligent sind

Angst ist intelligent, wenn sie uns angemessen vor Gefahr warnt. Ärger ist intelligent, wenn er uns den Mut und die Kraft gibt, Widerstände zu überwinden, die uns an der Entfaltung und Entwicklung unserer Persönlichkeit hindern. Schuld ist intelligent, wenn sie uns veranlasst einzusehen, wo und wie wir andere verletzt haben. Scham ist intelligent, wenn sie uns hilft, Normen und Regeln zu bedenken, zu prüfen, ob wir sie für uns gelten lassen wollen, ob sie uns und unseren sozialen Beziehungen wirklich förderlich sind. Trauer ist intelligent, wenn sie uns hilft, uns auf das Wichtige und Wesentliche in unserem Leben zu besinnen. Selbst Neid kann intelligent sein, wenn er uns nicht einflüstert, dass wir anderen Menschen ihren Erfolg missgönnen sollen, sondern wenn er uns ihre Leistung anerkennen lässt und uns lediglich rät: Was du bei anderen bewunderst, darfst du dir auch wünschen und gönnen wollen – also tu etwas dafür. Bereise die Welt, arbeite an deinem Erfolg im Beruf, stelle dar, was du kannst, sei von dir überzeugt in dem Maß, wie du weißt, was du wirklich kannst.

Angst, die uns blockiert, wo wir uns Möglichkeiten eröffnen könnten; Ärger, der uns in zerstörerische Konfrontation treibt; Schuld, mit der wir uns Vergehen anlasten, für die wir nicht verantwortlich sind; Scham, die unsere Kreativität unterdrückt; und Trauer, die uns nur noch Elend sehen lässt und uns Lebenssinn nimmt; Neid, der uns zerfrisst – all das sind ungute und unintelligente Gefühle.

Ob Gefühle gut oder schlecht, schlau oder dumm sind, können wir nur beurteilen, wenn wir sie in ihrem Kontext betrachten. Selbst gute Gefühle können uns schaden, wenn sie uns die Klarsicht vernebeln, so wie Optimismus, der reale Schwierigkeiten nicht zur Kenntnis nimmt; Verliebtheit, die töricht macht; Begeisterung, die uns fanatisch werden lässt; Behaglichkeit, die uns dumpf überkommt; Zutrauen, das naiv ist; Sanftmut, die zur Selbstaufgabe verleitet; oder Euphorie, die uns in Hybris führt. Starke Gefühle können uns helfen, ungeahnte Chancen zu ergreifen. Und sie können uns in den Abgrund treiben, wenn wir nicht lernen, diese Emotionen zu managen.

Angst

Angst ist ein wunderbares Alarmsystem. Angst beschützt uns. Wer keine Angst hat, erkennt Risiken und Gefahren nicht und ist ihnen ausgeliefert. Es wäre kein guter Rat, sich Angst abzugewöhnen. Hören Sie nicht auf Tipps, die sie in Illustrierten lesen, wenn die Ihnen versprechen, Sie müssten nie wieder Angst haben. Angstlos sind nur Menschen mit einem schweren Hirnschaden: Ihre Amygdala, das Alarmsystem im Emotions-Hirn, ist defekt.

Zu schaffen macht einem Angst im Übermaß. Darunter leiden viele Menschen, weit mehr als sie es zugeben. Die meisten von ihnen scheinen, aus der Ferne betrachtet, mit beiden Beinen fest auf dem Boden zu stehen, nur sie selbst fühlen, dass dieser Boden immer wieder schwankt und sie dem nervlichen Absturz nahe sind. Das trifft auch für eine recht große Zahl von Menschen zu, die in ihrem Beruf sehr erfolgreich sind und Führungsaufgaben innehaben. Sie reichen bis in Vorstandsetagen. Sie haben gelernt, ihre Angst gut zu kaschieren. Für Künstler oder Sportler ist Angst so lange kein Tabuthema, wie ihre Gefühle verharmlosend als Lampenfieber beschrieben werden. Tatsächlich spielen sich in ihnen oft Dramen ab, die sie als existenzielle Bedrohung erleben. Sänger und Musiker schaffen es oft nur unter größten Qualen auf die Bühne. Sportchampions dürfen ihre Angst hinter Ritualen, Maskottchen und Aberglaube verbergen. Frauen dürfen nach gängigen Vorstellungen eher Angst haben als Männer.

Fast jeder vierte Mensch laboriert im Lauf seines Lebens an einer Angststörung. Überängstliche nehmen Gefahren übertrieben wahr, manche in spezifischen Situationen, für andere scheinen sie überall zu lauern. Eine Störung macht sich bemerkbar in Form von Höhen- oder Flugangst, als Angst vor anderen Menschen, als Versagensangst oder als »Generelle Angst-Störung« (nach dem internationalen psychiatrischen Diagnose-Manual: GAD, General Anxiety Disorder). Menschen mit GAD sorgen sich andauernd um alles Mögliche.

Viele Überängstliche leiden über Jahre oder Jahrzehnte hinweg unter ihrer Störung. Oftmals nehmen sie ausschließlich die körperlichen Symptome wahr, gehen damit womöglich von Arzt zu Arzt, ohne die Hilfe zu bekommen, die sie bräuchten. Solche Symptome sind: Kopf- und Rückenschmerzen, Einschlaf- und Durchschlafschwierigkeiten, Herz- und Kreislaufprobleme, Verdauungsbeschwerden. Übertriebene Angst wollen viele Menschen sich nicht eingestehen. Sie gilt als Makel. Deshalb ziehen sie Umschreibungen vor. Sie erwähnen, dass ungewohnte Situationen ihnen eher Schwierigkeiten bereiten, dass sie oft das Gefühl haben, etwas falsch zu machen, sich schnell aufregen oder sich leicht lächerlich vorkommen.

Angst ist eine natürliche Disposition – aber sie ist kein reines Gefühl. Angst ist immer auch ein Konzept, das jeder für sich entwickelt, beeinflusst durch die genetische Veranlagung (nicht alle Menschen sind von Natur aus gleich ängstlich), beeinflusst aber auch durch Sozialisation, persönliche Erfahrungen und deren Speicherung im emotionalen Gedächtnis. Mit diesen Elementen schreibt jeder Mensch sein eigenes Angstprogramm und bestimmt damit seine Haltung – zu sich selbst und zu seiner Umgebung. Angst teilt sich mit, oft unterschwellig, ohne dass wir über sie reden müssten. Sie ist ansteckend, ebenso wie andere Gefühle, sie erhebt sich zum inneren Terror. Doch auch der lässt sich besiegen.

Wenn die Panik regiert

Plötzlich hämmerte ihr Herz wie wild. Das Schlagen dröhnte in ihrem Schädel. Sie konnte keinen klaren Gedanken mehr fassen. Sie rang nach Luft. Sie glaubte, jeden Moment das Bewusstsein zu verlieren, zitterte am ganzen Leib und konnte sich kaum auf den Beinen halten. Ihr wurde schwindelig. Regina Feder taumelte zurück zu ihrem Platz. Ihr sei nicht wohl, murmelte sie. Ihre Stimme klang matt und dumpf.

Die Situation war ihr schrecklich peinlich. Ihr Chef hatte sie vor allen Mitarbeitern der Abteilung spontan aufgefordert, ein neues Prämiensystem für Haushaltsversicherungen vorzustellen. Mit dessen Entwicklung hatte er Regina Feder, die leitende Angestellte einer Versicherungsgesellschaft, schon vor einiger Zeit beauftragt. Nun sah sie sich nicht in der Lage, ihre Ideen darzustellen. »Ich habe völlig versagt«, denkt sie, obwohl ihre Kolleginnen und Kollegen eher besorgt als hämisch reagierten.

Seit diesem Erlebnis empfindet Frau Feder zunehmend Angst vor öffentlichen Auftritten. Sie fürchtet, die Panik werde sie erneut anfallen. Schon bei der Vorstellung werden ihr die Knie weich, und sie tut alles, um Präsentationen zu vermeiden. Gleichzeitig setzt sie sich mit der eigenen Erwartung unter Druck, es »doch selbst schaffen zu müssen«. Auch in privaten Runden ist es ihr zunehmend unangenehm, etwas zu sagen. Bei einem Elternabend wurde ihr heiß und bange, als reihum nach Meinungen gefragt wurde. Kurz bevor es an ihr gewesen wäre, etwas zu sagen, verließ sie fluchtartig den Raum. Die Gewissheit, in einer Runde »an der Reihe« zu sein, löst bei ihr seither großen Schrecken aus.

Für ihr Verhalten, kommentiert sie kritisch, »gibt es keinen vernünftigen Grund« und doch kann sie mit Appellen des Verstands ihr Verhalten nicht ändern, sie führen nur dazu, dass sie sich noch größere Vorwürfe macht, »so bescheuert« und »so unfähig« zu sein. Für sie war ihr »Versagen« ein »Schockerlebnis«. »Das hätte mir nie passieren dürfen«, geißelt sie sich selbst.

Das Trauma hat sich festgesetzt in ihrem emotionalen Gedächtnis. Ihr inneres Warnsystem schlägt sofort Alarm, wenn sie glaubt, in eine solche Gefahr zu geraten. Das emotionale Gedächtnis sendet breit gestreut die vehemente Botschaft: »Pass auf, dass du jeder ähnlichen Situation aus dem Weg gehst, du würdest dir nur neue Schmerzen zufügen.« Für diese Meldung braucht das emotionale Gedächtnis keine Sprache. Die Emotion löst unmittelbar eine körperliche Reaktion der Bedrohung aus und aktiviert automatisch einen neuronalen Schaltkreis, der ihr Vermeidungsverhalten in Gang setzt.

Mit jedem Vermeiden reaktiviert und verstärkt Regina Feder ihr installiertes Angstprogramm. So stellt sie es gleichzeitig immer sensibler ein. Sie programmiert ihr Hirn so, dass es ihr schon bei kleinen Anzeichen Gefahr signalisiert. Die körperlichen Symptome nimmt sie immer feinfühliger wahr – erhöhtes Herzklopfen, Nervosität im Magen, leichten Schwindel. Das Gehirn schenkt diesen Signalen immer mehr Beachtung, registriert sie empfindlicher und gibt ihnen dadurch zunehmende Bedeutung. Sie werden als Hinweise aufziehender Gefahr wahrgenommen und schließlich so auch kognitiv interpretiert. Im Emotions-Hirn lösen sie das Gefühl Angst aus. Das Denk-Hirn empfängt dieses Signal, transportiert es ins Bewusstsein, lässt sich beängstigen. Ihre automatischen Gedanken sagen ihr: »Das wirst du nicht durchhalten.« Diese Gedanken beschleunigen ihr Angstempfinden. Ein neuronaler Teufelskreis ist aufgebaut, in dem sich alle Meldungen – von Körper, Gefühl, Verstand – zu rasant wachsender Angst verstärken. Schließlich entsteht daraus die Angst vor der Angst.

Die Angst von Regina Feder hat ihre Geschichte, eine jüngere und eine, die ihr schon lange anhängt: ihre Lebensgeschichte. Sie kann helfen, besser zu verstehen, was in ihr abläuft, welche Erfahrungen ihr emotionales Gedächtnis gespeichert, kombiniert und verdichtet hat.

Einige Monate bevor sie bei der Aufforderung scheiterte, ihre Überlegungen zu einem neuen Prämiensystem zu präsentieren, war Frau Feder aus ihrem zweijährigen Mutterschaftsurlaub in den Beruf zurückgekehrt. In dieser Zeit hatte sie sich ausschließlich um ihre beiden Kinder und den Haushalt gekümmert. Einige Wochen bevor sie ihre Arbeitsstelle wieder antrat, waren ihr immer wieder Zweifel gekommen, ob sie den beruflichen Anforderungen noch gewachsen sein würde. In ihrer Abteilung, das wusste sie, hatte sich einiges verändert, Zuständigkeiten waren neu verteilt worden, und einige jüngere Kollegen waren dazugekommen, die, wie ihr ältere Mitarbeiter berichteten, sehr ehrgeizig seien. An die Spitze ihres Bereichs war außerdem ein neuer Chef gerückt, der von allen mehr Einsatz forderte.

Regina Feder wollte zurück in den Beruf – aber sie hatte auch ein schlechtes Gewissen den Kindern gegenüber. Ihre Mutter verstärkte ihre Zweifel, indem sie ihr immer wieder zu verstehen gab, dass ihr Wiedereinstieg in den Beruf für die Kinder zu früh komme. Das also war ihr Dilemma: Sie wollte eine gute Mutter sein und wieder eine leitende Position einnehmen. Sie fürchtete sich, den beruflichen Anforderungen womöglich nicht richtig gewachsen zu sein und dann auch noch bei den Kindern zu versagen.

Doch ihre Selbstzweifel führen auch zurück in ihre frühere Lebensgeschichte. Von ihren Eltern, erzählt Feder, habe sie »eigentlich nie den emotionalen Rückhalt bekommen, den ich mir gewünscht hatte«. Die Mutter lebte ihr die Hausfrauenrolle vor, der Vater regierte als Patriarch in der Familie. So wie er es wollte, musste es im Haushalt zugehen, und so mussten sich die Kinder verhalten. Wenn sie es nicht taten, reagierte er kalt und abweisend. »An mir«, erzählt Regina Feder, »hatte er andauernd etwas auszusetzen. Was immer ich gemacht habe, es war nicht gut genug. Stets zitierte er mich zu sich und stellte mich hin als ›das dumme Mädchen‹.«

Die Angst, nicht zu genügen, fraß sich früh ein. Sie verfügte über ausreichend Stärke, immer wieder dagegen anzukämpfen. Dennoch blieb diese Angst ein Leitgefühl, das ihre Position und das Verhältnis zu anderen Menschen bestimmt. Die akuten Verunsicherungen stoßen auf ein bereits etabliertes Verunsicherungsprogramm.

Was tun? Vergangenheitsbewältigung? Regina Feder weiß, dass es ihr an Selbstbewusstsein fehlt, aber das bringt sie nicht weiter. Sie muss sich ein neues Angst-Bewältigungsprogramm aneignen, indem sie sich mit ihrer Angst konfrontiert und ein Repertoire an Bewältigungsmöglichkeiten zulegt. Es kommt darauf an, dem Monster Angst ins Auge zu schauen. Klingt gefährlich, ist es aber nicht. Das ist das Erste, was es zu lernen gilt.

Als Regina Feder das erste Mal zum Coaching kommt, macht sie zunächst einen recht selbstsicheren Eindruck. Sie trägt ein dunkelblaues, klassisch-elegantes Kostüm wie eine erfolgreiche Businessfrau. Sie blickt ihrem Gegenüber direkt in die Augen, beherrscht den Small Talk und stellt sich mit geschliffener Sprache vor, zunächst durch eine Beschreibung ihrer beruflichen Funktion. Doch auf uns wirkt sie zunehmend nervös. Es kostet sie Überwindung, ihr Problem anzusprechen. Aber dann geht es mit leichter Aufmunterung doch. Wir erklären ihr, was wir für angemessen halten: ein Coaching, bei dem sie lernt, sich von ihrer Angst nicht mehr schrecken zu lassen. Zunächst, so sagen wir ihr, müsse sie lernen, ihre Angst auszuhalten. Das gelte es zu üben, begleitet von einem Coach, der ihr Anstoß und Rückhalt gibt. Darauf lässt sie sich ein.

Kleine öffentliche Auftritte waren ihre ersten Trainingseinheiten. Es ging für sie darum, die körperlichen Warnsignale zu registrieren, aber zu erleben, dass sie weder umfällt noch ohnmächtig wird – dass dies allein ihre Phantasien sind, die sie allerdings ganz real daran hindern, sich auf etwas einzulassen und unangenehme Situationen durchzustehen.

Eine der ersten Aufgaben, die Regina Feder zu bewältigen hatte, war: mit Rilke-Texten in eine belebte Fußgängerzone zu gehen und Menschen mit der Bitte anzusprechen, ob sie ihnen wohl einige selbst verfasste Verse vortragen dürfe; sie würde gern wissen, was andere davon hielten und ob sie genug Talent habe, um Gedichte zu schreiben. Als sie sich mit uns auf den Weg machte, wusste sie allerdings noch nicht, was auf sie zukommen würde. Wir hatten zwar besprochen, dass sie sich ihrer Angst werde aussetzen müssen, aber wie, das sollte für sie überraschend sein.

Auf ein solches Abenteuer lässt sich ein ängstlicher Mensch wie Regina Feder nur ein, wenn im Zweifelsfall klar ist: »Ich muss nichts tun, was ich nicht will.« – und wenn ein stabiles Vertrauen zum Coach besteht, der sie sicher durch jede Situation führt, die er inszeniert, und sie jederzeit »rettet«, wenn sie nicht mehr weiter weiß. Ein Coach muss ein Experte sein, eine gute Ausbildung für seinen Beruf haben und sein Handwerk verstehen. Das ist leider nicht selbstverständlich. »Coach« ist hierzulande keine geschützte Berufsbezeichnung, die mit einem akademischen Qualifikationsnachweis verbunden ist. Es gehört in Trainingssituationen, gerade zu Beginn eines Coachings, ein Push vom Coach dazu, damit Ängstliche sich überwinden, anfangs mehr, später immer weniger. Wenn sie es gleich allein könnten, bräuchten sie kein Coaching.

»Das kann ich nicht!«, antwortet Frau Feder entsetzt, als sie hört, was sie tun soll.

»Was kann dabei Schlimmes passieren?«, fragen wir.

»Was ist, wenn mich einer erkennt? Das wäre mir furchtbar peinlich!«

»Dann sagen Sie, Sie hätten eine Wette verloren, müssten deshalb in der Fußgängerzone Gedichte vortragen. Ich bin der Zeuge dafür, dass Sie die Wette einlösen. Ist das eine plausible Erklärung, mit der es Ihnen weniger peinlich ist?«

»Ja, schon. Aber wenn ich Leute einfach so anspreche, denken die, ich sei nicht ganz gescheit.«

»Sie haben doch eine gute Erklärung und gehen in die Offensive: Sie wollen doch hören, was andere denken.«

»Es ist mir aber unangenehm!«

»Darum geht es ja. Sie sollen sich überwinden und lernen, die Unannehmlichkeit auszuhalten. Sie werden merken, dass es gar nicht so schlimm ist.«

»Ich werde keinen Ton rausbringen.«

»Sie haben es noch gar nicht probiert.«

»Aber ich habe Angst, dass es passiert.«

»Sie wollen doch Ihre Angst überwinden. Oder?«

»Schon, aber wenn es mir nicht gelingt?«

»Wenn was nicht gelingt?«

»Wenn ich nichts rausbringe und einfach nur blöd dastehe.«

»Dann kommen wir dazwischen und betteln Sie um einen Euro an. Damit ist die Situation gesprengt. Aber stellen Sie sich lieber vor, wie Sie mit einem Lächeln auf die Leute zugehen. Schließen Sie einen Moment die Augen, und holen Sie sich das Bild, wie Sie genau das tun. Sehen Sie sich selbst. Sie sprechen eine Person freundlich an … Und stellen Sie sich vor, wie Sie sich fühlen, wenn es ihnen gelungen ist und Sie später Ihrem Mann von Ihrem Erfolg erzählen.«

Regina Feder lässt die Vorstellung davon wie einen Film in ihrem Kopf ablaufen, so wie wir es ihr geraten haben. Sie schmunzelt. Auf unser: »Also los!«, gibt sich Regina Feder einen Ruck. »Was soll schon passieren?«, sagt sie sich. Ihr Herz klopft, ihre Hände zittern. Aber sie geht auf Menschen zu. Einige schauen sie schief an und hasten weiter. Regina merkt, da gibt es welche, denen in dieser Situation mindestens ebenso komisch zumute ist wie ihr. Aber viele Passanten bleiben stehen, vor allem, wenn Regina ihnen gleich bei der Annäherung versichert, dass sie nichts verkaufen wolle. Die meisten hören sich geduldig und aufmerksam das Gedicht von Rilke an, in dem er rät, »vertraut den Wörtern nicht zu viel«. Die Zuhörer sind angetan – nicht so sehr von Rilke als vielmehr von der Frau, die ängstlich und doch offen auf sie zugegangen ist. Regina beginnt die Sache Spaß zu machen. Sie kann sich beim Vortrag zusehends mehr ins Zeug legen. Am Ende spürt sie einen euphorisierenden Adrenalinkick und ist sehr stolz auf sich.

Die nächsten Aufgaben lauteten: in einer Bahnhofshalle vor wartenden Reisenden mit einem Flipchart einen Vortrag halten, laut in einer Kirche singen und andere Besucher um eine Spende für die Kirche bitten und in einer fahrenden Straßenbahn mit Fahrgästen über den Aufmacher der Tagespresse diskutieren. Die mögliche Ausrede, sie löse eine Wettschuld ein, hat Regina Feder für den Fall, dass ein Bekannter sie anspricht, im Hinterkopf. Wir versichern ihr jedes Mal, bereit zu sein, mit einem spektakuläreren Auftritt alle Aufmerksamkeit auf uns zu ziehen, falls sie einbrechen sollte.

Zuerst spürt Regina Feder immer wieder den Drang, es sein zu lassen, aber schon bald nimmt sie es sportlich. Sie stellt fest, dass sich zuerst stets eine Barriere vor sie schiebt, die unüberwindbar scheint, und sie spürt immer wieder dieselben körperlichen Erregungen. Aber sie lernt, dass sie nie einen bestimmten Punkt überschreiten, von dem an es unerträglich würde. Im Gegenteil, die innere Aufregung lässt nach, sobald sie sich einen Ruck gibt und die innere Barriere überwindet. Wenn sie sich hineinstürzt in ihre Aufgabe, schwindet die Angst zu scheitern schnell.

Sie sieht: Ihre größte innere Blockade entsteht durch »die Angst vor der Angst«. Die jedoch schwindet mit der zunehmenden Erfahrung, dass die befürchtete Panik sich nicht einstellt. Regina lernt, dass sie mit dem Mut, sich den ersten entscheidenden Ruck zu geben, die Angst bannen kann. Und schließlich merkt sie, dass sie von der Angst nicht mehr vereinnahmt wird und, gespiegelt durch uns, wie gut sie Kontakt zu Menschen herstellen kann, indem sie offen auf sie zugeht, sie anschaut, direkt und freundlich anspricht, sie um etwas bittet und ihre Gründe nennt.

Einmal noch braucht sie einen besonderen Push. Aber das kennt sie mittlerweile gut und kann es sich leicht gefallen lassen. Bevor wir in einem gut gefüllten Café laut in die Hände klatschen und die Gäste um Aufmerksamkeit für Frau Feder bitten, meint Regina noch: »Auf keinen Fall!« Doch sie kennt ihr Spiel. Sie gibt sich den entscheidenden Ruck und sagt, was sie sagen soll: »Guten Tag, ich bin Regina und möchte gern Dancingstar werden. Der ORF will eine Staffel machen, an der auch einige Nichtprominente teilnehmen dürfen. Um in die Auswahl zu kommen, brauche ich bis heute Nachmittag

500 Unterschriften. Ich bitte Sie, sich auf der Liste einzutragen, mit der ich gleich auf Sie zukomme.«

Sie steht da mit knallrotem Kopf. Aber ihre Stimme zittert nicht, sie spricht flüssig, schaut dabei auffordernd in die Runde und bekommt spontanen Applaus. Fast jeder unterschreibt – mit vollem Namen, Adresse und Telefonnummer, weil ja zu verifizieren sein soll, ob die Unterschriften auch echt sind. Danach bedankt sich Regina in großer Runde. Als wir nun fragen, ob einer der Anwesenden mit Regina Feder einen Walzer tanzen würde, meldet sich ein Kellner. Wir erklären, den Tanz filmen und das Video bei der Bewerbung mit einreichen zu wollen; das sei für Frau Feder enorm hilfreich. Für den Kellner ist es ein Spaß. Er setzt sich gern vor allen Gästen in Szene. Regina Feder bekommt wieder einen roten Kopf, aber klein beigeben will sie nicht. Die Gäste räumen eine Tanzfläche frei, die Musik ertönt, und Regina Feder lässt sich schwungvoll über das Parkett führen. So stolz wie jetzt war sie noch nie auf sich. Das Video will sie später mal ihren Kindern vorspielen.

Jeder, der es wirklich möchte, kann seine Angst besiegen. Er muss lernen, Angst auszuhalten, sich von den körperlichen Angstsignalen nicht abschrecken zu lassen, fühlen, dass »es geht«. Das ist die erste Stufe des Emotions-Managements. Das verlangt intensives Training, sich immer wieder in Situationen zu begeben, die Herausforderungen bieten, die man früher vermieden hat. Daraus wächst immer mehr Sicherheit. Das Coaching gab Regina Feder den nötigen Anschub, die emotionale Verstärkung und den Rückhalt, dass sie es schaffen wird. Sie erkannte, wo und wie sie sich selbst Blockaden aufbaut. Das ist ein Erkenntnisprozess, mit dem sie den automatischen Anstieg ihrer Angst unterbricht. Ihr Denk-Hirn sorgt für »Entschleunigung«. Das ist die nächste Stufe im Emotions-Management. Die Angst ist immer noch da, aber weniger als zuvor und wenn, dann kann sie die Blockade überwinden. Durch Gesprächstherapie oder Psychoanalyse kann das nicht gelingen. Es klappt nur mit der Bereitschaft, das Verhalten zu ändern und es dann auch zu tun – Schritt für Schritt mit größerer Ambition. So gelingt es, Situationen als weniger bedrohlich zu erleben und sie neu zu bewerten. So entsteht eine Korrespondenz zwischen Denk-Hirn und Emotions-Hirn, in der es dem Denk-Hirn gelingt, Gefühle herunterzuregulieren. Dies ist ein weiterer Schritt im Emotions-Management. Damit wächst die Selbstsicherheit, das Bewusstsein, aus eigener Kraft das zu schaffen, was man wirklich will. Anders ist Selbstbewusstsein nicht zu erwerben. Wir müssen nicht in gewohnten Mustern gefangen bleiben, schon gar nicht in Kindheitsmustern. Es gibt – wenn wir unsere Emotionen managen können – für uns keinen Wiederholungszwang. Wir müssen nicht ewig ein Verhalten re-inszenieren, das uns zur schädlichen Routine geworden ist. Wir können neue Routinen entwickeln, mit denen wir besser fahren. Wir müssen weder die Erwartungen anderer Leute noch die alter (oder längst verstorbener) Eltern erfüllen oder fortdauernd unter den Enttäuschungen leiden, die sie uns beigefügt haben mögen. Wir können lernen, unser eigenes Leben zu leben und für das Gelingen die Verantwortung zu übernehmen.

Regina Feder kommt nur noch gelegentlich zu einem Coaching, wenn eine ganz besondere Herausforderung auf sie zukommt. Aber mittlerweile sucht sie sich selbst immer wieder Aufgaben, mit denen sie ihr Trainingsprogramm selbstständig fortsetzt, in der Arbeit und in ihrem Freundeskreis. Sie steigt ein in Diskussionen, hält Vorträge, für Familienfeste und Partys schreibt sie kleine Sketche und spielt sie vor. Sie ist eine unterhaltsame Gastgeberin geworden. In ihrem Beruf entwickelte sie eine Souveränität, die ihr viel Angst nimmt und genug Neugier lässt, um immer wieder Neues zu lernen. Ihre Rolle als berufstätige Mutter definiert sie um in berufstätige Frau. Dass sie auch Mutter ist, gilt ihr mittlerweile als selbstverständlich. Von dieser Stärke kann sie auch ihren Kindern mehr geben und für sie ein Vorbild nach eigenen Vorstellungen sein. Und darauf ist sie stolz.

Schuld und Scham

Die Angst, dumm dazustehen, wer kennt sie nicht? Es beginnt mit der Befürchtung, einen schlechten Eindruck zu machen, und kann sich auswachsen zur Angst zu versagen. Doch was sich zunächst als diffuses Gefühl bemerkbar macht, ist nicht Angst allein. Die Angst, die am deutlichsten aufscheint, speist sich aus tiefer liegenden Gefühlen. Meist handelt es sich dabei um Schuld oder Scham.

Scham ist ein mächtiges Gefühl. Wer sich schämt, fühlt alle Blicke auf sich gerichtet, empfindet sich als völlig unzulänglich und verachtet. Am liebsten würden Beschämte im Boden versinken, die Blicke der anderen können sie nicht ertragen, nicht erwidern. Sie schauen zu Boden, sacken in sich zusammen.

Die Scham zeigt ihre eigene Körpersprache. Wer sich schämt, fühlt sich minderwertig. Der Verlust von Anerkennung und Status ist beschämend. Wer andere beschämt, stellt sie bloß und will dominieren. Scham verarbeitet das menschliche Gehirn mit den gleichen neuronalen Netzwerken wie Schmerz. Scham tut weh! Beschämung ist eine Waffe. Sie grenzt aus, rückt Beschämte ins Visier und zielt auf ihre Selbstwertgefühle. Beschämung verlangt vom anderen, sich selbst aufzugeben, sich zu unterwerfen.

In früheren Zeiten löste die Vorstellung, nackt dazustehen, Schamgefühle aus. Ohne Hüllen fühlten Menschen sich schutzlos und beschämt, weil öffentliche Nacktheit gegen Normen und Werte verstieß. Das ist heute anders, besonders in Deutschland. Hier legen sich die Menschen bei warmem Sonnenwetter splitterfasernackt in öffentliche Grünanlagen und reagieren sogar erbost, wenn an Ufern und Seen anderer Länder eine Kleiderordnung gelten soll. In öffentlichen Talkshows wird über intimste Angelegenheiten geredet, und Geburten werden ebenso gefilmt und im Fernsehen gezeigt wie Darmspiegelungen. Wir sehen daran: Was uns beschämt oder nicht beschämt, hat sowohl mit Kultur als auch Unkultur zu tun und hängt ab von Normen, Werten, Konventionen. Scham erwerben wir wie jedes andere Gefühl auch.

Schuldgefühle erschüttern die Identität. Sie klagen schwere Vergehen an. Schuld isoliert von anderen, von denen, die sich keiner schweren Vergehen schuldig gemacht haben und geachtet sind. Für Schuld müssen wir büßen. Schuld nagt. Sie verlangt Sühne. Schuld muss wieder »gutgemacht« werden. Schuld nährt, wie Scham, ein schlechtes Gewissen. Beide Gefühle sind verankert in sozialen Werten, Normen und Erwartungen. Sie können angemessene und unangemessene Gefühle hervorrufen, gerecht oder ungerecht sein. Gerechte Schuld und Scham sichern Normen und Werte, die eingehalten werden müssen, um einen gewünschten sozialen Zusammenhalt zu garantieren. Ungerechte Beschuldigung oder Beschämung, die abgeladen werden auf Menschen, die sich nicht wehren können, beschädigen ihre Persönlichkeit. Wir können Scham und Schuld – wie alle (erworbenen) Gefühle – deswegen nur vor dem Hintergrund der Umstände beurteilen, unter denen sie sich zeigen.

Schuld und Scham sind Gefühle, die einhergehen mit Selbstvorwürfen. Sie können dazu führen, dass wir über uns und unser Verhalten nachdenken, Verantwortung, die tatsächlich unsere ist, entschiedener übernehmen und besonnener Normen einhalten, die für soziales Zusammenleben sinnvoll sind. So gewinnen wir durch Schuld- und Schamgefühle mehr soziale Kompetenz, größere Achtung und Selbstachtung. Es sind Gefühle, die uns Möglichkeiten weisen, mit uns selbst und anderen besser im Einklang zu leben. Im Übermaß sind Schuld und Scham jedoch *selbst*zerstörerisch. Wir können nicht mehr in den Spiegel schauen, ohne dass uns die Anklage entgegenschlägt, wir hätten als Menschen versagt und seien nicht in Ordnung, so wie wir sind.

Überwältigende Erfahrungen

Karl Heim wirkt bei unserer ersten Begegnung gehemmt. Er zieht die Schultern zusammen, beugt sie gekrümmt nach vorn und schaut beim Sprechen meist auf seine Hände, als müsse er sie unter Kontrolle halten. Schnell wird klar, dass er sich beständig Vorwürfe macht. Er ist Orthopäde, 48 Jahre alt, zu ihm kommen sehr viele Patienten. Jeden Patienten untersucht Heim sehr sorgfältig und nimmt sich viel Zeit für das persönliche Gespräch und die Behandlung. Deswegen ist seine Praxis immer voll. Karl Heim arbeitet 13 bis 14 Stunden am Tag. Er meint, auf Dauer sei das wohl zu viel und dass er gern weniger arbeiten würde. »Aber das kann ich nicht«, schränkt er sofort ein. Er wolle Menschen helfen und fühle sich als Arzt dazu auch verpflichtet. Ganz wichtig ist ihm dabei, ja keinen Fehler zu machen. Deshalb arbeitete er besonders gründlich und zeitintensiv. Selbst kleine Fehler kann er sich nicht verzeihen, sagt Heim. Ein Beispiel: Wenn ein Patient klagt, ihm habe eine Spritze wehgetan, hält er sich noch Tage danach vor, nicht richtig gestochen zu haben. Es gehe ihm um »das Wohl des Patienten«, erklärt Heim. Lebhaft beschreibt er, welche dramatischen Folgen selbst kleinste Nachlässigkeiten haben könnten. »Selbst allergische Reaktionen können zum Tod führen«, insistiert Heim. Das ist eines seiner Horrorszenarien. Auf jede Klage von Patienten geht er ein, jede Beschwerde lässt er gelten, keine Erwartung möchte er enttäuschen. Wir konnten es bei einem Besuch in seiner Praxis selbst beobachten.

Aus seinen Ansprüchen und Befürchtungen wächst für Karl Heim ein Dilemma. Durch gründlichste Untersuchungen und enormen Zeitaufwand versucht er mögliche Gefahren auszuschalten. Dadurch jedoch kann er die große Zahl von Patienten nicht bewältigen. Viele kommen, weil sie den Doktor, wie sie erzählen, »so nett und so verständnisvoll finden« und »man mit ihm über alles sprechen« kann. Heim räumt ein, er sei für sie nicht nur Arzt, sondern auch Seelsorger. Menschen, die sich allein fühlten und niemanden hätten, der sich ausreichend um sie kümmere, betreue er auch »psychosozial«.

Solch ein Aufwand steigert für ihn den Zeitdruck und damit die Furcht, Fehler zu machen. Heim baut auf diese Weise negative Emotionen auf und lässt sich immer mehr von ihnen vereinnahmen. Das ist das Gegenteil von Emotions-Management. Unter Druck reagiert er automatisch so, wie er es sich selbst antrainiert hat: Er versucht, noch gründlicher vorzugehen. Dies ist das Konzept, dass sein Verstand ihm nahelegt – Abläufe verbessern, Checklisten verfeinern, Kontrollen erhöhen. Das erscheint ihm vernünftig: durch größere Sorgfalt Fehler vermeiden. Ist doch logisch. Nur so funktioniert es nicht. Heim spürt, dass er sich so in eine Zwickmühle manövriert. Er klagt, er schlafe schon lange schlecht, wache nachts oft schweißgebadet auf, schlafe stundenlang nicht wieder ein und fühle sich morgens wie gerädert. Ihm schwänden, berichtet er, »zunehmend Energie und Konzentration«. In letzter Zeit überkämen ihn öfter Panikattacken. Nach einem Schwächeanfall musste er sich krankschreiben lassen. Seine Frau, seine Kinder, Freunde und Verwandte halten ihm entgegen, so könne es nicht weitergehen. Das sagt er sich auch. Aber es nutzt nichts: »Ich weiß, ich muss mich ändern, aber ich kann nicht.«

In seinem emotionalen Gedächtnis nimmt eine sehr frühe Erfahrung besonders großen Raum ein. Karl Heim erzählt die Geschichte so: Als er sieben Jahre alt war, spielte er mit seinem vierjährigen Bruder allein auf dem Spielplatz im Hinterhof der Wohnanlage. Er wollte dem Kleinen beweisen, dass er besser klettern kann. Er stieg ein Gerüst hinauf, der Kleine, der zeigen wollte, dass er es genauso gut schaffen würde, kletterte hinterher. Als er fast oben angelangt war, rutschte er ab und stürzte zu Boden. Er schrie fürchterlich und konnte sich nicht mehr bewegen.

Der kleine Karl wusste dem Bruder nicht zu helfen. Die Eltern waren nicht zu Hause. Nachbarn, die gesehen hatten, was passiert war, riefen den Notarzt. Der Arzt in der Notaufnahme stellte fest, dass der Bruder einen Halswirbel gebrochen hatte.

Die Eltern, die, von den Nachbarn verständigt, ins Krankenhaus kamen, versetzte die Diagnose in Angst und Schrecken. Die Mutter weinte – und sie schimpfte mit Karl, warf ihm vor, er habe nicht richtig aufgepasst. Den älteren Sohn klagte sie an, so Heims Erzählung, der Bruder könne durch seine Schuld sterben oder für den Rest des Lebens gelähmt sein.

Die Ungewissheit dauerte einige Wochen, bis feststand, dass der Bruder, eingegipst vom Kopf bis zu den Schultern, keinen bleibenden Schaden davontragen würde. Solange musste der kleine Karl die angsterfüllten und – wie er es noch heute empfindet – *zornigen* Vorwürfe der Mutter hören: Er trug nicht nur die Schuld an dem Unfall des kleinen Bruders, sondern auch daran, dass es den Eltern miserabel ging und die Mutter außer sich geriet. Und er konnte nichts dagegen tun. Für den Jungen war der Unfall des Bruders ein schweres Trauma, das er als persönliches Versagen und als große persönliche Schuld erlebte. So vermittelten es ihm alle anderen, vor allem die Mutter. Karl Heim versuchte, wie es jeder tun würden, der Vergleichbares durchgemacht hat, sich vor ähnlichen Situationen und Verletzungen zu schützen. Das erfordert besondere Vorsicht und besondere Anstrengung, weil Schuld mit der Auflage verbunden ist, Schuld abzutragen und wieder gutzumachen – obwohl dies oft gar nicht geht.

Wenn traumatische Erlebnisse sich häufen, wächst das Bedürfnis, sich vor ähnlichen Situationen zu schützen. Schon vor dem Unfall des Bruders, erinnert sich Heim, hatte er gefürchtet, durch einen Fehler womöglich für den Tod eines geliebten Menschen verantwortlich zu sein. Da war es seine kranke Großmutter. Er verbrachte bei ihr die Ferien und musste der Oma, auf deren Anordnung hin, Blutegel ansetzen. Dabei kam es einmal zu heftigen Nachblutungen, die sie nicht stoppen konnte. Karl geriet in Panik, er glaubte, die Großmutter würde verbluten. Sie rief den Notarzt, und im Krankenhaus konnte das Problem schnell gelöst werden. »Glück gehabt, gerade noch mal gut gegangen«, dachte der Junge sich. Doch das schlechte Gewissen blieb. Und seither überfluten ihn Angstgefühle, wenn er Blut sieht. Für einen Arzt, meint Heim, sei das doch »ziemlich merkwürdig«.

Heute belastet Heim ständig die Sorge, etwas falsch zu machen. Alles, was an Fehlern *möglich* ist, erscheint ihm unmittelbar *wahrscheinlich*. Sich solchen Phantasien zu ergeben, ist auch das Gegenteil von Emotions-Management. Denn die Vorstellung, was alles passieren kann, treibt die Angst nur an und lässt es als umso wahrscheinlicher erscheinen, dass eintritt, was man so sehr befürchtet. Die Angst wird dann zum dominierenden Leitgefühl, sodass alle Aufmerksamkeit auf mögliche Gefahren gerichtet und nicht mehr gesehen wird, was gegen ihr Eintreten spricht. Die Bedrohungsanalyse, die von der Emotion gesteuert wird, ist (wieder) logisch – die Logik der Emotion. Diese wechselseitige Beeinflussung von Denken und Fühlen machen wir Heim im Coaching deutlich. So kann er zu sich Distanz gewinnen und kognitiv etwas gegen den Automatismus tun, der ihn sonst fertigmacht. Es gelingt, indem er sich immer wieder vor Augen führt, dass Möglichkeiten nicht Wahrscheinlichkeiten vorhersagen. Um den Unterschied zu markieren, ist der Verstand gefordert, der sowohl auf das ärztliche Fachwissen als auch auf Heims positive Erfahrungen zugreifen kann. Er ist ja ein guter Arzt und verfügt über vielfache positive Erfahrungen. Sie geraten allerdings durch seine Angst auslösenden Schuldgefühle schnell in den Hintergrund. Sie entziehen sich seinem Gespür und seinem Bewusstsein. Sie scheinen nicht zu existieren. Es wird zur Aufgabe im Coaching, diese Erinnerungen zu bergen, seine Erfolge für ihn wieder erlebbar zu machen und das Vertrauen in seine Kompetenz zu stärken. Das ist Emotions-Management. Karl Heim muss sich angewöhnen, immer wenn ihn der Schrecken packt, die Frage zu stellen: Wie wahrscheinlich ist es, dass durch meine Behandlung tatsächlich ein unerwünschter Effekt eintritt und wie wahrscheinlich wäre es dann, dass ein solcher Effekt tatsächlich dramatische Folgen hätte? Solche methodischen Überlegungen helfen, sich nicht verrückt zu machen.

Doch wenn die Angst sehr groß ist, fällt ein solches Denken schwer und die rationale Analyse wird von einer vereinnahmenden emotionalen Bewertung immer wieder außer Kraft gesetzt. Was als vernünftig gedacht wird, wird als falsch gespürt. Das ist das Tückische. Die Botschaft der Gefühle, wenn sie übermächtig werden, lautet: »Ist vielleicht unwahrscheinlich, aber was hilft es mir, wenn es doch passiert.« So besetzt die Angst wieder das Gehirn. Dagegen ist nur mit Beharrungsvermögen anzutrainieren, indem sich Heim immer wieder vornimmt, die kleinen Fehler, die ihm unterlaufen, auszuhalten und gar nicht erst davon auszugehen, fehlerfrei bleiben zu können. Er muss unerfüllbare perfektionistische Ansprüche reduzieren und seine Fehlertoleranz stärken, indem er sich sagt: »Fehler kommen vor, und ich kann sie nur korrigieren, wenn sie mich nicht emotional umwerfen. Sonst müsste ich aufgeben.« Diese Reflexion in kritischen Situationen zu schaffen ist für ihn eine große Herausforderung. An dem Vorsatz scheitert er immer wieder. Aber indem er sich ihm immer wieder stellt, kann er ihn langsam und immer öfter einhalten. Wichtig ist dabei jedoch auch eine emotionale Komponente im Verhältnis zum Coach. Dieser nämlich muss ihm Verständnis und vor allem ehrliche Anerkennung und Wertschätzung entgegenbringen, um so »die Unzulänglichkeit«, nicht perfekt sein zu können, auszuhalten, ohne sich selbst so radikal infrage zu stellen, dass es vernichtend für die eigene Identität wäre. Dass Margot Schmitz Ärztin ist, gibt ihrer Anerkennung für Heim zusätzliches Gewicht. Er fühlt sich als Person und als »Kollege« ernst genommen und geschätzt. Aus dieser Emotionalität gewinnt er Kraft, das eigene (falsche) Konzept persönlicher Integrität infrage zu stellen. »Mit dem Kopf« allein wäre ihm das nicht gelungen.

Karl Heim erkennt ein Standesproblem und spürt, wie sehr es ihn betrifft: Viele Ärzte hegen den Anspruch, ihnen müsse alles gelingen, sie dürften keine Fehler machen und sie sollten jede Krankheit heilen können. So verlangen sie von sich, meist ohne es zu durchdenken und sich einzugestehen, göttliche Fähigkeiten und müssen an solchen Erwartungen scheitern. Es wäre klüger, diesen Anspruch aufzugeben, ihn als unerfüllbar zu erkennen und das zu *akzeptieren*. Zudem muss Heim lernen, Grenzen zu ziehen, sich bei seinen Patienten nicht für alles verantwortlich zu fühlen, weil er nicht für alles verantwortlich ist und deren Überantwortung nicht in dem Maß tragen kann, wie er sie sich aufschultert. Mit seinen ihn beherrschenden Schuldgefühlen neigt er dazu, sich für alles schuldig zu fühlen. Als Orthopäde, kann »die Kollegin« ihm sagen, ist er aber *vor allem* Orthopäde. Er kann nur in sehr begrenzter Weise Seelsorger sein (umgekehrt kämen Seelsorger ja auch nicht auf die Idee, als Orthopäden helfen zu müssen).

Heims Leidensgeschichte zeigt: Er hat sein Schuldprogramm frühzeitig programmiert, und die Eltern hatten großen Anteil daran, ihn schuldig zu sprechen für den Unfall des Bruders und für dessen möglichen Tod, das war zutiefst ungerecht. Einen solchen Vorwurf, genährt über lange Jahre, kann kein Kind unbeschadet (er)tragen. Kinder sind leicht zu beschuldigen und fühlen sich leicht schuldig. Wenn dies in gravierender Weise und immer wieder geschieht, wird Schuld zu einem so starken Leitgefühl, dass es das ganze Leben beeinflusst. Die Mutter überantwortete ihm immer wieder Aufgaben, die für ihn zu groß waren. Sie schickte ihren Sohn zur kranken Oma, auf die eher der Enkel aufpassen musste, als dass sie für ihn sorgte. Mit dem kleinen Bruder im Schlepptau schickte sie ihn zu Besorgungen in die Stadt, als er noch nicht lesen konnte, und beschwerte sich, wann immer er etwas nicht nach ihren Vorstellungen erledigte, dass er die Schuld dafür trage, dass sie nun noch mehr Arbeit habe, obwohl sie doch so erschöpft sei. Die Angst, etwas falsch zu machen, saß ihm stets im Nacken.

Menschen, die von Schuldgefühlen beherrscht werden, fällt es schwer, sich davon zu befreien – Grenzen zu ziehen, Nein zu sagen, sich um sich selbst zu sorgen. Schuld verschwindet nicht von selbst. Sie ist ein sehr mächtiges Gefühl, das andere Gefühle leicht verdrängt – wie eigenes Leid und eigenen

Schmerz. Wenn Schuldgefühle übermächtig sind, kann keine noch so große Sühne sie tilgen. Im Coaching kommt es darauf an, die von einem Schuldkomplex geplagten Menschen emotional zu stärken. Sie brauchen viel Zuspruch und Bestätigung. Man muss ihnen das sichere Gefühl vermitteln, dass sie »gute Menschen« sind – selbst wenn sie sich von anderen nicht die Verantwortung für etwas zuschieben lassen.

Die Scham zu sein

Rainer Taubner traut sich kaum noch in den Supermarkt. Wenn er es nicht mehr aufschieben kann, einkaufen zu gehen, weil der Kühlschrank leer ist, hat er es immer ganz eilig. Er kauft nur abgepackte Ware, obwohl frisches Obst oder Gemüse ihm besser schmecken. Aber er möchte nirgendwo anstehen, von niemandem angesprochen werden und zu keinem etwas sagen müssen. Er glaubt, Kunden und Personal würden sich über ihn mokieren, darüber, wie er sich bewegt, wie er spricht, was er einkauft. Er fürchtet, sich zu blamieren.

Taubner ist achtundzwanzig und Software-Ingenieur. Seine Stelle hat er kürzlich gekündigt. Er konnte Kunden, die er zu betreuen hatte, nicht anrufen, weil er meinte, sich dabei lächerlich zu machen. Ein Räuspern am anderen Ende der Leitung konnte ihn so ins Stocken bringen, dass er kein Wort mehr herausbrachte. Deswegen vermied er es zunehmend, Telefonate zu führen. Über E-Mails brütete er stundenlang. Er hatte Angst, etwas zu schreiben, das einen schlechten Eindruck von ihm hervorrufen könnte – eine ungeschickte Formulierung oder ein Schreibfehler etwa.

In Teambesprechungen schwieg er, antwortete allenfalls einsilbig, wenn er auf etwas Konkretes angesprochen wurde. Auch sonst redete er mit Kollegen kaum. Das erwarteten die meisten auch nicht von ihm. Sie beschäftigten sich, wie er, sowieso lieber mit ihrem Computer. Wer versucht, unangenehme Gefühle zu vermeiden, indem er Situationen aus dem

Weg geht, in denen sie auftreten, erhöht sukzessive die Anfälligkeit für seelischen Schmerz, empfindet diesen Schmerz immer feinfühliger und reduziert zunehmend seinen Handlungsspielraum. Die Gefühle gewinnen immer mehr an Macht – über den Verstand und über die ganze Person. Irgendwann hielt Rainer Taubner es nicht mehr aus in der Beratungsfirma, blieb eines Tages einfach zu Hause und schickte seinem Vorgesetzten erst eine Mail, nachdem dieser mehrfach vergeblich versucht hatte, ihn ans Telefon zu bekommen. Taubner erkannte die Nummer des Chefs auf dem Display seines Telefons. Aber er wollte sich nicht erklären. Er hätte nicht gewusst, was er hätte sagen sollen. Er schrieb lediglich in einem Satz, er sei leider krank und kündige hiermit.

Rainer Taubners Vater war das alles sehr unangenehm. Er hatte seinem Sohn die Stelle vermittelt. Er ist ein hochrangiger Manager in einem renommierten Chemieunternehmen. Mit den Software-Beratern, zu denen er den Sohn geschickt hatte, hatte sein Unternehmen eine Reihe von Verträgen laufen, der Geschäftsführer dort tat ihm gern einen Gefallen. Der Vater weiß, dass sich der Sohn im Umgang mit anderen schwer tut. Deshalb schaltete er sich bei der Jobsuche ein, als er den Eindruck gewann, Rainer entwickele »nicht genug Eigeninitiative«. Wie sehr den Sohn die Angst belastet, vor anderen schlecht dazustehen, davon hat der Vater keine Ahnung. Nach der Kündigung empfiehlt er Rainer Taubner allerdings zu uns, um sich für die Bewerbung um eine neue Stelle »fit«zu machen.

Dass dies nicht ganz einfach ist, spüren wir schon bei der ersten Begegnung. Taubner reicht nur zögerlich und kraftlos die Hand. Er schwitzt und schämt sich offenbar, überhaupt da zu sein. Nicht nur im Beruf fällt es ihm schwer, unter Leuten zu sein. Auch in der Familie sitzt er, wenn die Runde – angereichert um Onkel, Tanten, Großeltern – größer ist, nach außen ruhig, doch innerlich alarmiert am Tisch. Er fürchtet sich, angesprochen zu werden und dann etwas zu sagen, was andere stören oder gar beleidigen könnte. Er traut sich deshalb nicht, eine eigene Meinung zu äußern. Er weiß eigentlich gar nicht, ob er eine eigene Meinung hat. Freunde hat Rainer Taubner keine. Er lebt allein in einer kleinen Wohnung, die ihm der Vater vor zwei Jahren kaufte. Er ist noch nie mit einer Frau ausgegangen. Er würde es nicht wagen, gibt er zu, eine anzusprechen. Wenn er all das erzählt, schämt er sich in Grund und Boden und ist von dort durch uns nur sehr langsam, mit viel Verständnis und Zuneigung, heraufzuholen.

Schamgefühle, gesteht Taubner, machten ihm schon lange das Leben schwer. Er spricht sehr hastig, stößt einzelne Worte geradezu heraus und verschluckt immer wieder Silben. Leicht ist er nicht zu verstehen. Er erzählt, wie peinlich es für ihn als kleiner Junge war, wenn sein Vater ihn anhielt, vorzusingen oder Gedichte aufzusagen. Der Vater habe ihn dann damit aufgezogen, wie falsch er singe und wie holprig er vortrage. In der Schule setzte Rainer Taubner sich, wenn möglich, in die letzte Reihe, um sich hinter Mitschülern zu verstecken und von den Lehrern nicht so leicht gesehen zu werden. Wenn er an die Tafel gerufen wurde, um etwas zu schreiben oder zu rechnen – und mancher Lehrer schien dies mit sadistischem Vergnügen zu tun –, sei das für ihn ganz furchtbar gewesen.

Die Mitschüler hätten sich oft über ihn lustig gemacht und ihn gehänselt wegen seines Aussehens. Taubner hat große Mühe, darüber zu sprechen, er bekommt keinen ganzen Satz raus. »Pferdegesicht« schimpften sie ihn. Als ihm das Wort nuschelnd über die Lippen kommt, wird er knallrot, verlegen kauert er in der Ecke eines Sessels mit hängendem Kopf und merkwürdig verdrehten Armen, den Blick tief nach unten gesenkt.

Die Eltern hätten von seinen Schwierigkeiten in der Schule nichts gewusst, nur dass er immer sehr still im Unterricht gewesen sei, müssen die Lehrer ihnen berichtet haben. Der Vater, sagt er, habe ihn daraufhin angeschnauzt, er möge sich gefälligst zusammenreißen und nicht so anstellen. An aufmunternde Worte, Zuspruch oder Verständnis des Vaters kann sich Rainer Taubner nicht erinnern.

Um Rainer Taubner zu helfen, muss man ihn in Situationen begleiten, die er allein am liebsten vermeidet, und ihm dabei den nötigen emotionalen Beistand und Rückhalt geben: zum Beispiel gemeinsam einkaufen im Supermarkt. Nicht sofort auf dem Absatz kehrtmachen, wenn ein mulmiges Gefühl aufsteigt. Beobachten, dass keiner ihn beobachtet und sich tatsächlich niemand über ihn lustig macht. Dabei gehen wir sehr vorsichtig vor, schlendern mit ihm zunächst nur durch das Geschäft, bitten ihn zu schauen, wie geschäftig und mit sich selbst beschäftigt die anderen Leute unterwegs sind. Wir helfen Taubner in der Situation, seine automatischen Gedanken zu entschlüsseln, die seine Scham antreiben, ihm melden, alle starrten ihn an, warteten nur darauf, dass er sich blamiere, um dann verächtlich über ihn zu denken. Das flüstern seine automatischen Gedanken ihm ein, blitzschnell, sodass er sie allein gar nicht bewusst erfasst, noch bevor er mit anderen einen Kontakt hergestellt hat. Die Gedankenkette rasselt ungebremst los, an ihrem Ende steht: Du musst dich dafür schämen, *dass* du bist. *Wer* und *wie* er ist, das ist nach der Logik der automatischen Gedanken völlig egal. Sie geben Taubner keine Chance, durch irgendein bestimmtes Verhalten besser dazustehen. Das ist das Erste, was er von uns lernt. Als Rainer Taubner beim Einkaufen vorsichtig Umschau hält und sich nicht mehr mit gesenktem Blick zwischen die Regale quetscht, beginnt er zu ahnen, dass wir recht haben. Er fasst Mut, durch den Laden zu gehen, Blicke auszuhalten, sie als flüchtige Notiznahme zu verstehen, hinter der kein Arg lauert. Nachdem das, durch wiederholte Übung, zu einer gewissen Routine für ihn geworden ist, stellen wir ihm die nächsten, anstrengenderen Aufgaben: Er muss Wurst und Käse an den Frischtheken bestellen, Verkäuferinnen nach Sonderangeboten fragen und an der Kasse Geld wechseln lassen, ohne etwas zu kaufen. Bis es so weit ist, dauert es einige Trainingseinheiten, und Rainer Taubner braucht immer wieder einen Push, um ein bisschen mehr zu wagen.

Nachdem Rainer Taubner nach einiger Zeit allein unbeschämt in den Supermarkt gehen kann, beginnt das Training, Bewerbungen zu schreiben. Als er sich dabei einigermaßen sicher fühlt, spielen wir in der Rolle eines Personalchefs mit ihm Bewerbungsgespräche durch. Rainer Taubner lernt, wie er sich darauf vorbereitet und wie er sich vorteilhafter präsentiert. Er lernt, seine innere Aufregung zu registrieren, die Magenschmerzen und Schweißausbrüche, ohne sich immer weiter in die Angst hineinzusteigern. So lernt er, nach und nach, ruhiger zu atmen, sich zu entspannen, weniger hastig und verständlicher zu reden. Bisher hat nie jemand angesprochen, dass er dies tun sollte, und ihm angeboten, es mit ihm zu trainieren. Dass selbst Unterhaltungsprofis ihre Shows genau vorbereiten, ist für ihn eine neue und beruhigende Erkenntnis. Rainer Taubner merkt, wie er besser wird, wie das Training ihm hilft, und das stärkt sein Selbstbewusstsein. Dann folgt die mentale Vorbereitung auf echte Bewerbungsgespräche, nun muss er in der Simulation umsetzen, was er bisher gelernt hat. Taubner schafft es im dritten Anlauf, einen neuen Job zu bekommen, und ist sehr stolz, dass es ihm diesmal ohne Hilfe des Vaters gelungen ist. Es ist sogar eine Stelle, die seinen Interessen und Fähigkeiten besser entspricht – Taubners fachliche Leistungen sind nämlich ausgezeichnet, und er braucht neue Herausforderungen, der alte Job hatte ihn ohnehin gelangweilt.

Mit dem Antritt seines neuen Jobs beginnt im Coaching ein Interaktions- und Kommunikationstraining. Er lernt – zunächst in Spielsituationen –, sich in Meetings einzubringen; Kollegen zu fragen, wie es ihnen geht; Hilfe zu erbitten, wenn er sie braucht, und sich anschließend dafür zu bedanken; selbst etwas von sich zu erzählen; sie zu fragen, ob sie mit ihm zusammen mittagessen gehen, sich zu einem Kinobesuch zu verabreden. Für andere Menschen mag das einfach und selbstverständlich sein, für Rainer Taubner ist es das nicht. Jede Kleinigkeit muss er erst lernen und immer wieder daran erinnert werden. Oft vergisst er wieder, wie er sich verhalten könnte, oder er traut sich doch nicht. Immer wieder muss es mit ihm in Gedanken und Rollenspielen durchexerziert werden. Er lernt, sich über kleine Erfolge zu freuen. Dies alles geht Schritt für Schritt, und das heißt eben: einen Schritt nach dem anderen, nicht zwei oder drei auf einmal, sonst käme er nämlich nur ins Stolpern.

Taubner entwickelt sich zu einem geschätzten Mitarbeiter. Er ist weiterhin viel zurückhaltender als die meisten seiner Kollegen, aber er wird von ihnen freundlich wahrgenommen, steht nicht mehr am Rand und wird dort vergessen. Sein Chef sagte ihm kürzlich, er sei froh, ihn in der Firma zu haben. Gelegentlich geht Taubner mit ein paar Kollegen ein Bier trinken. Eine Freundin hat er noch nicht. Aber seinem Vater hat er erzählt, was ihm zu schaffen macht, aber auch, wie er sich bemüht. Seither treffen sie sich öfter und können sagen, dass es ihnen guttut, sich zuhören und sich gegenseitig in den Arm zu nehmen. Gefragt nach seiner allgemeinen Zufriedenheit mit dem Leben, ordnet es sich auf der Skala von 1 bis 10 bei 7 ein. Zu Beginn des Coachings, ein Jahr zuvor, stand er noch bei 3. Das ist ein beachtlicher Fortschritt.

Vom Nutzen und Schaden des Ärgers

Ärger treibt in den Kampf. Das kann gut sein. Ärger mobilisiert enorme Energien. Ärger kann helfen, dass wir uns wirksamer schützen, wenn Werte, vitale Interessen oder unser Gerechtigkeitsempfinden bedroht sind, wenn wir betrogen, beleidigt, erniedrigt oder denunziert werden, die eigene Person gefährdet ist, wenn andere unsere Persönlichkeit angreifen. Ärger gibt Kraft, solche Attacken abzuwehren, Angreifer in ihre Schranken zu weisen. Eine Kraft, über die wir ohne Ärger womöglich gar nicht verfügen könnten. Ärger kann helfen, sich von falscher Scham zu befreien oder von einer uns (selbst) auferlegten Schuld, die wir nicht zu tragen haben. Ärger kann befreiend sein. Er mobilisiert sogar soziale und politische Bewegungen. Er fördert Zivilcourage. Das Aufbegehren gegen Missstände und Unrecht wird von Ärger angetrieben.

Selbst Mahatma Gandhi, der wie kein anderer das Prinzip des gewaltlosen Protestes verkörperte, war ein Mann voller Ärger, wie uns einer seiner Enkel schilderte.

Ärger ist also an sich kein schlechtes Gefühl, auch wenn es oft so dargestellt wird. Wir tun uns keinen Gefallen, wenn wir ihn nicht wahrhaben oder nicht zulassen wollen. »Mensch ärgere dich nicht« ist keine generell gute Empfehlung. Sie verlangt von uns, alles wegzustecken, jede Zudringlichkeit, jede Gemeinheit, jede Ungerechtigkeit. Zum Emotions-Management gehört es, Ärger zu registrieren – den eigenen und den der anderen. Die Emotion zeigt an, dass es für die Beteiligten um etwas sehr Wichtiges geht. Um zu erkennen, was es ist, brauchen wir das Denk-Hirn zur Reflexion. Mit dem Verstand können wir eine kognitive Einordnung und Bewertung der Informationen vornehmen, die uns das Emotions-Hirn sendet.

Ärger will Veränderung. Er signalisiert, dass wir uns etwas nicht länger gefallen lassen wollen. Nur mit Verständnis und Freundlichkeit können wir uns ignorante, selbstsüchtige, übergriffige Menschen oft nicht vom Leib halten, sie müssen erst unseren Ärger spüren, dessen Stärke und Entschiedenheit, bevor sie uns als Person wahrnehmen und ihre egozentrische Haltung aufgeben. Die Bestimmtheit, die Ärger verleiht, zeigt sich im energischen Blick, in gespannter (kampfbereiter) Körperhaltung, im unüberhörbar scharfen Ton unserer Stimme, in der direkten Ansprache.

Ist unser Ärger stark genug, weichen wir einer fälligen Konfrontation nicht mehr aus. Wir gehen in die Offensive. Wir haben plötzlich mehr Mut. Wir machen deutlich, wo wir Grenzen ziehen, die andere nicht übertreten dürfen, ohne mit unserem Widerstand und unserer Gegenwehr rechnen zu müssen. Wer nie gelernt hat, seinen Ärger zuzulassen, wer schon als Kind die Auflage verinnerlicht hat, sich nicht ärgern und Ärger nie zeigen zu dürfen, kann das nicht gut. Emotions-Management bedeutet also auch, Ärger in sich zu entdecken, in all seinen Facetten und den verschiedenen Anlässen, um daraus wichtige Einsichten zu gewinnen, was wir uns von anderen nicht bieten, wegnehmen oder vorenthalten lassen wollen. Mit dem Denk-Hirn überprüfen wir, ob unsere Ansprüche und Erwartungen angemessen, legitim und durchsetzbar sind. So lassen wir uns nicht von unseren Gefühlen treiben, sondern befähigen uns, emotional und sozial intelligent zu handeln. Mit einer angemessenen Portion Ärger können wir gegen Menschen antreten, die uns zuvor als Autoritätspersonen eingeschüchtert haben, gegen einen Vorgesetzten, der Mitarbeiter drangsaliert und Respekt vermissen lässt, oder einen Beamten, der sich aufführt, als könne er Kraft seines Amtes Willkür walten lassen. Wer sich nicht ärgern kann, mit dem machen andere, was sie wollen. Ärger dient dem Selbstbewusstsein, der persönlichen Integrität und der Menschenwürde.

Wenn Ärger sich für uns nicht lohnte, würden wir aufhören uns zu ärgern. Ärger kann uns anspornen, etwas zu erreichen, was wir zuvor nicht geschafft, uns womöglich selbst verbaut haben. Weil wir uns nicht ernsthaft und konzentriert genug vorbereitet haben – für eine Prüfung, ein Jobprojekt, einen Sportwettkampf. Wir nutzen die Energie unseres Ärgers, um die unerwünschten Folgen zu korrigieren.

Ärger kann allerdings zerstörerische Kräfte freisetzen – auch selbstzerstörerische. Ärger im Übermaß gilt es durch Emotions-Management einzudämmen.

Ärger artikuliert sich offen auch als Zynismus, hinterhältige Frage oder Sarkasmus. Er kann sich auch verdeckt ausdrücken in scheinbar zufälligen Regelverletzungen oder Nachlässigkeiten anderen gegenüber. Wer sich ärgert, macht meist andere dafür verantwortlich, weil sie das Gefühl auslösen. Dann verursacht Ärger Vorurteile und Feindschaften. Ärger kann uns austricksen. Er projiziert Verantwortung auf andere und dient als Entschuldigung für das eigene Empfinden und Verhalten. Das liegt auch daran, dass Ärger als Reaktion erfolgt auf die Verletzung von anderen, tiefer liegenden Gefühlen, die in der Vehemenz des Ärgers oftmals unerkannt bleiben. Menschen reagieren verärgert, wenn sie sich verletzt fühlen, nicht genügend geschätzt, respektiert, geachtet, wenn sie

Schmerz empfinden oder Angst – dies kann auch die Angst sein, eigenen Ansprüchen nicht zu genügen, die Angst vor anderen oder sich selbst zu versagen. Wer die Grenzen seiner Möglichkeiten nicht wahrhaben will, nicht erreicht, was er sich (unrealistischer Weise) vorgenommen hat, nie Selbstzweifel zulässt, die Selbsteinschätzung korrigieren könnten, gibt anderen für eigenes Scheitern die Schuld oder ärgert sich über sich selbst und wirft sich erregt vor: »Ich versteh gar nicht, wie ich so blöd sein konnte.« Ärger ruft leicht Autoaggression hervor. Wir erleben es bei Menschen, die zornig gegen eine Tür treten oder die das Gefühl haben, sie müssen mit dem Kopf gegen die Wand springen.

Die Ärger-Empfindlichkeit variiert zwischen Menschen stark. Die einen ärgern sich maßlos, wenn sie mit dem Auto fahren und ein anderer Fahrer für ihr Empfinden zu knapp vor ihnen einfädelt oder wenn hinter ihnen einer hupt. Unsere Straßen geben nicht nur freie Fahrt für freie Bürger, sie bieten auch viel Gelegenheit, seinem Ärger freien Lauf zu lassen. Besonders viele Fahrer ärgern sich, wenn sie im Stau stehen, weil der ihnen als selbstverständlich erscheinende Anspruch auf freie Fahrt nicht einzulösen ist. Andere ärgern sich, wenn sie meinen, in einem Gespräch oder einem Meeting nicht ausreichend zu Wort zu kommen oder wenn sie in einem Restaurant nicht so zügig bedient werden, wie sie es erwarten.

Der Verlust von Ansehen, Status, Einfluss, Selbstwert, Rückhalt ruft Ärger hervor. Das Verhalten und die Situationen, die Ärger auslösen, können sehr unterschiedlich sein, doch der tiefere Grund für Ärger ist immer das Gefühl, legitime Ansprüche und Bedürfnisse nicht erfüllt zu bekommen. Und diese sind bei jedem Menschen individuell sehr verschieden. Sie haben mit persönlichen Dispositionen und gelernten Konzepten zu tun. Wer in der individuellen Entwicklung stark blockiert und immer wieder zurechtgestutzt wurde, baut eher Ärger im Übermaß auf als derjenige, der viel Förderung, Zuspruch und Anerkennung erhalten hat. Ärger verweist auf tief sitzende und anhaltend schmerzende seelische Verletzungen.

Trifft Ärger auf Ärger, ist das wie ein Frontalzusammenstoß, alle am Crash beteiligten Personen nehmen schweren Schaden. Wer Ärger auf sich zurasen sieht, sollte deshalb nicht auf Konfrontationskurs gehen, sondern versuchen, der Gewalt auszuweichen und nach intelligenteren Konfliktlösungen zu suchen.

Manche Menschen versuchen, ihren Ärger in sich hineinzufressen. Dort nagt er dann in ihnen und verursacht körperliche Beschwerden wie Muskelverspannung, Nackenschmerzen, Bluthochdruck. Doch auch den Ärger unkontrolliert herauszulassen führt meist nicht dazu, dass man erreicht, was man will, weil Anlass und Reaktion nicht zusammenpassen. Ärger verflüchtigt sich nicht, wenn man ihm ein Ventil gibt. Wer sich ärgert, doch die Ursachen für den Ärger nicht beseitigt, nährt den Ärger nur, indem er der Erregung freien Lauf lässt.

Das amerikanische Pentagon, das sich als Verteidigungsexperte sieht, veranlasste diese Einsicht dazu, Offizieren, die sich zu oft ärgern, eine Ärger-Management-Schulung anzuraten. Wer sich viel ärgert, wird eher krank, stirbt schneller, kommt mit anderen schlechter aus, setzt auch sie unter Spannung und denkt obendrein weniger klar. Als Typ A beschreiben Psychologen des Pentagons Offiziere mit hoher Ärger-Bereitschaft, Typen, denen, salopp gesagt, schnell der Kragen platzt. Sie gelten als schlechte Führungskräfte und sozial unverträglich. Wer nicht lernt, seinen Ärger zu managen, schadet seiner Karriere und seinen Beziehungen zu anderen Menschen.

Außer Kontrolle

»Jetzt bringt er mich um«, schoss es Monika Schramm durch den Kopf. Sie röchelte, japste nach Luft, aus ihren Augen starrte blanke Angst. Da ließ Hermann Schramm sie so plötzlich wieder los, wie er sie an sich gezogen, herumgezerrt, ihr den rechten Arm auf den Rücken gedreht und sie mit der anderen Hand in den Würgegriff genommen hatte. Er atmete schwer. »Warum musst du mich auch immer so provozieren«, schnauzte er seine Frau an, aber im selben Moment war er entsetzt über sich. In seinem Kopf hämmerten Fragen voller Vorwürfe: »Was habe ich da getan?« – »Wie konnte mir das passieren?« – »Warum habe ich mich nicht unter Kontrolle?« Szenen einer Ehe.

Monika Schramm hatte nach dem Vorfall ihren Mann vor die Alternative gestellt: Entweder du gehst in eine Therapie, oder ich lasse mich scheiden. So kamen sie in die Coaching Company – sie eine attraktive, zierliche Frau, er ein Mann wie ein Bär. Hermann Schramm versicherte, er wolle sich von seinem Ärger nicht mehr überwältigen lassen. »Ich liebe meine Frau doch«, sagte er und fasste dabei nach ihrer Hand.

Wir hörten die ganze Geschichte: Er hatte sich geärgert an diesem Abend. Dass seine Frau von der Party bei Freunden noch mit einer Clique in eine Kneipe ziehen wollte, dass dort das Bier zu warm und die Musik zu laut war; dass sie im vorhielt, so mies drauf zu sein, dabei war er doch, wie er sagte, nur ihretwegen noch mitgegangen, obwohl er eigentlich nach Hause wollte. Die Stimmung war im Keller. Auf der Fahrt nach Hause stritten sie, wer schuld daran sei. Hermann schnauzte sie an: »Ich kann dir nichts recht machen.« Zu Hause rauschte seine Frau ab ins Badezimmer und knallte die Tür hinter sich zu. Hermann legte sich ins Bett. Er kochte innerlich. Als seine Frau aus dem Bad kam, das Licht im Schlafzimmer anmachte und erklärte, sie wolle noch lesen, herrschte ihr Mann sie an: »Du spinnst wohl.« Er sprang aus dem Bett, knipste das Licht wieder aus. Sie schaltete es wieder ein, er knipste es wieder aus. So ging das hin und her, bis Hermann, wie er es nennt, der Geduldsfaden riss und er seiner Frau an die Gurgel ging.

Er war schon öfter handgreiflich geworden, nur nicht so sehr wie dieses Mal. Er erklärte, dass er sich oft und kräftig ärgere. So hatte es zum Beispiel Krach gegeben, als er seiner Frau vergeblich zu erklären versuchte, wie sie ihren neuen Fotoapparat zu bedienen hätte. »Ich habe mich geärgert, dass sie das einfach nicht kapiert.« Da habe er ihr den Apparat aus der Hand gerissen und sie »wohl auch ein wenig geschubst«.

Kleiner Ärger steigert sich bei Hermann Schramm rasch zu größerer Wut. Er hält das für normal, und es fällt ihm nicht einmal auf, wie oft das geschieht. Um das zu sagen, muss er angestrengt nachdenken. Beispiele erzählt er erst auf beharrliches Nachfragen: Er gerät in Rage, wenn seine Exfrau am Wochenende die beiden kleinen Töchter später als vereinbart bei ihm abliefert. Er ärgert sich, wenn die Kinder nicht wissen, was sie mit ihm unternehmen möchten. Er regt sich auf, wenn ihm ein anderer einen Parkplatz wegschnappt, wenn im Haus etwas kaputtgeht, die Zeitung nicht geliefert wird – wenn etwas nicht so ist, wie es seiner Meinung nach sein sollte.

Auch bei der Arbeit in einer Justizvollzugsanstalt, wo Ausländer auf ihre Abschiebung warten, ärgert er sich ständig. Die Leute seien sehr aggressiv, »vernünftig mit ihnen zu reden« sei schon wegen der Sprachprobleme nicht möglich. Die Fluktuation sei groß und ständig randaliere jemand. Immer wieder würden Häftlinge auch Beamte angreifen. Hermann Schramm ist darauf trainiert, sich wirksam zur Wehr zu setzen und nicht zu zögern, wenn er meint, ein Häftling gerate außer Kontrolle. Der Dienst ist anstrengend. Er beschreibt sich als ständig gereizt, weil ja immer etwas passieren kann. Er arbeitet in wechselnden Schichten, zwei bis vier Nachtdienste pro Monat gehören dazu. Nebenbei holte er in den vergangenen zwei Jahren das Abitur nach. Für seinen Job sei er schon überqualifiziert, meint er. Hermann Schramm möchte sich weiterbilden. »Soll das mein Leben sein?«, fragt er verärgert. Er will kein kleiner Beamter bleiben, er möchte studieren und beruflich aufsteigen, am liebsten in den höheren Polizeidienst. Aber, so klagt er bitter, das interessiere in den Behörden »keinen Hund«.

Er sei schon als Kind leicht ausgerastet, erzählt er schließlich. Er erinnert sich an Schreiattacken, daran, das er »richtig ekelig« gewesen sei und dafür »öfter eine Watschen bekommen« habe. Die Mutter habe häufig mit ihm herumgeschrien, aber sie habe nur sein Bestes gewollt. Er sei leider ein Spätzünder gewesen und in der Schule immer hinterher. Die Mutter habe ihm vorgeworfen, zu faul und zu unkonzentriert zu sein, Standpauken gehalten und Hausarrest verhängt, wenn er schlechte Noten nach Hause brachte. Er musste in der achten Klasse das Gymnasium abbrechen, machte eine Schlosserlehre und arbeitete anschließend im Bauunternehmen seines Vaters. Mit dem gab es oft Krach. Der Sohn fühlte sich gegängelt. Das Familienunternehmen geriet im Zuge einer Bauflaute in wirtschaftliche Turbulenzen, konnte sich davon nicht wieder erholen und musste schließlich Konkurs anmelden. Der Vater, sagt der Sohn, habe ihn dafür verantwortlich gemacht. Seither redeten sie kaum noch miteinander. Auch seine erste Ehe sei ein Katastrophe gewesen, meint Hermann Schramm. Er habe immer nur gearbeitet, um für die Familie ein Haus finanzieren zu können, und als das fertig war, habe seine Frau ihn vor die Tür gesetzt.

In seinen Erzählungen beschreibt Hermann Schramm sich immer wieder als Opfer von Menschen oder Umständen. Und das ist eine wesentliche Ursache für seinen Ärger. Wer sich als Opfer sieht und dies zur Rechtfertigung für seinen Ärger macht, ist vor allem neidisch. Wie andere Neider meint auch Hermann Schramm, ihm werde etwas vorenthalten. Er fühlt sich ungerecht behandelt und meint deshalb, im Leben zu kurz zu kommen. Was anderen gehört, das stehe auch ihm zu. Ärger fordert diesen Anspruch vehement ein und schlägt los, wenn sich ihm irgendwer oder irgendetwas in den Weg stellt.

Um seinem Ärger Herr zu werden, muss Hermann Schramm seine Interpretationsmuster ändern. Er muss sozusagen neu denken. Er muss, das ist die besondere Herausforderung, die Perspektive wechseln, wenn er sich ärgert, und Gründe finden, warum sich andere so verhalten, wie sie es tun. Diese Aufgabe zwingt ihn, seine egozentrische Opferperspektive zu verlassen, aus der heraus er seinen Ärger stets als angemessen und legitim erklärt. Er muss in die Rolle des »Täters« schlüpfen. Aus der »Täter«-Perspektive sieht und beschreibt er Situationen völlig anders. Wenn er sich auf diese Weise in seine Frau hineinversetzt, kann er nach-spüren, wie bedrängt sie sich fühlt. Sie darf nicht sagen, was sie will oder nicht kann, weil ihr Mann dies als Vorwurf gegen sich empfindet. Als Zapfer an der Theke will er sich nicht »anranzen« lassen, weil das Bier, das er serviert, so kalt ist, wie es sich die meisten Gäste wünschen; jedem kann er es nicht recht machen. In der Rolle seiner Exfrau sieht er nicht ein, sich vorhalten zu lassen, dass sie zu spät kommt, weil die Kinder länger für ihre Hausaufgaben gebraucht haben.

Durch derartige Rollenspiele wird deutlich, wie unterschiedlich Gefühlslogiken sein können, dass nicht der eine im Recht und der andere im Unrecht sein muss. Sie machen erlebbar, wie Konflikte eskalieren, wenn einer oder gar beide so empfinden und sich entsprechend verhalten.

Ärger lässt Empathie nicht zu. Erst mit Empathie verstehen wir jedoch, wie andere wahrnehmen, empfinden, was ihnen wichtig ist, wie sie interpretieren, was passiert, welchen Anteil daran sie sich selbst und welchen sie anderen zuschreiben. Hermann Schramm hat sich also immer wieder zu fragen: Was sind die Absichten, Wünsche und Bedürfnisse von anderen? Wie würde ich mich an ihrer Stelle fühlen? Dann kann es ihm gelingen, deren Verhalten nicht als Angriff auf sich zu werten, gegen den er – zur Verteidigung seiner Person – seinen Ärger richten muss. Dann muss er nicht zu einem Schlag ausholen, den er als gerechte Gegenwehr auslegt, der für andere jedoch der überraschend niederschmetternde Erstschlag ist. Wenn er die Motive anderer besser begreift und erkennt, wie er beeinflussen kann, was geschieht und wie andere ihm begegnen, kann er es besser schaffen, eigene Unzulänglichkeiten und Fehler zu sehen und dafür die Verantwortung zu übernehmen.

Hermann Schramm kann erkennen, welchen Anteil er an Ärger-Eskalationen hat und welche Möglichkeiten, gegenzusteuern. Anstatt anderen vorzuwerfen, was sie nicht tun, soll er überlegen, was er aus eigener Kraft ändern kann. Dazu muss er spüren und verstehen, über welche Ressourcen er bereits verfügt oder sich beschaffen kann. Möglich, dass ihn in der Behörde niemand darin unterstützt, beruflich voranzukommen; darauf sind Beamtenapparate nicht eingestellt. Aber er kann sich zu solchen Chancen verhelfen, wie er es ja schon getan hat, als er das Abitur nachmachte. Das ist sein Erfolg, auf den er stolz sein kann. Und Stolz dämmt Ärger ein! Stolz begründet sich auf Vertrauen in die eigene Kraft und eigene Fähigkeiten. Diesen Stolz zu fördern, auch das ist Emotions-Management – den bewussten Zugriff zu lernen auf gute Erfahrungen, bereits unter Beweis gestelltes Können und die damit verbundenen guten Gefühle. Stolz zu empfinden gilt nach wie vor vielen Menschen als unangemessen, übertrieben oder sogar unanständig. Die katholische Kirche (nicht die Bibel!) geißelt Stolz als eine der sieben Todsünden. Doch diese Anklage stammt aus Zeiten, als Menschen von der Obrigkeit nicht als Individuen gesehen und akzeptiert, sondern von den Mächtigen zu Untertanen degradiert wurden, die keine eigenen Ansprüche und Ambitionen haben durften. Das Gebot, nicht stolz zu sein, diente als Herrschaftsinstrument. Stolz erhöht den Wert der eigenen Person und richtet ein beschädigtes Selbstbewusstsein wieder auf. Das gelingt in angemessener Weise, wenn etwas wirklich durch eigene Leistung erreicht wird. Realistische Bewertung schützt vor Arroganz, Dünkel und Selbstgefälligkeit, Haltungen, die falscher Stolz (der eben nicht auf eigenen Leistungen beruht) fördert.

Hermann Schramm kam mit der Neigung zum Coaching, seinen Ärger unkontrolliert auszulassen. Ihm war klar, dass er daran etwas ändern musste, um seine Ehe zu retten. Im Coaching stärkten wir einen anderen Teil seiner Person, nämlich den, der auf Disziplin drängt. Disziplin ist ein Wert, den Hermann Schramm stark verinnerlicht hat. Damit konnten wir ihm nahebringen, dass er es mit der Kraft seiner Disziplin schaffen würde, seine Impulse besser zu kontrollieren. Er lernte, innere körperliche Erregung, etwa einen plötzlich hochschießenden Puls, als Warnsignal zu verstehen, das ihm ankündigte, wie Ärger sich in ihm zusammenbraut. Für ihn war das der erste Schritt, um seine Emotionen zu managen. Wenn er das Signal frühzeitig verstehen konnte, gelang es ihm innerlich, einen Schritt zurückzutreten und sich zum Beobachter der Szenerie zu machen, Distanz zu Situationen zu schaffen, die Ärger in ihm auslösten. Er lernte eine Atemtechnik, mit der er, durch ruhige Atmung in den Bauch, sein vegetatives Nervensystem in eine bessere Balance bringt und die Erregung dämpft. Dadurch gelang es ihm zunehmend besser, gedanklich Perspektivwechsel vorzunehmen und so aus der negativen Empfindung auszusteigen. Ein solches Emotions-Management führt dazu, dass der Ärger – mit jeder neu erworbenen Fähigkeit – geringer wird und dass schließlich Mitgefühl für andere entsteht, Konfliktsituationen neu bewertet werden und der Ärger noch weiter reduziert werden kann.

Es gelingt Hermann Schramm nicht immer, aber immer besser. Er sieht die Erfolge: Mit seiner Frau versteht er sich jetzt viel besser. In der Ehe spüren beide größere Nähe, mehr Vertrautheit, mehr Wärme. Auch die Beziehungen zu Kollegen werde entspannter und freundlicher und langsam auch die zu seinen Eltern. Doch ihnen gegenüber spürt Hermann Schramm nach wie vor einen tiefen Groll. Kein Wunder, denn für seine Eltern war es stets normal, ihren Ärger aneinander und an ihren Kindern auszulassen. Er empfand wenig Zuwendung von ihnen, dafür umso heftiger Zurückweisung. Außerdem lernte er durch das ihm vorexerzierte Verhalten, wie mit Ärger umzugehen wäre – ihn nämlich einfach rauszulassen. Für die Konsequenzen fühlte sich niemand in der Familie verantwortlich. Schuld hatten, für jeden Einzelnen von ihnen, immer nur die anderen.

Die Muster, die uns unsere Eltern, als wir Kinder waren, mit Belohnung und Bestrafung über viele Jahre andressiert haben, prägen uns anhaltend und oft unbewusst. Doch auch wenn wir sie mit unserem Verstand durchschauen, überwinden wir sie nicht. Wir schleppen sie als automatisiertes Verhaltensrepertoire durch unser Leben. Um sie zu ändern, müssen wir trainieren, dagegen anzugehen, und neue Routinen entwickeln. Hermann Schramm tut es beharrlich. Die Kraft dazu gewinnt er aus den guten Gefühlen, die ihm die Erfolge seines Emotions-Managements bescheren.

Neugier

Neugier hält uns lebendig. Und Neugier macht uns schlauer. Mehr als jedes andere Gefühl. Neugier fordert den Verstand heraus. Sie löst in uns den Wunsch aus, zu lernen, sich Unbekanntem, ja Unheimlichem zu nähern, es zu erkunden, neue Eindrücke zu sammeln und Erfahrungen zu machen, neues Wissen zu erwerben, über uns und die Welt. Neugier aktiviert unser Denk-Hirn und gibt uns Energie. Sie sorgt für inneren Antrieb, uns aufzumachen, um unsere Grenzen auszutesten und zu überwinden.

Neugier kündigt sich an, wenn wir uns wundern. Uns zeigt sich etwas, was wir bisher nicht kannten, zumindest nicht »so«. Es passt nicht in unsere gewohnten Interpretationsmuster. Es überrascht uns. Wir begegnen etwas Unerwartetem, das wir (noch) nicht richtig verstehen, das für uns noch keinen Sinn macht. Mit Neugier suchen wir nach Antworten, nach Verständnis und Bedeutung, nach Sinn. Wir stellen unsere bisherigen Deutungsmuster infrage, überprüfen, ob sie angemessen sind und ob wir sie verändern sollten. Neugier öffnet uns für neue Information, erweitert unser Wissen und unser Handlungsrepertoire.

Unsere Neugier heftet sich an Eindrücke, Personen, Bemerkungen, Genüsse, Mitteilungen, eigene Gefühle. Neugier baut Spannung auf. Sie schafft Anreize, Neues sinnlich wahrzunehmen und zu erfassen. Sie hilft uns herauszufinden, ob sich hinter noch Unbekanntem etwas Attraktives verbirgt oder ein noch abzuschätzendes Risiko. Neugier lässt uns danach forschen, *wie* wir erreichen, was wir gern können oder haben wollen. Neugier gibt uns dazu Kraft und Orientierung. Sie weckt womöglich sogar Leidenschaften. Sie steuert unser Handeln auf Ziele. Und sie gibt uns die Ausdauer, um auch längere Wege dorthin zu bewältigen. Mit Neugier stoßen wir immer wieder an Grenzen – unseres Wissens und unserer Erfahrung – und spüren den Drang, unsere Sphäre zu erweitern, sinnlich und intellektuell. Kreative Menschen zeichnen sich durch besondere Neugier aus. Über ausgeprägte Neugier verfügen auch Wissenschaftler, Ingenieure, Ärzte, alle, die – in was auch immer – besonders gut sind; allerdings binden sie ihre Neugier oft an ihr spezielles Fach. Neugier muss nicht universal, sie kann sogar sehr beschränkt sein. Je breiter sie in uns ausgelegt ist und je mehr wir sie zulassen, umso mehr erfahren wir von der Welt und von uns. Neugier fördert Neugier. Sie ist ein Perpetuum mobile der Emotionen, ein Gefühl, das uns in Bewegung hält, Aufmerksamkeit und Wachheit schafft. Das Gegenteil von Neugier ist Stumpfsinn, Langeweile, Sattheit, Desinteresse. »Wer keine Neugier verspürt«, meint der Schriftsteller Ernst Ferstl, »ist bereits tot.«

Neugier ist uns angeboren und bei jedem Menschen unterschiedlich stark ausgeprägt. Neugier ist ein Gefühl, das durch unsere Umwelt gefördert oder behindert werden kann, durch Anreize, Ermunterung oder Sanktion. Normen und Werte beeinflussen, wann und in welchem Maß Neugier für akzeptabel oder übertrieben gehalten wird. Eltern können die Neugier ihrer Kinder fördern, indem sie ihnen neue (altersadäquate) Erfahrungen ermöglichen, sie darin bestärken, Neues zu erkunden und auszuprobieren und immer wieder nach neuen Erklärungen und Lösungen zu suchen, für die Herausforderungen, die sich ihnen stellen. Leben Eltern die Haltung vor, dass es für nichts letzte Antworten gibt, fördern sie die Intelligenz und Kompetenz ihrer Kinder. Sie können sich an Albert Einstein halten, der bemerkte: »Ich habe keine besondere Begabung, sondern bin nur leidenschaftlich neugierig.«

Die Neugier von Kindern wird schon dann gedämpft, wenn sie immer wieder ermahnt werden, nicht so neugierig zu sein. Neugier erscheint dann als unanständig. Zügellose Neugier ist tatsächlich aufdringlich – so wie bei Menschen, die sich in alles einmischen und Grenzen von anderen nicht wahrnehmen. Sie gehen uns auf die Nerven. Wir wollen sie uns vom Leibe halten. Auch die Gaffer, die sich so nah wie möglich an Unfallstellen drängen, um das Leiden und das Elend von Opfern zu betrachten, mögen uns nicht sympathisch sein. Doch die Abartigkeiten der Neugier sollten uns nicht den Blick verstellen: Neugier brauchen wir, um uns immer wieder neu orientieren zu können, in einer Welt, die sich ständig verändert. Wir benötigen Neugier, um flexibel, erfinderisch, innovativ zu sein.

Sie steuert uns nicht unbedingt auf bestimmte Ziele. Wenn wir etwas Neuem begegnen, wissen wir ja noch nicht, was es uns zu bieten hat, ob wir es uns aneignen, erobern oder ob wir uns besser fernhalten und sogar schützen sollten. Wir nähern uns erst – mehr oder weniger vorsichtig – an und müssen es noch begreifen. Doch etwas zu entdecken und zu lernen ist für Menschen befriedigend. Wenn wir etwas begreifen – oft mit einem Aha-Effekt – und Wissenslücken schließen; wenn wir Widersprüche im Denken überwinden oder für etwas Kniffeliges oder Kompliziertes eine Lösung finden – dann sind wir stolz. Das ist ein Gefühl, das uns aufrichtet, unser Selbstbewusstsein hebt und unsere Zuversicht stärkt, die uns noch mehr Energie gibt. Wir lernen, weil uns lernen Spaß macht, nicht weil uns jemand dafür belohnt. Zahlreiche psychologische Tests wiesen sogar nach, dass uns durch Belohnung der Spaß sogar verdorben werden kann. Wir fühlen uns unserer Freiwilligkeit beraubt. Die Freude am Lernen ist die angemessene Belohnung und ist Belohnung genug, und die holen wir aus uns selbst. Wer keinen Spaß am Lernen hat, der lernt auch nicht. Wenn, was wir uns zu lernen vornehmen (sollen), für uns keine Bedeutung hat, speichern wir es nicht in unserem Gedächtnis. Bedeutung geben unsere Emotionen. Ohne Emotion können wir also gar nicht lernen. Die neuropsychologische Forschung bestätigt uns: Nichts beglückt Menschen auf Dauer mehr als die Suche nach neuen Erfahrungen und der

Erwerb neuen Könnens. So spüren wir, dass wir mit uns etwas anfangen können. Neugier fördert Kompetenz, Akzeptanz von uns selbst und schafft Freude.

Neugier ist ein Glücksfaktor. Mit ihr suchen wir nach neuen Genüssen, probieren fremde Speisen, reisen in unbekannte Länder, lesen neue Bücher, erweitern ständig unser Wissen, trainieren eine neue Sportart, verfolgen die Nachrichten, lesen Tageszeitungen und Journale, schauen uns neue Filme an, lassen uns im Zirkus (ohne Tiere) von Artisten verblüffen oder im Theater durch frische Inszenierungen von altem Stoff neu unterhalten und inspirieren. Kleinen Kindern sehen wir schon im Gesicht an, wie Neugier ihnen Freude bereitet, wie sie strahlen, wenn wir sie mit einer Kleinigkeit überraschen. Sie sagen uns deutlich genug, das sie nicht möchten, dass wir ihnen ihre Neugier abgewöhnen. Wir genießen sie ja auch noch als Erwachsene. Bisweilen recht trivial. Wir schauen *Wetten, dass …?*, lesen Klatschspalten (auch wenn wir es nicht zugeben), verfolgen Berichte über Hungerkünstler, hören uns Gerüchte an und tratschen selbst. Neugier kitzelt unsere Nerven. Geschenke verpacken wir gern, weil dies die Neugier und die freudige Erwartung des Beschenkten steigert und wir ihnen dabei gern zuschauen.

Wir können selbst unsere Neugier fördern, indem wir bewusst aus Gewohnheiten aussteigen: nicht immer denselben Weg zur Arbeit fahren, öffentliche Verkehrsmittel benutzen anstatt das eigene Auto; offen sein für andere Leute; neue Restaurants besuchen; sich von der Vielfalt der Ethnoküche verführen lassen; etwas bestellen, was wir noch nie probiert haben; etwas kaufen, das wir bislang ignoriert haben; uns mit ungewöhnlichen Themen beschäftigen; »schrägen« Leuten zuhören; kontroverse Ansichten zu festen Meinungen suchen; Widerspruch herausfordern und Argumente für andere Perspektiven und Sichtweisen sammeln; mit kreativen Leuten ausgehen und sich von ihnen zu überraschenden Erlebnissen einladen lassen; Musik hören, die uns bis dahin unbekannt war; genauer betrachten, was uns ungewöhnlich und kurios erscheint; über eigenes Erstaunen nachdenken, ehe es sich verflüchtigt; sich offenhalten für Unerwartetes.

Angst oder Scham können Neugier hemmen. Doch wenn die Neugier stark genug ist, gewinnt sie Macht über Gefühle, die bedrücken und blockieren, und hilft, sie zu überwinden. »Neugier kann den Mumm aus seinem Versteck holen und ihm sogar den richtigen Anstoß geben«, bemerkt treffend der Schriftsteller Haruki Murakami. Für Emotions-Management ist Neugier eine wichtige Ressource. Wir erleben es im Coaching immer wieder. Wir konnten es sehen bei Regina Feder, die wissen wollte, was in ihr steckt, und mit neugierigem Entdeckungsdrang Ängste überwand. Wir erlebten, wie Neugier Rainer Tauber half, gegen seine Scham anzugehen und sich für einen Job zu bewerben, den er spannend und herausfordernd fand. Hermann Schramm trieb der Wunsch zu lernen voran, über sich selbst hinauszuwachsen und sich von den Fesseln seines Ärgers zu befreien. Neugier erwies sich für sie alle als sehr produktiv.

Was Kinder lernen

Eltern beeinflussen in besondere Weise, wie ihre Kinder Gefühle und Gefühlslogiken erwerben. Familien bilden ein soziales System mit Normen, Werten und Rollen, an das Kinder sich anpassen müssen, ohne selbst Einfluss nehmen zu können. Eltern leben ihren Kindern vor, wie sie sich verhalten sollen, indem sie Erwartungen an sie richten und ihnen vorleben, wie das Leben anzugehen ist. Ängstliche Eltern geben ihren Kindern immer wieder zu verstehen, für wie gefährlich sie die Welt halten. Sie fördern und verstärken damit Ängste bei ihnen. Weil sie überall eher die Risiken als die Chancen sehen, wagen sie wenig und ermuntern selten dazu, etwas Neues auszuprobieren. Sie geben eine pessimistische Haltung vor und tragen dazu bei, dass Kinder sich weniger zutrauen und dann auch weniger erreichen, als es ihre Anlagen erlauben.

Eltern, die Kinder am besten zu unterstützen meinen, wenn sie alles an ihnen großartig finden und sie für alles loben, versäumen, ihnen Maßstäbe zu vermitteln, mit denen sie lernen, eigene Fähigkeiten und Unfähigkeiten und persönliche Erwartungen realistisch zu bewerten.

Eltern, die sich viel und über alles Mögliche ärgern, ihren Ärger an sich selbst und an ihren Kindern auslassen, fügen ihnen Verletzungen zu, die auch in den Kindern Ärgerprogramme installieren. Kinder trifft Ärger besonders heftig, weil sie sehr bedürftig nach Zuwendung und so wehrlos sind. Wenn sich Ärger gegen sie richtet, fühlen sie sich schuldig; Eltern müssen den Vorwurf gar nicht aussprechen, ihr Ärger teilt es den Kindern auch so mit. Ausdrückliche Vorwürfe beschämen sie noch stärker. Als vorbehaltlos geliebt, geachtet, gewollt können sie sich nicht empfinden. Ihr Selbstbewusstsein wird schwer beschädigt.

Kinder brauchen (emotionalen) Schutz und Rückhalt, sie wollen von Eltern und wichtigen Bezugspersonen geliebt werden, fühlen sich ohne Liebe einsam, schwach, unsicher, im Stich gelassen, verzweifelt, hilflos. Deshalb passen sie ihr Verhalten den Wünschen und Erwartungen ihrer Eltern an, wenn sie von ihnen nicht bekommen, was sie brauchen. Verwirrend ist für sie, wenn Vater und Mutter sehr unterschiedliche Empfindungen zeigen und ganz andere Gefühle von ihren Kindern erwarten. Kinder lernen in einer solchen Umgebung vor allem, wie sie es anderen recht machen können, um dafür geschätzt zu werden. Was sie für sich selbst wollen, ist dann nicht mehr so wichtig.

Eltern dürfen Kindern nicht mit Konzepten kommen, mit denen sie zu wissen vorgeben, wie Kinder zu sein hätten. Kinder brauchen keine autoritären Vorgaben, die ihre Individualität verleugnen und ihre Entwicklung blockieren. Kinder brauchen nicht Chancengleichheit, sondern die individuell für sie passenden Chancen. Was sie allerdings auch brauchen, ist Unterstützung, um die Kontrolle von Impulsen zu lernen. Das geht nur über positive und negative Verstärkung oder –

drastischer formuliert – über Dressur. Eltern dürfen es Kindern nicht durchgehen lassen, wenn sie sich mit Bausteinen auf den Kopf schlagen oder vernünftigen Aufforderungen nicht folgen. Viele Eltern zeigen sich wehrlos gegenüber trotzigen Wutanfällen ihrer Kleinen, wenn sie sich zum Beispiel brüllend auf den Boden werfen und sich partout weigern, zum Schlittenfahren eine Mütze aufzusetzen. Oder wenn sie – älter geworden – nachts nicht nach Hause kommen, morgens nicht aufstehen, nicht in die Schule gehen, weil sie nun mal »keinen Bock« darauf haben. Da gibt es nichts zu verhandeln. Hier ist Durchsetzungsstärke gefordert und, wenn nötig, Strafe. Meist wirkt sie aber deshalb nicht, weil Eltern zuvor nicht konsequent waren und nicht insistierten. Sie provozieren selbst wachsenden Widerstand. Eltern, die dauernd nachgeben und erklären, sie könnten gegen ihre Kinder nicht ankommen, halten offenbar Konflikte nicht gut aus, stehen sie nicht durch und handeln sich damit immer größere Konflikte ein. Sie sind ihren Aufgaben als Eltern nicht gewachsen.

Zur Impulskontrolle gehört auch zu lernen, den Trieb nach unmittelbarer Belohnung zu zügeln. Kinder sollen nicht pausenlos Süßigkeiten oder Junkfood in sich hineinstopfen, vor dem Fernseher sitzen oder im Internet surfen und glauben, sie dürften hemmungslos Theater machen, wenn Eltern ihnen Regeln setzen. Der Anspruch, dass alles nach dem unmittelbaren Lustprinzip zu geschehen hätte, ist nicht nur egozentrisch, er schadet Kindern auch langfristig – sie erwarten schließlich auch als Heranwachsende und später als Erwachsene, immer das tun zu dürfen, was ihnen unmittelbar in den Sinn kommt. Sie erwarten, für alles belohnt zu werden, auch wenn sie noch gar nichts geleistet haben. Sie geben schnell auf, wenn ihnen nicht sogleich gelingt, was sie sich erhoffen, weil sie keine Frustrationstoleranz haben, und sie erreichen keine langfristigen Ziele, weil ihnen der entbehrungsreiche Weg dorthin zu mühsam ist. So erweisen sie sich als sozial weniger kompetent und verträglich, scheitern eher in Beziehungen und sind weniger erfolgreich in Ausbildung und Beruf.

Eltern müssen Kindern immer auch sagen, was sie nicht oder noch nicht können, welche Talente sie nicht besitzen und an welchen, wenn sie die denn entwickeln möchten, sie arbeiten müssten. Das heißt nicht, Kritik in den Vordergrund zu stellen. Es heißt aber sehr wohl, auf kritische Urteile nicht zu verzichten. Sie müssen allerdings für Kinder nachvollziehbar sein. Kinder freut das ganz und gar nicht, es frustriert sie. Doch auch das gehört zur Erziehung. Wenn sie in guter Balance stattfindet, mit stetiger Ermutigung und Hilfen, eigene Talente und Stärken zu entwickeln, ist das, wie der Analytiker Heinz Kohut es formulierte, eine »optimale Frustrierung«. Aus unserer Arbeit mit Spitzensportlern und Topmanagern wissen wir: Erfolgreich sind besonders diejenigen, die eine hohe Frustrationstoleranz erworben haben. Sie können Fehler leichter wegstecken, lassen sich durch Rückschläge nicht entmutigen, verlangen nicht andauernd nach Belohnungen, sondern verfolgen beharrlich ambitionierte Ziele, für die sie lange Strecken zurücklegen müssen. Wir haben selbst fünf Kinder. Wir wussten, was wir hier scheinbar selbstverständlich schreiben, auch nicht von Anfang an, wir mussten es mühsam begreifen, mit und durch unsere Kinder lernen.

Was sagen wir als Eltern unseren Kindern nicht alles unbedacht, wenn wir selbst beansprucht sind oder uns überbeansprucht fühlen? Die meisten Kinder können zum Glück einiges wegstecken. Sie gehen milde mit uns um und vergessen so manche Ungerechtigkeit, die wir ihnen antun, wenn wir uns sonst um sie sorgen und sie lieben, wie sie sind. Doch das ist kein Persilschein für unbedachte Äußerungen, die wir besser nicht gesagt hätten. Werden sie zu üblichen Umgangsformen, entstehen daraus Leitgefühle und Gefühlslogiken durch Haltungen Kindern gegenüber, die sich zum Beispiel in Vorwürfen ausdrücken wie diesen hier:

Sei nicht immer so neugierig. Die emotionalen Botschaften dieses Satzes lauten: Halt dich raus. Du bist nicht erwünscht. Du bist lästig. Auf dich wird kein Wert gelegt. Neugier ist unanständig. Schäm dich! Es geht in der Verallgemeinerung nicht mehr um ein tatsächliches Verhalten. Das Wort »immer« verwandelt den Vorwurf in einen Angriff auf die ganze Person. Bei einem Kind lösen solche Vorhaltungen das Gefühl aus, nicht geschätzt, nicht geliebt zu sein. Es fühlt sich zurückgewiesen, entwertet. Es reagiert mit Rückzug, um erneute Zurückweisungen zu vermeiden. Es lernt: Wenn ich neugierig bin, bin ich böse. Ich werde zurückgestoßen, allein gelassen. Mit Neugier bekomme ich nicht, was ich brauche.

Indianerherz kennt kein Schmerz. Der Spruch ist nicht mehr ganz modern, erfreut sich aber dennoch bei Vätern einiger Beliebtheit. Die mildere Variante heißt: *Stell dich nicht so an.* Die Erwartung an das Kind ist: Du darfst keine Schmerzen zulassen. Ignoriere sie. Ich kann damit nichts anfangen, komm mir nicht damit. Wer Schmerz empfindet, ist ein Schwächling. Die Wirkung auf das Kind ist: »Ich fühle mich miserabel, im Stich gelassen, verachtet, wenn ich Schmerzen zugebe.« Die Konsequenz des Kindes: »Ich zeige meine Schmerzen nicht, damit ich nicht verachtet werde. Besser, ich mache mich über die lustig, die ihre Schmerzen nicht verheimlichen. Dann merkt keiner, dass es mir genauso geht.« Irgendwann merken sie es dann selbst nicht mehr.

Stell dich nicht immer so blöd an. Wieder das Wort »immer«, das so leicht in unsere Vorwürfe rutscht, wenn wir gereizt sind. Es bedeutet, dass indirekt eine Charaktereigenschaft angeklagt wird. Es geht gar nicht mehr um die konkrete Situation, die emotionale Botschaft lautet: Du bist bösartig, rücksichtslos, egoistisch, gemein, weil du dich immer so anstellst, um andere zu ärgern. Oder bist du wirklich blöd? Das wäre ja fast noch schlimmer. Ein Kind muss sich bei solchen Vorwürfen schämen und schuldig fühlen, Angst haben, wieder etwas falsch zu machen und gedemütigt zu werden. Dann erscheint entweder Rückzug als die beste Verteidigung oder das unermüdliche Streben nach Perfektion. Das Kind will keinen Fehler machen, der zu erneuten Vorwürfen führen würde. Der Selbstwert bleibt nur intakt, wenn an dem, was es tut, nichts mehr auszusetzen ist.

Reiß dich doch mal zusammen. Der Text darunter lautet: Du verhältst dich unmöglich. Lass mich in Ruhe. So kann ich dich nicht leiden. Die Ablehnung ist offensichtlich und wird von Kindern auch vehement so empfunden. Spürbar ist der Vorwurf, dafür verantwortlich zu sein, dass es anderen schlecht geht und sie deshalb (völlig zu Recht) ihre Zuneigung verweigern. Die Reaktion des Kindes kann schuldiger Rückzug sein oder, wenn es sonst keine Zuwendung bekommt, Nerverei, um wenigstens auf diese Weise Aufmerksamkeit zu erhalten. Damit wäre ein emotionaler Teufelskreis hergestellt, in dem das Kind mit seinem Verhalten eine Reaktion provoziert, die es schmerzt, dieser Schmerz jedoch weniger heftig erscheint als kühle Gleichgültigkeit.

Angsthase. Der Anwurf erniedrigt. Der Angsthase ist ja kein possierliches Kuscheltier. Der Anwurf stellt Angst als unangemessen hin und hilft Kindern nicht, sie zu bewältigen, sondern verlangt von ihnen, so zu tun, als sei Angst nicht vorhanden. Dahinter steckt der elterliche Wunsch, sie möge sich dadurch wirklich verflüchtigen, damit sich die Eltern damit nicht mehr beschäftigen müssen. Oft reagieren Eltern so, weil sie selbst nicht wissen, was sie tun sollen, oder sie es selbst immer so gesagt bekommen haben. So bleiben Kinder mit ihrer Angst allein, beschämt, einsam. Sie fühlen sich zurückgestoßen, ungeliebt, wertlos. Die Ängste, die ihnen weiter im Nacken sitzen, machen sich häufig (aber für Eltern nicht immer offensichtlich) bemerkbar in körperlichen Symptomen – in innerer Unruhe und Konzentrationsschwächen. Sichtbar wird sie in Nägelbeißen oder Bettnässen. Im Innern gebunkerte Angst kann sich in Aggression nach außen oder als Autoaggression entladen oder in Sucht enden.

Ist doch gar nicht schlimm. Die Botschaft ist meist wohlwollend gemeint, doch sie fordert dazu auf, Gefühle zu verbannen. Sie sagt: Du darfst nicht enttäuscht sein. Vielleicht weil der Ratgeber das Gefühl selbst nicht aushalten kann, nicht weiß, wie mit Enttäuschungen oder Niederlagen umzugehen wäre. Auch damit muss ein Kind sich unzulänglich fühlen. Es bleibt mit seinem Schmerz und seinen Zweifeln am eigenen Selbstwert allein, unverstanden, ungetröstet. Es soll den Schmerz beiseiteschieben. Wenn das nicht gelingt, heißt die nächste Botschaft: *Stell dich nicht so an*.

Nimm doch einmal Rücksicht. Das Wort »einmal« verstärkt den Vorwurf. Er sagt: Das tust du sonst nie. Er ist so unerträglich, weil er so unspezifisch ist und (wieder) auf die Person und ihren Charakter zielt. Er unterstellt: Nie nimmst du Rücksicht. Das bedeutet: Du bist egoistisch, denkst nur an dich, verletzt mich. Ich kann dich nicht leiden. Kinder, die geliebt werden wollen, bemühen sich, die Zuneigung durch besondere Rücksichtnahme und Hilfsbereitschaft zurückzuerobern. Das geht bis hin zur Selbstaufgabe.

Dazu ein Beispiel. Wir haben lange mit einer jungen, beruflich sehr erfolgreichen Frau gearbeitet, die Mühe hatte, sich aus einer symbiotischen Beziehung mit ihrer Mutter zu lösen. Die Mutter hatte von ihr stets Rücksicht verlangt, besonders nach dem plötzlichen Infarkttod ihres Mannes. Die junge Frau, damals ein dreizehnjähriges Mädchen, fühlte sich schuldig am Tod ihres Vaters. Mutter und Großmutter hielten ihr immer wieder vor, den Vater mit ihrem schlechten Betragen zu sehr aufgeregt zu haben. Durch Rücksichtnahme auf die Mutter versuchte die Tochter, die ihr aufgebürdete Schuld zu sühnen. Sie kümmerte sich täglich um sie und gestaltete ihren Tagesablauf nach deren Bedürfnissen. Sie wohnte bis zum dreißigsten Lebensjahr bei ihr und wählte, als sie schließlich auszog, eine Wohnung ganz in der Nähe, um immer schnell bei ihr sein zu können.

Sie verbrachte an Wochenenden die meiste Zeit mit der Mutter und fuhr mit ihr in den Urlaub. Stimmungsschwankungen und depressive Abstürze der Mutter versuchte sie mit besonderer Fürsorglichkeit auszugleichen. Sie akzeptierte alle ihre Allüren, etwa ihr nie enden wollendes Bemühen, mit zunehmendem Alter durch Schönheitsoperationen weiter jung zu erscheinen. Sie erwartete von der Mutter nichts für sich, wollte einfach nur für sie da sein. Die Tochter stellte eigene

Bedürfnisse so konsequent zurück, dass sie schließlich Mühe hatte, eigene Wünsche noch zu erkennen. Eine anhaltende Beziehung zu einem Mann konnte sie nicht herstellen.

In einer solchen Beziehung entsteht Selbstwert aus Unterwerfung. Das macht es so schwer, sich aus einer solchen Verbindung zu lösen. Eigene Bedürfnisse und Fähigkeiten müssen entdeckt und gefördert werden. In einem solchen Fall bedarf es eines starken therapeutischen Zuspruchs. Coaches übernehmen eine Aufgabe, die einer neuen »Be-Elterung« ähnelt, allerdings mit dem Ziel, Selbstachtung und Eigenständigkeit aufzubauen – und immer wieder abzustützen. Es dauerte fast ein Jahr, bis sich die junge Frau in kleinen Schritten aus der Umklammerung lösen konnte, ohne dabei ein schlechtes Gewissen zu haben und sich vorzuwerfen, die Mutter zu vernachlässigen. Dabei halfen ihr auch freundschaftliche Beziehungen, die sie – mit zunehmendem Abstand von der Mutter – nach und nach zu einigen Arbeitskollegen entwickelte. Schließlich fand sie sogar ihren Traummann. Wir hoffen, dass sie mit ihm nicht zurückfällt in ihr altes Muster ständiger Rücksichtnahme, um ihn dadurch an sich zu binden.

Kinder, die sich entwertet fühlen, geraten in tiefe Abhängigkeit. Dazu schreibt der Familientherapeut Richard C. Schwartz: »Es ist, als hätte der Mensch, der das Kind entwertet, ihm seine Selbstachtung gestohlen und hätte Anspruch darauf. Das Kind glaubt dann, um überleben zu können, müsse es sie von dem Menschen zurückbekommen, der sie ihm genommen hat. So wird die Person, von welcher das Kind abhängig ist, zum Erlöser«, von dem das Kind ohne Hilfe nicht loskommt.

Kinder unternehmen jede Anstrengung, um Zuspruch, Anerkennung, Nähe und Wärme von ihren Eltern (oder Ersatzeltern) zu bekommen. Deshalb modellieren sie sich so leicht nach ihrem Vorbild und nach dessen Erwartungen. Für ihr weiteres Leben bekommen sie auf diese Weise oft schweres Gepäck mit. Sie glauben, sich weiter mühen zu müssen, so zu sein, wie sie gelernt haben, sein zu sollen. Sie schleppen die

Gefühle und Haltungen mit, die sie erworben haben. Sie tragen an der Befürchtung, sich andauernd Sorgen machen zu müssen. Sie verschanzen sich in gelerntem Pessimismus, um Ziele, die ihnen schwer erreichbar erscheinen, gar nicht erst anzugehen und sich vor Enttäuschungen zu schützen. Sie nehmen sich selbst die Chance, indem sie sich sagen, es habe sowieso keinen Zweck. Andere treiben sich unaufhörlich an und verlangen Perfektion von sich, um ja keine Schwäche zu zeigen, die ihnen vorgeworfen werden und sie als Person demütigen könnte. Oder sie plagen und enttäuschen sich mit einer fest gefügten Anspruchshaltung, für alles anerkannt und geschätzt zu werden. Menschen, die solche Lasten tragen, gibt es zuhauf, und einen Großteil ihres Gepäcks geben sie weiter an die nächste Generation.

Leitmotive

Aus Gefühlen entstehen Bedürfnisse und Ambitionen und damit Beweggründe, die uns veranlassen, Ziele zu bestimmen und anzusteuern. Leitmotive sind Antriebe, mit denen wir unserem Leben die entscheidende Richtung geben. Was wir zielstrebig und scheinbar mit rationalem Kalkül verfolgen, welche Positionen wir anstreben und wie wir soziale Anerkennung suchen, ist ein hoch emotionales Unterfangen. Dabei stellen wir uns immer wieder Gefühlsfallen auf, die uns daran hindern, das zu erreichen, was uns fasziniert. Leitmotive wie Macht, Reichtum oder Ruhm erweisen sich als besonders tückisch, denn sie nehmen Menschen gefangen und steuern sie in die Sucht.

Gegen menschliche Grundbedürfnisse ist nichts auszurichten. Sie entziehen sich dem freien Willen – Hunger, Durst, Sexualität. Sie sind als biologische Bedürfnisse in uns angelegt. Aber wir haben Einfluss darauf, wie wir diese Bedürfnisse befriedigen. Sie machen uns nicht zu Triebtätern.

Genau das kann jedoch geschehen, wenn wir nach Macht, Reichtum oder Ruhm streben. Wenn wir uns von solchen Leitgefühlen treiben lassen, programmieren wir unmerklich das Belohnungssystem in unserem Gehirn so, dass uns, wenn wir nicht sorgsam achtgeben und starke andere Motive dagegensetzen, das Streben nach Macht, Reichtum oder Ruhm völlig vereinnahmt. Unser Verstand erfindet Theorien, mit denen wir uns weißzumachen suchen, dass dem nicht so sei, wir vielmehr vernünftig abwägen und strategisch entscheiden. Ohne Emotions-Management ist das jedoch bloße Illusion.

Mancher meint, das größte Glück müsse sich einstellen, wenn Macht, Reichtum und Ruhm in einer Person zusammenkommen. Solch eine Dreieinigkeit besteht jedoch vornehmlich in der Phantasie. Einige wenige Zeitgenossen mögen uns als Beispiel gelten – vielleicht Bill Gates, Tom Cruise, Arnold Schwarzenegger. Doch in aller Regel verhindert das Streben nach dem einen, dass das andere in gleichem Maß zu haben ist. Und was sonst noch wichtig sein könnte, ist umso schwerer zu erreichen – Nähe, Geborgenheit, Freundschaft, Zuneigung, Intimität, Integrität.

Macht

Wolfgang Schmidt brummelt ein grantiges »Guten Morgen«. Der Geschäftsführer rauscht an seiner Sekretärin vorbei und knallt die Tür hinter sich zu. Er muss sich Klarheit verschaffen über das, was er will. Von zu Hause ist er im Streit fortgegangen. Seine Frau droht mit Scheidung. Sie wirft ihm vor, nur noch in der Firma zu sein und sich weder um sie noch um die beiden Kinder zu kümmern. In der Firma tobt das Chaos. Allein in der laufenden Woche gab es in der Produktion an der wichtigsten Fertigungsstrecke dreimal einen Totalausfall. Die Produktion bekommt das neue Verfahren, »just in sequence«, das seit Monaten reibungslos laufen sollte, nicht in den Griff. Deren Leiter sieht die Schuld bei der Abteilung Logistik, was deren Chef prompt mit Gegenvorwürfen beantwortet. Der Vertriebschef zieht über beide Bereichsleiter her, allerdings nur hinter vorgehaltener Hand. Und Schmidts Vater, der Seniorchef des Unternehmens, erzählt allen im Betrieb, dass er »die sogenannten Innovationen«, die sein Sohn gestartet habe, demnächst abblasen werde, »da sie offensichtlich nichts bringen«. Der Leiter der Qualitätskontrolle dient sich dem Alten an und spekuliert darauf, von ihm als Geschäftsführer eingesetzt zu werden, wenn der Sohn endgültig in Ungnade fällt.

Was soll Wolfgang Schmidt tun? Er will sich das Ruder

nicht aus der Hand nehmen lassen, das ihm sein Vater offiziell vor einem Jahr übergeben hat. Doch dem Vater gehört das Unternehmen, er kann den Sohn jederzeit entlassen. Es geht darum, wer das Sagen hat. Wolfgang Schmidt könnte sich zurückziehen. Er ist Ingenieur und würde sofort in einem größeren Unternehmen eine leitende Position finden, eingebunden allerdings in eine Hierarchie mit mindestens zwei Entscheidungsebenen über ihm. Im Familienbetrieb geht es dagegen ums Ganze. Wenn er sich auf den Machtkampf einlässt und ihn schließlich gewinnt, muss er sich keinem mehr unterordnen. Darin besteht für ihn der Reiz. Für sich muss er entscheiden, ob die Attraktion groß genug ist, um auf Konfrontationskurs zu gehen. Den Vater ausbooten kann er nur, wenn er dessen Verbündete aus den Leitungspositionen entfernt, an erster Stelle den Leiter der Qualitätskontrolle. Er muss den Krach mit seinen Eltern aushalten. Und er muss entscheiden, wie sehr er sich in einen kräftezehrenden Umbauprozess begibt, der ihm alle Zeit und Energie für die Familie nimmt.

Wie die Geschichte ausgegangen ist? Wolfgang Schmidt kämpft um die Macht. Sie ist im wichtiger als alles andere. Auch wenn er das nicht zugibt und uns gegenüber erklärt, am meisten läge ihm die Familie am Herzen. Das glaubt er sogar. Gleichzeitig diskutiert er mit uns, wie der Machtkampf zu gewinnen wäre. Danach bildet er ein »Krisenteam«, in das er ausschließlich loyale Mitarbeiter beruft. Er entlässt den Leiter der Qualitätskontrolle, der seine Stellung hintertreibt, schickt ihn von einem Tag auf den anderen nach Hause, kündigt fünf weiteren Führungskräften, die als Bremser beim Umbau des Unternehmens hervorgetreten sind. Und all das unternimmt er in einem Moment, wo der Vater nach einem Herzinfarkt wochenlang ausfällt. Er nutzt »das Fenster der Gelegenheit«, um die Macht im Unternehmen neu zu ordnen. Die Kosten liegen auf der Hand: Das Verhältnis zu den Eltern scheint zerrüttet, der Konflikt mit seiner Frau eskaliert, sie hält ihn »schlicht für wahnsinnig«. Ob er im Unternehmen all das durchsetzen kann, was ihm vorschwebt? Das muss sich zeigen. Viele im

Betrieb haben den Eindruck gewonnen, wer anderer Meinung sei als der Chef, verliere schnell seinen Job. Das liegt an Schmidts rigorosem Vorgehen, aber mehr noch daran, dass er zu wenig auf Mitarbeiter zugeht, ihre Sorgen nicht wahrnimmt, ihnen nicht genügend Wertschätzung zeigt und nicht erklärt, weshalb er was und wie entscheidet. Er hängt sich selbst in alle möglichen Projekte, weil er denen, die sie offiziell leiten, nicht zutraut, dass sie sie voranbringen. Dieses Mikromanagement ist zeitaufwendig und fordert von ihm viel Energie. Dabei ist er, wie zu beobachten ist, oft nicht sehr effektiv. Ob seine Ehe noch zu retten ist? Wir hören nichts Gutes.

Menschen wollen etwas bewirken, und das geht nur mit Macht. Wer eigene Ambitionen verfolgt, ist immer mit Macht konfrontiert und darf sich von deren Akteuren nicht von der Bühne drängen lassen. Er muss die Mechanik der Macht kennen und wissen, nach welchen Regeln Machtspiele inszeniert werden: wo es bloße Scheingefechte sind, wann es wirklich um etwas Entscheidendes geht, wo Feinde und Gegner lauern, wo Verbündete und Vertraute zu gewinnen sind. Er muss willens sein, selbst nach Macht zu streben und Macht auszuüben.

Der Wunsch nach Macht ist ein starkes Motiv – für viele Menschen. Oft wichtiger als Intimität oder Reichtum. Macht liefert Status, Prestige, Kontrolle und Dominanz. Macht gilt als erotisch und stärkt das Selbstbewusstsein. Mit einem ausreichend gefälligen Publikum schlägt dies leicht um in Selbstüberschätzung. Mächtige hören aus ihrem unmittelbaren Umfeld wenig Kritik, weil die Leute, die sie umgeben, (oft unbewusst) darauf spekulieren, dass Zustimmung oder gar Lobhudelei von den Mächtigen mit Aufmerksamkeit und Anerkennung vergolten wird. Meist geht die Spekulation auf, selbst bei Chefs, die treuherzig versichern, nichts widerwärtiger zu finden als ein solches Verhalten. Gerade Männer verhalten sich da oft nicht anders als Gorillas. Konkurrenten schalten sie, wenn möglich, aus. Was an Gorillas zu beobachten wäre?

Welche Narben sie davontragen und wie schnell sie sich im Machtkampf um die höchste Stelle im Baum verschleißen.

Denn jede Macht provoziert auch Widerstand. Sie trifft auf die Machtbedürfnisse anderer. Die Interessen von Menschen in größeren Gruppen, Einrichtungen und Organisationen sind so vielfältig und unterschiedlich, dass wir sie nur selten in Harmonie miteinander verbinden können. Egoismus ist menschlich, gefährlich sind dagegen Egozentriker. Wir begegnen ihnen nicht nur in Unternehmen. Wir treffen sie an in Behörden, Schulen, Universitäten, bei der Polizei ebenso wie beim Roten Kreuz. Sie stolzieren durch den Kulturbetrieb, durch politische Parteien, Religionsgemeinschaften, Feuerwehrkapellen, Sportvereine, Verbände und »Graswurzel-Organisationen«.

Es ist selten ausschließlich Machtstreben, das diese Menschen motiviert. Viele sind Idealisten, Moralisten, Altruisten. Sie haben Überzeugungen, Anschauungen und Werte, die sie verfolgen. Doch sie tun dies mit Kalkül und Strategie. Sie treibt der Wunsch, in eine Funktion zu gelangen, die es ihnen ermöglicht, sich durchzusetzen – gegen andere. Und das erfordert eben Macht. Wer davon dominiert ist, will sich durch nichts und niemanden auf dem Weg dorthin aufhalten lassen und gibt einmal eroberte Positionen nie freiwillig auf. Die Machtversessenen wollen eher bewundert als geliebt werden. Andere Motive wie Intimität, Nähe zu anderen, Freundschaft oder Geborgenheit können von Leitmotiven wie Macht verdrängt werden.

Wer Macht besitzt, sieht dies als Bestätigung seiner Fähigkeiten. Das ist nicht selten ein gravierender Trugschluss. Bei immer mehr Menschen besteht die entscheidende Fähigkeit darin, sich effektvoll in Szene zu setzen. So gelangen sie in eine Stellung, nicht weil sie besondere Kompetenz für die damit verbundene Aufgabe hätten. Blender finden wir überall in der Gesellschaft. Und doch wird ihnen, allein weil sie diese Position besitzen, Achtung und Respekt, bisweilen sogar Unterwürfigkeit entgegengebracht. So verfestigen sich trügerische Selbstbilder. Jedes Machtszenario wird, gestaltet von vielen Mitspielern, zu einem System. Auf Zuneigung ist dort kein Verlass, wichtiger ist, wer wem nützlich oder dienlich ist. In der Politik gilt der Satz: »Wer Parteifreunde hat, braucht keine Feinde mehr.« Überall, wo um Macht gekämpft wird, ist das nicht anders. Wer sich einbildet, es ginge eher um die Person als um die Funktion, wird besonders schwer enttäuscht.

Mächtige trachten danach, ihre Macht zu verteidigen, indem sie nach noch mehr Macht streben. Den Interessen anderer geben sie immer weniger Raum. Das macht sie gefährlich. Sie missbrauchen Macht in der festen Überzeugung, für andere nur das Beste zu tun. Umso verbitterter reagieren sie, wenn sie irgendwann doch von der Macht lassen müssen und erleben diesen Verlust als dramatische persönliche Niederlage. Sie kann in tiefe Depressionen stürzen. In eigenen Erklärungen kommt kaum vor, dass es für den Absturz persönliche Gründe geben könnte. Die werden wegerklärt. Schuld müssen immer die anderen sein. Die Unbelehrbarkeit der aus der Macht Entlassenen mündet in zwanghafter Selbstrechtfertigung und notorischer Besserwisserei.

Selbstverständlich, es gibt auch die anderen: diejenigen, die einfach gestalten und nicht persönliche Interessen in den Vordergrund stellen. Sie fördern Talente und betrachten es als ihre Aufgabe, möglichst viele neue gescheite, fähige, durchsetzungsstarke Führungskräfte zu fördern. Doch sehr viele folgen einem narzisstischen Bedürfnis. Narzissmus ist nicht generell eine negative Eigenschaft. Der amerikanische Unternehmensberater Michael Maccoby argumentiert, dass es vornehmlich Narzissten seien, die mit kühnen Visionen radikale Innovationen voranbringen und großartige Unternehmen schaffen. Als prominente Beispiele nennt er Steve Jobs, den Chef von Apple, den *Fortune* zum Model-CEO für das 21. Jahrhundert kürte, und Microsoft-Gründer Bill Gates, der nach der *Forbes*-Liste – im Wechsel mit Warren Buffet – nicht nur als reichster Mann der Welt gilt, sondern auch als derjenige, der das meiste seines Vermögens für wohltätige Zwecke ausgibt. Allerdings räumt er ein, dass beide sich auf andere nicht wirklich einlassen können.

Wer andere führt, ob in der Politik, in Verbänden oder Unternehmen – übt immer auch Macht aus und personifiziert die Fähigkeit, andere zu beeinflussen und zu kontrollieren. Macht auszuüben, ist für fast jeden stimulierend und wird emotional als Belohnung empfunden. Macht ist anziehend. Mächtige sind attraktiv. In hoher Dosis führt Macht – weil sie als Belohnung gilt und bereits das Streben nach Macht im Gehirn den Ausstoß von Dopamin und körpereigenen Opiaten auslöst – zu Machtrausch. Macht kann süchtig machen, und Narzissten erliegen den Verlockungen der Macht besonders leicht. In Vorstandsetagen sind Narzissten eine übliche Erscheinung. Erinnern wir uns zum Beispiel an Jürgen Schrempp, den ehemaligen Chef der Nobelmarke Daimler Benz, eine schillernde Figur. Er verkündete, er wolle aus »seinem« Unternehmen eine Welt-AG schmieden. Um seine Macht auszubauen, kaufte er eine Firma nach der anderen, zum Beispiel Mitsubishi und Chrysler, ohne ausreichend zu prüfen, ob sie solide aufgestellt waren und zu Daimler passten. Schrempp scheiterte brutal, weil er, getrieben von seinem Leitmotiv, nur sah, was er sehen wollte, nur Chancen und nie Risiken. Deshalb fällte er die falschen Entscheidungen und um ihn herum versagten alle Sicherungssysteme.

Sein Geschichte hätte lehrreich sein können, für Manager, Aktionäre, Angestellte und Arbeiter. Offenbar war sie es nicht, denn solche wie Schrempp rücken in vielen Unternehmen an die Spitze. Entscheidungen, so kolportierten seine Bewunderer, habe Schrempp konsequent »durchgeboxt«, sie fügten hinzu, »ohne Rücksicht auf Verluste«. Widersacher habe er skrupellos aus dem Weg geräumt, keiner konnte seines Jobs sicher sein. Stolz trug Schrempp den Spitznamen »Rambo der Industrie« und ließ sich anhimmeln. Macht zieht Gefolgschaft an. Schrempp verfügte über ein großes Gefolge, bei Daimler, im Industriellenverband, in der Politik, auch in der meinungsbildenden Presse. Natürlich hatte er Erfolge, aber mit seinem strotzenden Selbstbewusstsein und der Strategie des »teile und herrsche« gelang es ihm lange, gewaltige Misserfolge als unbedeutend erscheinen zu lassen. Bis der schöne Schein am

Aktienmarkt verblich und Daimlers Niedergang nicht mehr zu leugnen war. Der Aktienkurs fiel um bis zu 76 Prozent, die Aktionäre verloren rund 40 Milliarden Euro: eine ungeheure Kapitalvernichtung – ganz ohne Wirtschaftskrise.

Mächtige haben ein feines Gespür für mögliche Herausforderer. Wenn sie ihre Position gefährdet wähnen, schalten sie (vermutete) Gegner skrupellos aus. Sonst neigen sie zu übertriebenem Optimismus, den sie mit chronischem Siegerlächeln zur Schau stellen. Sie erkennen nicht mehr, welche Ziele wirklich erreichbar sind und welche nicht. Überflutet von überoptimistischen Phantasien ignorieren sie – wie uns Leigh L. Thompson, Professorin an der Kellogg School of Management, bestätigt – Unwägbarkeiten und Risiken. In allem, was geschieht, sehen sie vornehmlich Bestätigungen für die eigenen Annahmen und Wünsche. Sie betrügen zuerst sich selbst – und dann alle anderen. Sie glauben unbeirrt an ihre eigenen Versprechungen und zweifeln nicht an ihrem Erfolg. So wecken und beleben sie immer wieder Wünsche und Hoffnungen. Nur weil ihnen dies gelingt, gewinnen sie Gefolgschaft.

Macht-Junkies halten sich für rational und realistisch. Sie bilden sich ein, klar zu analysieren und kühl zu kalkulieren. Sie begreifen nicht, wie ihre Gefühlslogik sie gefangen nimmt. Sie umgeben sich mit Ja-Sagern, sind beratungsresistent und unkorrigierbar. Sie sind Täter, gewiss, aber zugleich sind sie tragische Figuren, Gefangene ihrer selbst.

Die Institutionen versagen gegenüber diesen Bossen, weil sie auf die Verheißung des großartigen Erfolgs hereinfallen. Dabei interessiert Macht-Junkies nicht so sehr das Geld, obschon sie in der Wirtschaft auch gerne fette Gagen einstreichen. Ultimatives Hochgefühl verschafft ihnen die Macht. Es gibt viele Beispiele. Thomas Middelhoff, der aus dem Traditionsunternehmen KarstadtQuelle »Arcandor« machte und noch als es unaufhaltsam bergab ging, mit Überzeugung erklärte, es gehe stetig aufwärts. Wendelin Wiedeking, der versuchte, als Chef von Porsche den viel größeren VW-Konzern zu übernehmen, ohne zu merken, wie er sich selbst dabei übernahm. Maria-Elisabeth Schaeffler, die mit der Schaeffler Gruppe nach der Macht über Continental griff und nur knapp am Bankrott vorbei schrammte. Georg Funke, der mit der Hypo Real Estate beweisen wollte, dass er alle in die Tasche stecken konnte und das größte Defizit auftürmte, das eine deutsche Bank jemals verbuchte. Richard Fuld, den seine Machtphantasien zu immer riskanteren Unternehmungen trieben und der so bei Lehman Brothers den Sprengsatz deponierte, mit dem das internationale Finanzsystem gesprengt wurde. Bei keinem steckt kriminelle Absicht dahinter. Berauscht von der Macht, von der sie nie genug kriegen können, machen sich solche Menschen beharrlich selbst etwas vor.

Verliert man die *Funktion*, die Macht *verleiht*, ändern sich die sozialen Beziehungen: Anerkennung und Ehrerbietung bleiben aus, Privilegien werden entzogen. Man ist nicht mehr wichtig. Das tut weh, besonders wenn man lange wichtig war und darin den Sinn seines Lebens gesehen hat. Dann ist man dem Machtrausch erlegen. Aber auf jeden Rausch folgt ein Absturz mit Verletzungen des Selbstwertgefühls und oft schweren Identitätskrisen. Wer aus Höhen der Macht in ein »gewöhnliches« Leben fällt, findet dort nur schwer Halt, weil alles fehlt, was das »wahre«Leben auszumachen scheint.

Leitmotive und deren Einfluss zu kennen, ist entscheidend, damit das eigene Leben gelingt. Wer davon eine Ahnung hat, gibt seinem Dasein einen Sinn, der nicht auf Macht begründet ist, sondern andere Motive zur Geltung kommen lässt: Bedürfnisse nach Freundschaft und Nähe, Familie und Romantik, Ruhe, Entspannung und Besinnung. Dazu mag gehören, *zeitweilig* eine mächtige Position auszufüllen – zu einem allgemeinen Nutzen, über das persönliche Wohl hinaus –, verbunden allerdings mit der Bereitschaft, diese Position aufzugeben, an andere abzugeben und Befriedigung in Tätigkeiten und Beziehung zu finden, in denen Macht keine Rolle spielt. Interessant sind auch die Forschungsergebnisse des amerikanischen Wirtschaftswissenschaftlers Jim Collins. Er fand heraus, dass in allen Unternehmen, die über lange Zeiträume von mehr als 15 Jahren außerordentliche Gewinne einfahren, bescheidene Chefs die Geschäfte führen, weder außerordentliche Machtmenschen noch große Selbstdarsteller.

Es sind freilich Chefs traditioneller Industrien, nicht die kreativen und grundlegenden Erneuerer. Wer etwas völlig Neues durchsetzen und Großes bewegen will, muss unbescheiden und von sich überzeugt sein. Eben Typen wie Gates und Jobs. Und wenn das so ist? Dann können wir Narzissten nicht verhindern. Doch über ihre Neigung, zu Junkies zu mutieren, falls der Stoff Macht für sie stets zum Greifen nah ist, sollten wir uns im klaren sein. Bekommen sie viel davon, brauchen sie immer größere Dosen, um noch den Kick zu spüren. Sie trachten – wie alle Sucht-Abhängigen – zu allererst danach, sich die nächste Dröhnung zu sichern. Die Konsequenz? Wir müssen nicht nach besseren Menschen suchen, obwohl es natürlich Unterschiede im Charakter gibt. Aber die Umstände – die Verfügbarkeit von Macht – ändern fast alles. Deshalb müssen wir Mächtigen mit Misstrauen begegnen, stets kritisch prüfen, ob sie halten können, was sie versprechen, ihr Handeln und die Ergebnisse ihrer Handlungen schärfer kontrollieren und sehr sensibel darauf achten, wann sie außer Kontrolle geraten.

Reichtum

Reichtum und Macht scheinen natürliche Partner zu sein. Doch tatsächlich stecken hinter beiden Zielen völlig unterschiedliche Motive, die leicht in Konflikt miteinander geraten. In der Gemengelage des Lebens wird das vielen, die um Positionen kämpfen, nicht klar. Sie müssen sich entscheiden. Dabei leitet sie das stärkere Motiv, mitunter ohne ihnen bewusst zu sein. Wer in die Politik geht, um dort Karriere zu machen, weiß, dass die Vergütungen bescheiden ausfallen, besonders in den unteren Rängen. Bürgermeister in kleinen Gemeinden, Stadt-, Bezirks- oder Landräte haben häufig eine Achtzig-Stunden-Woche, müssen rund um die Uhr erreichbar sein und sich unentwegt um ihr Wählerklientel kümmern – bei Goldenen Hochzeiten, Feuerwehrfesten, Firmenjubiläen. Mit etwas Glück bekommen sie nach dem Ende ihrer Funktionärskarriere einen kommunalen Versorgungsposten, aber größerer Wohlstand bleibt aus. Sie stehen sich mit ihrem Machtstreben selbst im Weg.

Der Antagonismus der beiden Leitmotive Reichtum und Macht findet sich auch in der Wirtschaft, wo es eigentlich vor allem darum gehen soll, reich oder zumindest wohlhabend zu werden. Manfred Funke und Klaus Siebert sind dafür ein gutes Beispiel. Die beiden Gründer einer Biotechfirma haben eine geniale Idee für die Entwicklung neuer Impfstoffe gegen eine ganze Reihe von Krankheiten. Bis solche Produkte auf den Markt kommen, dauert es jedoch Jahre, die erforderlichen Entwicklungs- und Prüfverfahren sind sehr zeitaufwendig und teuer. Mit diesen Prozeduren »verbrennen« die beiden Forscher in den ersten drei Jahren einige Millionen Euro, ohne dass ein marktfähiges Medikament zu präsentieren wäre. Ihre Idee halten Experten allerdings für so vielversprechend, dass sie Investoren finden, denen sie Anteile an ihrer Firma verkaufen. Da die Entwicklung länger und teurer ist, als Funke und Siebert dachten, brauchen sie mit der Zeit immer mehr Fremdkapital und verlieren immer mehr Anteile. Trotzdem lohnt es sich nach ihrer Kalkulation, denn wenn ihr Impfstoff, wie sie hoffen, zum Blockbuster avanciert, machen sie auch mit einem prozentual geringen Firmenanteil das große Geld.

Irgendwann aber gerät ihre Forschung ins Stocken, und die Geldgeber verlangen, dass sie die Firma verkaufen. Ansonsten drohen sie mit einem Investitionsstopp. Manfred Funke und Klaus Siebert stehen vor der Alternative: Entweder sie streichen durch den Verkauf Millionen ein, sind aber jedes Einflusses beraubt, oder sie behalten die Firma und sehen einer ungewissen finanziellen Zukunft entgegen – Macht *und* Reichtum sind gleichzeitig nicht zu haben.

Was wollten die beiden? Funke das Geld, Siebert die Macht.

Aber schließlich hatten sie ohnehin keine Wahl mehr, weil der Rest ihres Kapitals dahinschmolz und sie alles verkaufen mussten und lediglich Big Pharma übernahm die Geschäfte und bot beiden an, weiter im Unternehmen zu arbeiten. Als Forscher, nicht als Manager, weil sie – zu Recht – Zweifel an ihren Managementfähigkeiten hegten. Kein exotisches Beispiel. Noam Wassermann, Professor an der Harvard Business School, weist in einer großen Untersuchung nach, dass es bei Firmengründungen im Hightech-Sektor in aller Regel so zugeht. Viele werden reich, so Wassermann, mit exzellenten Ideen, verlieren dann aber die Macht, wenn sie von großen Investoren gezwungen werden, ihren Führungsposten zu räumen, sofern sie finanziell nicht so erfolgreich sind, wie es die großen Geldgeber erwarten. Wer seine Leitmotive nicht kennt und nicht die der anderen, bekommt schlussendlich nicht, was er wirklich will.

Mit Geld bemessen wir Wohlstand. Das kann trügerisch sein, aber ganz falsch ist es auch nicht. Wer über mehr Geld verfügt, kann sich mehr leisten, mehr Bedürfnisse befriedigen und sorgloser leben. Geld ist ein universelles Äquivalent. Wir sagen: Wir können mit Geld nicht alles kaufen. Der Satz ist so wahr wie abgedroschen. Nüchterne Erfahrung sagt uns: Mit Geld kann man fast alles kaufen. Und das ist ziemlich viel.

Geld kauft nicht nur materielle Güter, Geld kauft Bildung: an besseren Privatschulen und Elite-Universitäten; medizinische Versorgung durch höher qualifizierte Ärzte, die sich ausreichend Zeit nehmen und freundlich bleiben; Abstand, Raum und Ruhe: in Eigenheimen, der Business Class im Flugzeug, in schicken Hotelzimmern, an leeren Stränden. Geld garantiert jeden Service: Haushaltshilfen, Chauffeure, Altenpflege, Party-Kellner, Hostessen-Dienste. Geld verschafft Ansehen und Anerkennung, es kauft Zuneigung, macht attraktiv – *in allen* sozialen Schichten: Wer (relativ) viel Geld besitzt, findet mehr Freunde und den schöneren Lebenspartner. Das gilt nicht nur für die Superreichen. Manche mögen Zweifel beschleichen, ob Zuwendung und Zuneigung der Person oder eher dem Vermögen gelten. Das ist das Schicksal aller »Reichen« – auf allen gesellschaftlichen Stufen. Aber keiner von ihnen würde auf sein Vermögen verzichten, um die Probe aufs Exempel zu machen.

Finanzieller Erfolg stärkt das Selbstbewusstsein. Er gilt als persönlicher Verdienst und fördert das gute Gefühl, etwas bewirken zu können und die eigenen Lebensumstände in den Griff zu bekommen. Aus diesem Empfinden erwächst weiter Zuversicht, die vieles besser gelingen lässt. Wer Vermögen bilden kann, erwirbt Optionen für die Zukunft. Das Leben wird sicherer. Ja, auch Geld wappnet uns besser für das Unerwartete.

Reich zu sein ist zweifellos besser, als arm zu sein. Wohlstand sorgt für Wohlbefinden. Wer allerdings getrieben wird von dem Leitmotiv Reichtum, der will mehr – immer reicher werden. Das führt zu einem rastlosen Bemühen. Reichtum kennt kein Maß und keine Grenze. Nur ein einziger Mensch auf der Welt könnte sagen, dass es keinen gibt, der mehr besitzt als er. Doch auch das gilt nur für eine gewisse Zeit. Alle anderen – rund 6,75 Milliarden Menschen – finden immer jemanden, dem es finanziell besser geht. Sich ständig mit den Bessergestellten zu vergleichen, fördert die eigene Unzufriedenheit. In diese Falle tappen nicht nur Spitzenverdiener. Jeder Nachbar bietet sich an zum Vergleich, und überall lauert der Neid. Neid nagt am Selbstbewusstsein und am Glück. Im Übrigen sind die Spitzenpositionen in der *Forbes*-Liste heiß umkämpft. Aus Aufsteigern werden schnell Absteiger. Wenn das der Maßstab ist, kann kein Geld den Schmerz lindern, den Rangverlust verursacht.

Eine wachsende Zahl von Leuten gibt an, sie wären lieber sehr wohlhabend, als ein erfülltes Leben zu führen, berichtet uns Jason Zweig, ein Journalist der Zeitschrift *Money*. In einer Umfrage unter 800 Personen mit einem Vermögen von jeweils 500 000 Dollar, notiert er, seien 19 Prozent mit der Aussage einverstanden gewesen: »Ich mache mir ständig Sorgen darüber, nicht genug Geld zu haben.« Unter Menschen, die mindestens zehn Millionen Dollar besitzen, stimmten sogar 33 Prozent diesem Bekenntnis zu. Reichtümer seien ähnlich wie Meerwasser, unkte der Philosoph Arthur Schopenhauer. Es lösche keinen Durst, es mache nur immer durstiger. Wen das Leitmotiv treibt, möglichst viel Geld zu machen, der wird leicht unersättlich. Dann ist bald egal, wie Reichtum entsteht. Macht ist schnell gegen Cash eingetauscht – mitunter auch gegen Moral.

Wir wissen natürlich, welch großzügige Philanthropen manche sehr, sehr reiche Menschen sind – Warren Buffet und Bill Gates, George Soros oder Ted Turner. Sie spenden Milliarden für gute Projekte, sie kämpfen gegen Aids, Malaria, Bildungsnotstand, für Umweltschutz, die Entwicklung ärmerer Regionen und für internationales Recht. Aber wir sehen auch, mit welcher Unersättlichkeit Menschen ohne jedes Maß nach ständiger Maximierung von Reichtum trachten, Unsummen anhäufen, mit denen sie nichts anderes anfangen können, als noch mehr Geld zu machen. Es sind die »master of desaster« im globalen Finanzsystem. Sie trieben uns in die Weltwirtschaftskrise 2008.

War es aus Gier? »Gier ist gut. Gier ist richtig. Gier funktioniert. Gier schafft Klarheit, Gier trennt das Wichtige vom Unwichtigen. Gier ergreift das Wesen der Zukunft.« Was der Protagonist aus Oliver Stones Film *Wall Street* sagt, scheint der unerschütterliche Glaubenssatz der internationalen Finanzwirtschaft zu sein. Stone wollte mit seinem Film die rücksichtslose Frivolität, die brutale Obszönität, die Selbstsucht und die Unmoral des Finanzsystems anklagen. Doch die Ironie der Geschichte ist: Sein Hauptdarsteller (gespielt von Michael Douglas) avancierte zum Idol der realen Spekulanten.

Deutschlands bekanntester Börsenhändler, Dirk Müller, bekennt, *Wall Street* habe ihn so fasziniert, dass er den Broker-Poker als seine Bestimmung erkannte. Unumwunden gibt er zu, sein Geschäft erhalte sich durch systematische Verdummung und Manipulation. Fondsgesellschaften und Banken, kommentiert er, wollten Geschäfte machen. Deshalb würden ihre Experten »tendenziell immer die Meinung vertreten, dass es an der Börse aufwärts geht« – selbst wenn das gar nicht (mehr) der Fall ist und längst die Baisse naht. Sie sorgten für Druck, »dass geschäftsstörende Meinungen ausbleiben«.

In der Finanzwelt tummeln sich die Gierigen. Sie halten das System in Gang, weil sie daraus persönlich den größten Vorteil erzielen. Sie folgen den Vorgaben ihrer Banken und Fondsgesellschaften, welche Produkte sie verkaufen müssen. Sie zielen auf maximale Rendite für ihr Unternehmen, Kunden gelten ihnen als Mittel zum Zweck. Händler drängen sie zu schnellen Käufen und Verkäufen, weil ihre Unternehmen und sie selbst dafür Provisionen kassieren. Sie erleben das Treiben auf dem Börsenparkett als prickelnden Nervenkitzel. Sie jonglieren mit riesigen Vermögen. Dopamin schlägt in ihrem Kopf Kapriolen. Für sie ist das »ein geiler Kick«, aufregender als Sex. Sie entscheiden in Sekundenbruchteilen auf eine Handbewegung oder einen Knopfdruck hin. Machen sie einen großen Deal schüttet das Gehirn weitere euphorisierende Substanzen aus – Serotonin, Endorphine, Oxytocin, körpereigene Opiate.

Und gleichzeitig bedienen sie die Erwartungen ihrer Kunden, die nicht nur wegen kühner Versprechen, sondern aus eigenem Antrieb schnell viel Geld machen wollen. Kühne Gewinnprognosen tilgen Erinnerungen an frühere Krisen aus ihrem Gedächtnis, und sie hören nur noch, wie leicht es sei abzukassieren. Analysten überschlagen sich mit frohen Botschaften. Und Kunden erleben, wenn sie zum richtigen Zeitpunkt einsteigen, tatsächlich beachtliche Erfolge. Mit Erfolgen programmieren sie ihr Gehirn, sodass sie selbst zu Mitspielern werden im System. Sie haben es nicht konstruiert, aber sie re-konstruieren es eifrig. Sie halten es in Gang – ein System, das ohne Vernunft in seinen eigenen Niedergang steuert. Aktienkäufer und -händler »ticken« im Prinzip wie normale Menschen. Allerdings begeben sie sich in Umstände, die ihre Logik ändert, falsche »Analysen« fördert und ungerechtfertigte Erwartungen.

Einen Gewinn zu machen ist angenehm. Noch angenehmer ist es, einen Gewinn zu erwarten. Den Zusammenhang werden wir in Teil 1 unserer »Kleinen Hirnkunde« näher erläutern. Wenn wir eine Belohnung erwarten, führt diese Vorstellung dazu, dass unser Gehirn den Botenstoff Dopamin ausschüttet. Dopamin ist eine Substanz, die uns in Hochstimmung versetzt und antreibt, alles zu tun, um die Belohnung, die in Aussicht steht, zu erlangen. Die angenehmen Erfahrungen speichert das emotionale Gedächtnis. Seine Daten speist es ein in unser Radarsystem. Sobald auf dessen Bildschirm etwas aufblitzt, was wir als Hinweis wahrnehmen, dass sich wieder eine Chance bietet, ähnlich angenehme Zustände zu erreichen, aktiviert unser Gehirn den Dopamin-Ausstoß. Wir wiederholen, stimuliert von diesem forschen Botenstoff, ein Verhalten, das uns bereits zuvor belohnt hat. Wenige ähnliche Erfahrungen reichen, und schon installieren wir in unseren Kopf über neuronale Verschaltungen ein aus der praktischen Erfahrung entworfenes Wahrnehmungs-Interpretations-Verhaltensmuster. Wir konditionieren uns selbst. Wir installieren ein festes Reiz-Reaktionsschema. Bei jedem Hinweis auf einen möglichen Gewinn startet unser Gehirn automatisch – mustergetreu – unser selbst geschriebenes Programm. Wir streben auf die immer selbe Weise danach, einen angenehmen Zustand zu wiederholen. Konkurrieren Warnsignale mit großen Erwartungen auf einen Gewinn, neigen wir eher dazu, dem Gewinn hinterherzujagen, als vor der Gefahr zurückzuschrecken.

Jason Zweig berichtet von einem aufschlussreichen Experiment am California Institute of Technology. Spieler sollten Karten aus zwei Stapeln ziehen. Ein Stapel garantierte große Gewinne bei nur gelegentlichen kleinen Verlusten. Der andere dagegen bescherte nur kleine Gewinne, jedoch drastische Verluste. In dem Experiment tauschten die Forscher nach einer gewissen Spielzeit die Gewinnchancen, sodass der ursprünglich vielversprechende Stapel Verluste brachte und der verlustreiche Gewinne. Nun zeigte sich: Die Spieler, die zuvor die kräftigen Gewinne eingefahren hatten, änderten nicht ihr Verhalten, sondern bevorzugten weiterhin den Stapel, der ihnen zuvor Glück gebracht hatte. Sie machten anhaltend große

Verluste. Je mehr Gewinn ein Spieler zuvor gemacht hatte, umso schwerer fiel es ihm zu begreifen, dass sich das Glück gedreht hatte, er sein Verhalten ändern und bei dem anderen Stapel zugreifen müsste.

Was lernen wir daraus? Die Aussicht auf Gewinn ist ein starkes Motiv, sie stimuliert nahezu zwanghaft die Wiederholung eines Verhaltens, das bereits erfolgreich war, und blockiert den Verstand, der erkennen könnte, dass sich die Bedingungen geändert haben. So finden wir eine Erklärung dafür, warum diejenigen, die der Wunsch nach Reichtum dominiert, zum einen oft nicht genug kriegen können und zum anderen leichter abstürzen, weil sie Gefahren nicht wahrhaben *wollen*. Das Leitmotiv, reich zu werden, ist so stark, dass es andere Gefühle unterdrückt, die vor Gefahr warnen und davor schützten könnten, wenn sie ausreichend registriert und verstanden würden. Das Leitmotiv beherrscht und vereinnahmt so sehr, dass es das Gehirn überflutet und die Kooperation von Gefühl und Verstand lahmlegt.

Sucht schaltet das Denk-Hirn auf einen alles beherrschenden Set von Gedanken: Wie ist die Sucht zu bedienen. Sucht schafft Zwang. Empfindungs-, Denk- und Handlungszwang. Sie verlangt eine immer höhere Dosierung. Mit Dopamin ist es nicht anders als mit Kokain. Der Verstand kümmert sich fast ausschließlich darum, den Bedürfnissen der Sucht nachzukommen. Er tut dies sogar mit erhöhter Geistesgegenwart. Er operiert strategisch mit *einem* klaren Ziel. Er nutzt dazu all seine Intelligenz und Kreativität. Und genau damit gibt der Verstand sich selbst auf.

Ruhm

Und es gibt auch diese Sucht: die Sucht nach Aufmerksamkeit. Immer mehr Menschen sind davon überzeugt, öffentliche Aufmerksamkeit und Anerkennung zu verdienen. Auf uns rollt eine narzisstische Epidemie zu, ist die amerikanische Psychologin Jean Twenge von der Universität San Diego überzeugt. Sie untersucht das Phänomen seit über 15 Jahren und findet in jeder ihrer Untersuchungen den Trend bestätigt.

Seit den Siebzigerjahren, belegen ihre Erhebungen, verändern sich die Mentalitäten der Menschen in den westlichen Industriestaaten. Immer mehr wollen zu Stars avancieren. Sie fordern für sich die große Bühne, Scheinwerferlicht und Kameras. Sie erwarten den Beifall eines beigeisterten Publikums. Erstaunlich ist für distanzierte Forscher: Ohne irgendetwas Besonderes gut zu können, glauben sie, jemand ganz Besonderes zu sein. Sie wollen sich gut fühlen, noch ehe sie irgendetwas geleistet haben, registriert verblüfft der amerikanische Psychologe Roy Baumeister, Professor an der Florida State University.

In dem gleichen Maß wie »die narzisstische Epidemie« fortschreitet, nehmen Angststörungen und Depressionen zu, und zwar immer mehr und immer früher bei sehr jungen Menschen. Das registrieren deutsche Krankenkassen mit zunehmender Besorgnis. Enttäuschter Narzissmus fördert zudem aggressives Verhalten. Wir sollten heftig darüber nachdenken, rät Roy Baumeister, ob wir unsere Kinder weiter so erziehen, wie es modern geworden sei – »mit unrealistischen Hoffnungen, überzogenem Anspruchsdenken, ungezügelter Selbstbehauptung und mit nicht enden wollender unbegründeter Selbstbestätigung«. Die Neigung zu solchen Übertreibungen ist in Amerika größer als in Europa. Eltern, die sich so verhalten, geben ihren Kindern keinen Maßstab, mit dem sie beurteilen könnten, wo ihre Talente und Leistungen tatsächlich liegen. Eltern und Kinder entwickeln unrealistische Erwartungen und Ansprüche. Damit müssen sie scheitern.

Jeder Mensch braucht Anerkennung auch von anderen. Selbstbestätigung gewinnt niemand aus sich allein. Danach bei anderen zu trachten ist völlig normal. Der Wunsch motiviert, etwas zu tun, das öffentliche Anerkennung findet. Dieses Motiv treibt sozial anerkannte Leistungen an. Je stärker es ist, umso mehr. Wer große Ideen verwirklichen will, braucht dazu auch die Vorstellung, großartig zu sein, jedenfalls großartig genug, um Großartiges leisten zu können. Aus der Phantasie wächst zusätzliche Stärke. So entsteht die Fähigkeit, kraftvolle Visionen zu entwerfen, die den Wunsch und das Zutrauen stärken, Ambitionen beharrlich zu verfolgen und ersehnte Ziele zu erreichen.

Narzissmus ist, so gesehen, eine Stärke. Der Begriff ist verpönt, weil er, wie der österreichisch-amerikanische Analytiker Heinz Kohut erklärte, auf dem Missverständnis beruht, er beschreibe die heillosen Egozentriker, die alles an sich großartig finden und meinen, stets besser zu sein als alle anderen. Sich selbst zu lieben – das empfinden deshalb viele als ungehörige Aufforderung und enthemmte Inflation von Gefühlen, die eigene Unzulänglichkeiten nicht mehr erkennen lässt. Gesundes Selbstbewusstsein verlangt aber die Kenntnis eigener Stärken und Schwächen, die Fähigkeit, sich mit seinen persönlichen Möglichkeiten und Grenzen zu akzeptieren oder, wie Wilhelm Schmid es formuliert, »mit sich selbst befreundet zu sein«. Narzissmus gerät zur Schwäche, wenn er genährt wird aus übersteigerten Phantasien. Das ist ungesunder Narzissmus, der kein Maß mehr kennt.

Christine Keller liefert uns dafür ein Beispiel. Sie ist eine hübsche Frau. Sie gewinnt eine Misswahl, und jetzt will sie Model werden. Sie wirbt für Badeanzüge. Sie findet, seit sie ein paarmal mit Foto in der Zeitung zu sehen war, gehört sie zur Prominenz. Wo sich Promis treffen, ist sie dabei – wenn sie eine VIP-Karte bekommt mit Zugang zum abgesperrten Promibereich. Hier können sich alle als Prominente fühlen. Zu den Veranstaltungen der A-Promis hat Christine seltener Zugang, bei den B-Promis ist sie öfter dabei. Hier trifft sie Journalisten, die über Promis schreiben.

Christine erzählt ihnen, dass sie eigentlich gar keine Miss werden wollte und ihr das Event-Getue auf die Nerven ginge. Sie erzählt, dass sie Medizin studiert. Sie möchte auch als intelligent gelten. Dumm ist sie wirklich nicht. Sie achtet sehr darauf, welchen Effekt sie erzielt. Dass sie bereits im 16. Semester studiert und den zweiten Studienabschnitt noch nicht abgeschlossen hat und ihr der Verweis von der Uni droht, erzählt sie lieber nicht. Das passt nicht zu dem Image, das sie von sich entwerfen möchte: schön und schlau.

Dann lernt Christine Keller einige Fernsehleute kennen. Einer verspricht ihr, sie in einer Tanzshow unterzubringen. Sie ist überzeugt: Das wird ihr Durchbruch. Christine will gewinnen. Das hat sie auch auf ihrer Webpage angekündigt. Aber in der Show ist sie verkrampft, man sieht es ihr an. Sie möchte schlagfertig und witzig rüberkommen, doch das Publikum reagiert frostig. Die Zuschauer wählen, wer bei der Show weiterkommt. Christine übersteht knapp die ersten beiden Runden, dann schießen die Zuschauer sie ab. Die Presse kommentiert, sie habe nicht die Sympathien gewinnen können. Christine ist am Boden zerstört.

Nur langsam erholt sie sich wieder. Sie fühlt sich verkannt und will es allen noch mal beweisen. Sie sucht eine neue Chance und kommt zu uns in die Coaching Company. Wir fragen sie, ob es sein könne, dass ihr Auftritte vor großem Publikum doch nicht so liegen. Uns scheint, sie hat eine innere Barriere, die sie zwar überwinden kann, aber nur mit Mühe. Sie wirkt angestrengt, verbissen. Sie vermittelt den Eindruck, als stehe sie sich selbst im Weg. Christine Keller empfindet unsere Fragen als Affront. Sie will nicht darüber nachdenken, was sie können müsste, um sich gut zu inszenieren. Sie hätte erwartet, dass wir nicht an ihrem Können zweifeln, sondern ihr Mut machen und sie bestätigen in dem, was sie tut. Dass es keine Frage sei, dass sie es schaffe.

Mit unserem Zugang sind wir bei Christine Keller gescheitert. Sie hätte bereit sein müssen, ihr Konzept vom Ruhm infrage zu stellen, zu akzeptieren, was sie kann und was sie nicht kann, sich neu zu orientieren und sich für einen Weg zu entscheiden, der ihr besser entsprechen würde, und zu reflektieren, auf welche Ambitionen sie verzichten muss für eine Karriere auf dem roten Teppich.

Die »Ich-Generation«, wie Jean Twenge sie nennt, ist auf dem Vormarsch. Sie zeichne sich aus durch illusorischen Optimismus, ein aufgeblasenes Ego, eine überzogene Anspruchshaltung, einen eklatanten Mangel an Verständnis und Mitgefühl für andere und durch den Drang, maßlose Bedürfnisse sofort befriedigt haben zu wollen. Sie stelle sich ohne jeden Selbstzweifel über andere und kultiviere die entrückte Phantasie: »Ich kann alles, was ich will.« Ohne je einen Gedanken daran zu verschwenden, welche Fähigkeiten erforderlich wären, um erreichen zu können, was sie sich erträume. Ihr Selbstbewusstsein ist abgehoben von jeder Realität.

Die Mitglieder dieser Ich-Generation sind die Protagonisten der Event-Gesellschaft, einer globalen, ständig wachsenden Subkultur, in der die Vorstellung vorherrscht, schnödes Dasein gerate zum wahren Leben, wenn es als endlose Stafette öffentlicher Ereignisse inszeniert werde. Inszeniert wird ein Event, der Gelegenheit bietet, sich in Szene zu setzen.

Ohne die Medien ginge das nicht. Fernsehen, Rundfunk, Zeitschriften kreieren ein integriertes System, das Narzissten anzieht und in dem narzisstische Störungen weiter gedeihen. Die Maschinerie der unzähligen Talksendungen und Publikumsshows will gefüttert werden. Sie sucht Menschen, die hemmungslos über alles reden und möglichst ungeniert alles mitmachen. Die modernen Trash-Shows schaffen die Scham ab. Mehr als dieses Gefühl hinter sich zu lassen müssen die Stars solcher Sendungen nicht können. Da es immer mehr Fernsehsender, Radiostationen, Zeitung und Zeitschriften mit den dazugehörigen Onlinediensten gibt, immer mehr Sendungen zu bedienen und Blätter zu füllen sind, müssen die Medien immer mehr Stars produzieren. Das können sie, indem sie einfache Menschen präsentieren und ihnen Starstatus verleihen. Allein mit ihrer Medienpräsenz bestätigen sie zu sein, was sie sein sollen. Die Bedürfnisse des modernen Medienbetriebs und die Ansprüche einer zunehmenden Zahl narzisstischer Selbstdarsteller passen ideal zusammen. Sie brauchen und sie wollen sich. Gemeinsam halten sie die Starfabrik in Schwung. So wird für immer mehr Menschen eine Bühne geschaffen.

Noch einfachere Möglichkeiten der Selbstinszenierung bietet das World Wide Web. Es ist dabei, das Fernsehen als Leitmedium abzulösen. Bei Konsumenten von Mitte dreißig und jünger ist es dem globalen Netzwerk bereits gelungen. Millionen Menschen stellen sich in Fotoserien oder selbst gedrehten Videos zu Schau – auf »You Tube«, »MySpace« oder »Facebook«. Ihnen reichen schon Clips, die sie selbst mit einem Handy aufnehmen. Sie exhibitionieren sich als Sänger, Schauspieler, Sternendeuter, Lebensberater oder Pornostar. Jede noch so bescheidene Hausparty wird international zum Event stilisiert, dekoriert mit Bildern und Blogs. Erst dann hat das Ereignis richtig stattgefunden. Im Internet kann sich jeder sein eigenes narzisstisches Forum und – wie genügend Beispiele zeigen – sogar weltweite Berühmtheit schaffen.

Die Erwartung auf Ruhm stimuliert, ebenso wie die Hoffnung auf materiellen Gewinn, das hirneigene Belohnungssystem und bewirkt den Ausstoß von Dopamin, der den Handlungstrieb auslöst, alles zu tun, um die begehrte Belohnung einstreichen zu können. Wenn das gelingt, installiert das Gehirn wiederum ein Wiederholungsprogramm. Wer meint, vor allem dann zu gelten, wenn er berühmt ist, und stetig danach strebt, berühmt zu werden und zu bleiben, konditioniert sich selbst, sodass er reflexartig auf jeden Reiz reagiert, der Aufmerksamkeit signalisiert. Er bahnt sich selbst den Weg in die Geltungssucht. Öffentliche Anerkennung ist solchen Menschen die Gratifikation, die sie antreibt. Ihr einmal installiertes Belohnungsprogramm steuert ihr Wahrnehmungssystem und lässt die Geltungssüchtigen von Event zu Event hasten. Sie können gar nicht anders. Diejenigen, die am Sternenhimmel kreisen und sei es am virtuellen, bilden sich ein, in der Umlaufbahn des Glücks zu schweben. Allerdings brauchen sie für dieses Empfinden eine immer größere Dosis an Aufmerksamkeit. Sie werden zu Event-Getriebenen. Sie sind aufdringliche und tragische Figuren, denn sie erhalten mit wachsender

Anstrengung immer weniger Zufriedenheit. Ihr persönlicher Belohnungswert für Sekunden mal Einschaltquoten sackt immer mehr ab.

Christine Keller hat es nie wieder in eine Show geschafft. Sie war für das Fernsehen nach ihrem Scheitern in der Tanzshow verbrannt. Auf Events ist sie noch immer zu sehen. Sie stellt sich gut mit den Veranstaltern. Manchmal bekommt sie kleine Aufträge. Sie wirbt für Drogerien oder Autohäuser, und neulich präsentierte sie für eine Zeitung die Glückszahlen einer Lotterie. Sie sah dabei nicht glücklich aus.

Gibt es andere Wege zum Ruhm? Mit geringeren psychosozialen Kosten? Menschen, die an ihrem Nachruhm arbeiten, also an einem Ruhm, der über ihr Leben hinausreicht, wissen, dass sie etwas schaffen müssen, das sie überdauert. Dafür müssen sie Außerordentliches leisten. Architekten spekulieren auf Nachruhm, ebenso Maler, Komponisten Schriftsteller. Ihre Bilder, Musik, Bücher, hoffen sie, mögen zeitlos, unvergänglich sein und weitere Generationen inspirieren. Um Werke zu schaffen, die Nachruhm versprechen, das ist den Eifrigen bewusst, dürfen sie nicht auf schnellen Ruhm spekulieren. Auch sie nähren sich von kühnen Träumen, in denen sie betörende Bilder ihrer phantasierten Grandiosität entwerfen, aber sie wissen, dass sie etwas besonders *können* müssen und dass sie Ausdauer und Beharrlichkeit brauchen. Sie müssen in der Lage sein, Einfallslosigkeit auszuhalten, wenn sie erstarren vor der leeren Leinwand oder dem weißen Blatt. Sie müssen sich aus einer solchen Starre befreien können. Viele Künstler versuchen es damit, sich frei zu trinken. Selten fühlen sie sich großartig. Viele wandern durch tiefe Täler der Depression. Sie müssen mitunter üble Verrisse hämischer Kritiker wegstecken. Selbst wenn sie den Glauben an sich verlieren, was selbst ganz großen Künstlern widerfährt, müssen sie weiter *schaffen*.

Auf der steilen Leiter zum Ruhm kommen am besten die voran, die nichts mehr interessiert als der Aufstieg. Sie müssen bereit sein, Entbehrungen in Kauf zu nehmen. Petra Beil ist das zu viel geworden. Sie ist hochintelligent, schloss ihr

Medizinstudium mit vierundzwanzig ab, übernahm an der Universitätsklinik eine Assistentenstelle, habilitierte mit einunddreißig, fand Zugang zu renommierten Publikationen, erhielt Einladungen zu wichtigen Kongressen. Zügig stieg sie empor auf der Karriereleiter, galt in der Fachwelt als Jungstar, heiratete einen Kollegen, bekam drei Kinder – und musste sich entscheiden. Weiter arbeiten an Ruhm und Ehre? Oder anständig Geld verdienen?

Mit ihrem Job an der Uni verdiente sie 2000 Euro netto im Monat. Dafür arbeitete sie 80 bis 90 Stunden pro Woche – reguläre Dienste, Forschungsprojekte, Publikationen, Kongresse, Zuarbeit, die ihr Vorgesetzter von ihr verlangte. Um die Kinder zu versorgen, musste sie zwei Betreuerinnen beschäftigen, die sie mehr kosteten, als sie selbst verdiente. Finanzieren konnte sie das nur, wenn sie für Extravorträge ein Extrahonorar erhielt. Das erforderte jedoch noch mehr Arbeit. »Ich kann mir die Karriere als Wissenschaftlerin schlicht nicht leisten«, stellte sie nach einigen Jahren fest. Sie stieg aus der Universität aus, beerdigte ihren Traum, einmal Klinikchefin zu werden, exzellent zu forschen, zu publizieren und auf internationalen Tagungen gefeiert zu werden. Sie eröffnete ihre eigene Praxis, verdiente alsbald doppelt, später drei- und vierfach so viel wie zuvor an der Uni und arbeitete dafür nur die Hälfte. Sie hat ihre Gefühle neu ausbalanciert und ihre Leitmotive korrigiert. Ein gutes Einkommen bedeutet ihr mehr als Starstatus im Wissenschaftsbetrieb. Mehr Zeit für die Familie zu haben ist ihr mehr Wert, als auf Kongressen zu brillieren. Berühmt zu werden ist für sie nicht mehr wichtig. Wenn sie aber gefragt wird, ob sie als Expertin in einer Fernsehsendung teilnehmen will, was immer wieder vorkommt, weil sie kompetent, schlagfertig und klar in der Sprache ist, sagt sie gern zu.

Intuition

Die meisten Menschen verhalten sich anders, als sie für vernünftig halten. Sie erklären, bei wichtigen Entscheidungen gelte es, so viel Verstand wie möglich zu nutzen. Doch wenn sie wirklich Wichtiges zu entscheiden haben, verlassen sie sich lieber auf ihr Gefühl. Das nennen sie dann Intuition. Oft treibt die Intuition jedoch in Katastrophen. Sogar vermeintliche Genies mitsamt ihrer Gefolgschaft. Wann sollen wir unserer Intuition folgen und wann besser nicht? Was ist Intuition überhaupt?

Intuition holen wir nicht aus dem Bewusstsein, aber sie speist sich aus Wissen und Erfahrung, also aus einem Stoff, der uns bewusst war und den wir uns auch wieder bewusst machen können – indem wir darüber nachdenken. Intuition nährt sich folglich nicht aus dem Unbewussten. Wir wissen nicht plötzlich etwas, was wir eigentlich nicht wissen. Dieses nicht immer sogleich präsente, aber an sich zugängliche Wissen lagert, so nennen es Hirnforscher, im »Vorbewussten«. Wenn wir dieses Wissen brauchen, ist das Gehirn in der Lage, es in einem sich selbst organisierenden Prozess blitzschnell abzurufen. Es aktiviert dazu in Sekundenbruchteilen die dazu erforderlichen neuronalen Schaltkreise. Diese enorme Effektivität verlangt kein weiteres Mystifizieren, wir verdanken sie einfach der Biologie unseres Gehirns.

Wissen, Erfahrung und der richtige Riecher

Bauchschmerzen hatte Julia Dehn schon seit einigen Tagen, mal mehr, mal weniger. »Das vergeht schon wieder«, dachte sie. Sie ist eine Frau, die nicht groß klagt. Doch seit dem Morgen waren die Schmerzen stärker geworden, und so konnte ihr Mann, dessen Naturell nicht so sorglos ist wie das ihre, sie überreden, sich ins Krankenhaus fahren und untersuchen zu lassen.

»Ich denke, wir sollten Sie gleich hierbehalten und operieren.« Der Arzt war ruhig, aber bestimmt. Er hatte Julias Beschreibung der Schmerzen aufmerksam zugehört, ihr kurz den Bauch abgetastet und dann mit intuitiver Sicherheit diagnostiziert: »Blinddarmentzündung. Höchst akut.« Drei Stunden später lag Julia unter dem Messer. Die Operation verlief ohne Komplikationen. Als sie wieder beieinander war, erklärte ihr der Arzt: »Gut, dass wir es so rasch erledigt haben. Der Blinddarm war kurz davor zu platzen. Das hätte ernst werden können.«

Gute Ärzte verfügen oft über die erstaunliche Fähigkeit, ohne aufwendige Untersuchungen Krankheiten zu erkennen, die ohne ihr rasches und entschiedenes Eingreifen einen dramatischen Verlauf nehmen würden. Unspektakulär retten sie Leben, bevor es akut in Gefahr gerät. Ist das Intuition? Professor Anton Laggner, Chef der Notaufnahme an der Universitätsklinik Wien, zögert mit der Antwort. Erst einmal schlägt er im Duden nach, um zu sehen, wie dort »Intuition« definiert ist. Die Erklärung in der Kurzfassung lautet: a) »das unmittelbare, nicht auf Reflexion beruhende Erkennen«, b) »Eingebung, plötzliches ahnendes Erfassen« – Einsichten also, die nicht durch Nachdenken, kritisches Betrachten oder vergleichendes und prüfendes Denken entstehen.

»Es gibt in der Notfallmedizin hin und wieder Situationen, wo man glaubt, intuitiv richtig gehandelt zu haben«, sagt Laggner. Aber nur weil eine Maßnahme ohne viel Nachdenken angewendet werde oder eine Idee plötzlich komme, sei das für ihn nicht Intuition. »Die gesetzte notfallmedizinische Maßnahme basiert letztlich auf dem gelernten Wissen und einer mehr oder weniger langjährigen Erfahrung.«

Wer wollte sich von Lisl Wagner-Bacher nicht verführen lassen? Gestandene Männer bekunden freimütig, sie möchten vor ihr »niederknien«. Sie bekennen dieses triebhafte Verlangen ohne jede Scham sogar im Beisein ihrer Ehefrauen, und Lisl Wagner-Bacher lächelt dabei milde. Sie ist es gewohnt.

Ihre Verführungen serviert sie gewöhnlich in sechs Gängen. Gegen Aufpreis gibt es mehr, je nach persönlicher Vorliebe. Lisl Wagner-Bacher ist eine der besten Köchinnen der Welt, die Grande Dame der Haut Cuisine, von Gourmets seit nunmehr über zwei Jahrzehnten gepriesen und verehrt. Selbst kritische Kritiker sind voll des Lobes. Sie beschreiben ihr Kochen als »Kunst«, ihre Menüs als »Kompositionen«, die sie auf geheimnisvolle Weise in ihrem Kopf schaffe, als »sinfonische« Meisterwerke des Genusses, denen jeder nur erliegen könne, sobald sie sich am Gaumen entfalten.

Wie diese Kompositionen entstehen, kann Frau Wagner-Bacher nur schwer beschreiben. Viele Ideen kämen ihr, wenn sie unter Druck stehe, sie mit der Erwartung konfrontiert sei, etwas ganz Besonderes zu kreieren. Denn Druck schaffen diverse Gourmetkritiker immer wieder. Sie sind ein eitles und launisches Volk. Wenn sie nicht zu betören sind, schreiben sie einen Verriss, der Ansehen kostet. Sich zum Michelin-Sterne-Himmel emporzukochen ist anstrengend, noch anstrengender ist es, sich dort oben zu halten. Sinkt ein Stern, dann sinken Ansehen und Einkommen, und die Karawane der Gourmets zieht weiter.

»Intuition?« Lisl Wagner-Bacher zögert. Ja, sie könne die Komposition von Zutaten schmecken, bevor sie das Menü zum ersten Mal zubereitet hat. Menschliche Vorstellungskraft kann die Wirklichkeit offenbar vorwegnehmen.

Aber entsteht Kreativität aus Intuition? »Ich habe immer viel ausprobiert, aber auch viel Literatur gelesen«, bemerkt Wagner-Bacher. Kreativität basiert für sie auf Wissen und Erfahrung, »aber dann kommt immer noch eine ganz neue Idee hinzu«.

Alfredo di Stefano? Pele? Franz Beckenbauer, Diego Maradona, Ronaldo, Ronaldino oder Lionel Messi? Wer ist der beste Fußballspieler aller Zeiten? Darüber lässt sich streiten, und Fußballfans rund um die Welt tun dies mit Leidenschaft. Ein eindeutiges Votum kommt dabei nicht zustande, jeder hat so seine Kriterien, vor allem aber ist die Bewertung emotional. Jeder dieser Ballkünstler war oder ist eine Klasse für sich. Und doch haben sie alle einiges gemeinsam: ein ungeheures Ballgefühl, eine superbe Technik, Kraft, Siegeswillen und – eine großartige Intuition.

Die Weltstars, die ein Millionenpublikum faszinieren, haben alle den richtigen Riecher. Sie sehen ganze Spielzüge voraus, bevor sie mit atemberaubender Eleganz einen Pass schlagen, geschmeidig und kraftvoll über den Rasen sprinten, fliegen, tänzeln, täuschen und tarnen; Verteidiger umspielen, aussteigen oder ins Leere laufen lassen; sich selbst und andere in Stellung bringen; dort auftauchen, wo kein Gegner sie vermutet; mit sicherem Instinkt den Ball annehmen, geschickt halten oder blitzschnell weiterspielen, mit dem Kopf, der Ferse oder der Fußspitze. Oder das Leder direkt annehmen, sich dabei noch um die eigene Achse drehen, volley schießen oder den Ball gefühlvoll ins Tor schlenzen.

Sie »sehen« aus weiter Entfernung, in welchem Bogen der Ball angeflogen kommen, wo er landen wird. Sie »wissen« es, ohne Berechnungen anstellen zu müssen, sie wissen es besser als all die Verteidiger, die vergeblich versuchen, sie abzuschirmen. Sie müssen nicht darüber nachdenken. Pass, Doppelpass, Flanke, Kopfball, Tor – Nachdenken hätte nur geschadet.

Fußball, reklamieren Trainer heutzutage, sei auch eine Wissenschaft. Wenn wir uns die elektronischen Spielaufzeichnungen und ihre Computerauswertung zeigen lassen, die uns exakte Daten liefert über das Laufpensum jedes einzelnen Spielers, darüber, wie lange er den Ball gehalten, wie erfolgreich er agiert hat, sind wir geneigt, es zu glauben. Denn diese

Daten dienen Trainern dazu, sowohl die eigene Mannschaft als auch die Gegner genau zu analysieren, Stärken und Schwächen einzuschätzen und darauf Strategie und Taktik abzustimmen. Clevere Trainer beschäftigen Technik- und Fitness-Coaches und bieten ihren Spielern an, mit Mentaltrainer zu arbeiten, um sich fitter im Kopf zu machen, die eigene Gefühlswelt besser zu verstehen, Gefühle managen zu können und so bessere *Team*-Spieler zu sein.

Auch im Fußball, diese Einsicht drängt sich auf, kommt Intuition nicht aus dem Nichts. Moderne Fußballer trainieren akribisch offensives Spiel, das großes Publikum begeistert. Fouls stören, weil sie dem Gegner Freistöße und Erholungszeit geben. Schnelles und exaktes Passspiel zählt mehr als aggressive Zweikämpfe. Die Spielsysteme werden immer ausgeklügelter und immer schneller. Spielzüge, Technik, Ballgefühl, Tricks und Standardsituationen trainieren Spieler so intensiv, bis sie in der Lage sind, ihr Können automatisch abzurufen – und es für jeden, der ihnen zusieht, wie ein übersinnlicher Instinkt wirkt. Das gelingt ihnen nur, weil sie mit diesem Training immer wieder neuronale Schaltungen in ihrem Gehirn aktivieren, die diesen Ablauf möglich machen. Gute Fußballer müssen nicht lange nachdenken, aber sie brauchen ein schnelles Gehirn.

Das Orakel von Omaha

Warren Buffet, einer der reichsten Männer der Welt, erzählt uns einen Witz: Ein Ölmagnat stirbt und kommt in den Himmel. Petrus sagt zu ihm: »Du bist herzlich willkommen. Aber es gibt ein Problem. Wir haben hier strenge Zonengesetze. Alle, die aus dem Ölgeschäft kommen, residieren in dem abgegrenzten Feld da drüben, und das ist leider besetzt. Für dich gibt es hier einfach keinen Platz mehr.« Der Ölmagnat fragt: »Darf ich vier Worte sagen?« – »Kein Problem«, antwortet Petrus. Der Ölmagnat dreht sich zu seinen Kollegen um und brüllt: »Öl in Hölle gefunden!« Sofort stürzen alle Richtung Hölle. Petrus ist beeindruckt. »Cleverer Trick«, meint er anerkennend. »Nun hast du allen Platz, mach es dir bequem.« Aber der Ölmagnat runzelt die Stirn und sagt: »Ich folge lieber den Jungs. Wer weiß, ob an dem Gerücht nicht doch etwas dran ist.«

So, will uns Warren Buffet sagen, gehe es an der Börse zu. Die irresten Behauptungen würden blitzschnell zu Gerüchten, aus Gerüchten Vermutungen und aus Vermutungen Trends. Wenn viele etwas tun, denken alle, das kann nicht falsch sein. So kann Intuition in die Falle locken. Buffet hat als einer der wenigen den Finanzcrash 2008 vorausgesehen und vorhergesagt, dass die Krise tief greifen und lange anhalten wird. War das die bessere Intuition?

Buffet, erzählt uns seine offizielle Biografin Alice Schroeder, möchte seine Bewunderer glauben machen, für ihn sei Börsenhandel »ein einziger großer Spaß« und seine Milliarden habe er »im Stepptanz« erworben. Er bestreitet, je irgendeinen Plan verfolgt zu haben. Tatsächlich aber steckt hinter seinen Geschäften ein durchdachtes Konzept, und Buffet betreibt sie mit smartem Kalkül. Bloßer Intuition ist er nie gefolgt.

Er postuliert, nie in eine Branche zu investieren, die allgemein als besonders lukrativ gilt. Die Überlegung dazu: Das machen so viele, dass sie nur die Konkurrenz untereinander verschärfen und damit die Gewinnchancen immer mehr reduzieren. Zu fragen sei immer: Was gibt einem Unternehmen die entscheidenden Vorteile gegenüber seinen Konkurrenten? Sind solche Vorteile auszumachen, lohnt sich eine Investition. Der Gedanke kommt Buffet nicht aus dem Bauch, sondern fußt auf jahrelanger Beobachtung und Analyse von Geschäftsentwicklungen einzelner Unternehmen und Branchen.

Buffet stellt zudem eine einfache und plausible Rechnung auf: Letztlich könne die Börse nur das reale Wirtschaftswachstum widerspiegeln. Die Börse sei kurzfristig eine Abstimmungsmaschine. In den Notierungen zeige sich, welche Wetten Händler anstellten. Am Ende werde jedoch – auch an der Börse – gewogen und der reale Wert ermessen.

Im Handel mit Aktien gibt es immer wieder Abweichungen von aktuellen Preisen und (wie sich langfristig herausstellt) tatsächlichen Werten. So lassen sich im Aktienhandel enorme Gewinne machen. Aber Deals können auch gehörig danebengehen. Deshalb handelt Buffet nach einem strengen Prinzip: Es muss eine ausreichende Sicherheitsmarge (»margin of safety«) geben, die *großen* Raum für Fehler lässt. Von Handel mit Derivaten oder »Leerverkäufen«, die das Finanzdesaster des Jahres 2008 beschleunigten, riet er ab.

Ein weiteres Buffet-Prinzip, das zunächst banal klingt, bekommt vor diesem Hintergrund einen tieferen Sinn. Es heißt: »Verliere kein Geld.« Natürlich sind Verluste nicht auszuschließen. Buffet argumentiert allerdings gegen die Logik der Wett-Gesellschaft. Gegen sie führt er seine »Mathematik des Geldverlustes« an, und die geht so: Wer einen Dollar besitzt und 50 Cent verliert, muss mit dem nächsten Einsatz doppelt so viel verdienen, wie er besitzt, allein um den ersten Verlust auszugleichen. Das ist schwer. So entsteht die Versuchung, sich 50 Cent zu leihen, um für den Ausgleich des Verlusts nur 50 Prozent Gewinn erzielen zu müssen. Aber dieses Geld zu leihen verdoppelt das Risiko. Noch einmal 50 Prozent zu verlieren bedeutet den Bankrott. Buffets Fazit lautet: »Regel Nummer 1: Verliere kein Geld. Regel Nummer 2: Vergiss Regel Nummer 1 nicht. Regel Nummer 3: Mach keine Schulden.«

Buffet ist in Wahrheit (meist) ein vorsichtiger Mensch. Alice Schroeder porträtiert ihn als schüchtern, er weicht Konfrontationen aus und würde sich selbst nie als mutig bezeichnen. Er verfügt zweifellos über einen außerordentlichen Instinkt fürs Business. Aber er ist offenbar vor allem lernfähig. Er liest viel – Zeitungen, Zeitschriften, Biografien und historische Abhandlungen. Er analysiert die Geschichte von Unternehmen und Branchen, ist selbst seit Jahrzehnten Beobachter wirtschaftlicher und politischer Entwicklungen. Er gilt als begnadeter Networker, nimmt in riesigen Mengen aktuelle Informationen auf, wertet sie systematisch aus und vergleicht neues Wissen mit Erfahrungen. Er studiert Bilanzen und Statistiken, steigt hinab in die Archive. Das ist das Fundament für seine Entscheidungen. Buffets Entscheidungen sind sehr durchdacht und fundiert. »Fürchte dich, wenn andere gierig sind, und sei gierig, wenn andere sich fürchten«, sagt er. Das heißt: Kaufe nicht, wenn andere kaufen, kaufe, wenn keiner kauft. Als er sich 2008 einmal selbst untreu wurde und auf dem Höhepunkt des Rohstoffbooms eine Ölgesellschaft (!) kaufte und mit Derivaten handelte, verlor er, wie er später zugab, »mehrere Milliarden Dollar« und schlidderte mit seiner Investmentfirma Bershire Hathaway in dem Geschäftsjahr in die roten Zahlen. Auch Buffet erliegt also mitunter trügerischen Hoffnungen. Er würde nie für sich reklamieren, alles im Voraus zu wissen, mit Prognosen hält er sich meist zurück und warnt vor Gewissheiten. Seine Maxime lautet: »Du kannst von nichts sagen, dass es sicher sei. Du musst immer über Dinge nachdenken, die es nie zuvor gegeben hat.«

Denken ohne zu denken?

Überall, wo wir uns umschauen, in der Finanzwelt, im Sport, in der Haute Cuisine oder in der Notfallmedizin, begegnen uns Menschen, die vor allem auf ihr Gefühl vertrauen und ihrer Intuition folgen. In seinem populären Buch *Blink!* beschreibt der amerikanische Journalist Malcom Gladwell Intuition als »die Kraft des Denkens, ohne zu denken«. So griffig die Formulierung zu sein scheint, so irreführend ist sie. Wer intuitiv handelt, denkt auch, allerdings sehr schnell, ohne die einzelnen Denkschritte zu reflektieren. Das Gehirn zeigt dabei seine große Fähigkeit, effektive Prozesse in Gang zu setzen, ohne dass wir dazu einen Vorsatz fassen müssten. Die Intuition basiert auf Wissen und Erfahrung, die wir erworben haben müssen. Sonst wäre nichts abzurufen.

Worum auch immer es sich handelt: Wir können mit den

besten Recherchen und Analysen nicht sicher vorhersagen, wie das Ergebnis unserer Entscheidungen ausfallen wird; ein gewisses Maß an Unsicherheit ist immer dabei. Aber unwissend können wir keine guten Entscheidungen treffen. Zwar bezeichnen wir Intuition gern als das diffuse *Gefühl*, das uns geleitet hat, das eine zu tun und das andere zu lassen. Aber dieses Gefühl muss, wenn es zu vernünftigen Entscheidungen führen soll, an sachliche Informationen, an Zahlen, Daten, Fakten gekoppelt sein; es muss mit unserem Verstand kommunizieren. Gefragt ist also Emotions-Management. Ohne Interaktion von Gefühlen und Verstand wäre jede Entscheidung willkürlich. Es mag Situationen geben, in denen wir eine Entscheidung treffen müssen, ohne uns viel Wissen erwerben und gründlich nachdenken zu können. Doch Bauchentscheidungen sollten wir vermeiden, wenn die Folgen weitreichend und nur schwer zu korrigieren sind. Sonst landen wir schnell auf dem Bauch. Zwar können auch dumme Entscheidungen uns Glück bringen, aber das ist dann schierer Zufall.

Gladwells Rat zu folgen und zu handeln, ohne zu überlegen, ist geradezu töricht, wenn es um etwas für uns Wichtiges geht. Der Bauch denkt nicht besser als der Kopf.

Notärzte handeln nicht intuitiv. »Notärzte folgen sehr differenzierten Standardschemata«, erklärt Professor Laggner, etwa wenn ein Patient über Schmerzen in der Brust klagt. Sofort beginnen sie einen Check, welche Bedrohungen auszuschließen sind. »Standard operation procedures« (SOP), entwickelt aus langjähriger Erfahrung und immer wieder verbessert durch neueste Forschungserkenntnisse, sind für das Notfallteam der Klinik der Schlüssel zum Erfolg.

»Das ist bei uns wie bei der Fliegerei«, sagt Laggner, »gerade in Notsituationen ist es besser, sich daran zu halten und nicht Eingebungen des Gefühls zu folgen.« Angst ist bisweilen ein guter Ratgeber, oft allerdings auch ein schlechter. Piloten oder Ärzte müssen einen kühlen Kopf behalten, sie dürfen nicht in Panik geraten. Panik lähmt oder löst irrsinniges Verhalten aus. Die Fähigkeit, Emotionen durch SOP in Schach zu halten, entscheidet über Leben und Tod. Sorgfältig ausgearbeitete Standardprozeduren reduzieren die Wahrscheinlichkeit einer Katastrophe erheblich. Das gilt für alle Unternehmungen, bei denen kleine Fehler oder Störungen dramatische Konsequenzen haben können, bei der Entwicklung von Medikamenten, bei Giftmülltransporten, in der Raumfahrt, in Atomkraftwerken. Niemand würde dort auf Intuition vertrauen. »Das Richtige zu tun«, resümiert der Notfallspezialist Laggner, »gelingt nur mit Wissen und Erfahrung.« Entscheidend sei es, »aufmerksam und innerlich bereit zu sein«.

Nur so können wir »das Wunder vom Hudson River« verstehen. New Yorks Gouverneur David Paterson schmiedete die Schlagzeile für die spektakuläre Notlandung von Flug 1549. Sie feierten den Piloten Chesley Sullenberger als Helden. Sanft hatte er den Airbus 320 der US Airways mit zwei zerstörten Triebwerken auf das Wasser gleiten lassen, mitten in New York auf Höhe der 48. Straße. Mit seinem kühn-kühlen Manöver rettete er 150 Passagieren und fünf Besatzungsmitgliedern das Leben. Sie alle konnten unbeschadet nach der Landung auf die Flügel der im Wasser schwimmenden Maschine steigen und von dort in die herbeieilenden Rettungsboote klettern. Eine Geschichte wie von Hollywood erfunden, mit Happy End, beobachtet von einer Überwachungskamera, anzuschauen im Internet.

Pilotenkollegen lobten Sullenbergers Geistesgegenwart und feierten seine Intuition. Was war geschehen? Sullenberger war gerade zwei Minuten in der Luft, da krachte es heftig. 1000 Meter über der Bronx. Vögel waren in die Turbinen geraten, ein Triebwerk fing sogleich Feuer, das andere verlor in Windeseile seine Kraft, die Maschine sackte innerhalb von Sekunden dramatisch ab. Keine Chance, die Flughäfen La Guardia oder Newark anzusteuern. Die einzige Möglichkeit, die totale Katastrophe zu verhindern und nicht in New Yorks Wolkenkratzer zu stürzen, das erkannte der Pilot schnell, bot eine Notlandung auf dem Hudson.

Bei dem Manöver verließ sich der erfahrene Flieger, Air-

Force-Veteran, Flugausbilder und Unfallexperte, aber nicht auf seine Intuition. Kein Pilot dürfte das tun. Wir coachen selbst Piloten und Pilotenausbilder und trainieren sie, die Spannung auszuhalten, dass es für sie nicht normal sein darf, stets vom Normalfall auszugehen. Mit dieser Einstellung fliegt auch Chesley Sullenberger. Er selbst kommentierte die Leistung seiner Crew bescheiden und nüchtern: »Wir haben getan, wofür wir ausgebildet wurden.« Notlandungen auf dem Wasser werden bei jeder Airline trainiert. Zwar ist die Simulation kein Ernstfall, aber in ihr erwerben Piloten das theoretische Rüstzeug, was in einer solchen Notlage zu tun ist: aufsetzen mit der geringstmöglichen Geschwindigkeit, mit ausgefahrenen Landeklappen und Vorflügeln, nicht zu langsam werden, weil sonst die Maschine ins Wasser stürzt und zerbirst, die Nase des Flugzeugs oben und die Flügel waagrecht halten, um so zu verhindern, dass die Maschine beim Touchdown ins Wasser taucht und zerbricht, deshalb auch die störenden Räder drinlassen. All das war Sullenberger klar. Er geriet nicht in Panik und experimentierte nicht herum, sondern nutzte im entscheidenden Moment all sein Wissen. Ein Mann mit starken Nerven und dem Glück, dass ihm auf dem Hudson keine Boote entgegenkamen. Ein Held mit Gespür und Verstand.

Sind Gefühle die besseren Ratgeber?

Wahrnehmung ist immer subjektiv. Drei Menschen, die einen Verkehrsunfall beobachten, werden drei verschiedene Beschreibungen über die Geschehnisse abgeben. Derjenige, der einem Bericht zuhört, konstruiert daraus seine ganz persönliche Zusammenfassung. Mit jeder Weitergabe von Information wird sie verändert. Unsere Wahrnehmung lockt uns leicht auf falsche Fährten. Wir nehmen nämlich weniger von dem wahr, was um uns herum geschieht, als wir gemeinhin annehmen, vor allem wenn wir unsere Aufmerksamkeit auf einen besonderen Aspekt einer Szenerie konzentrieren. Zum Beispiel, wenn wir aufgefordert sind, das Passspiel von Basketballspielern zu beobachten, und uns merken sollen, wer wem zuspielt. Die Aufgabe ist nicht ganz leicht. Die Gruppe Viscog Productions hat dazu ein trickreiches Video produziert (www.viscog.com). Wenn Sie sich dieses Video anschauen und auf die Aufgabe einlassen, registrieren Sie mit großer Wahrscheinlichkeit nicht, wenn ein Mann in einem Gorillakostüm oder eine Frau mit einem aufgespannten Regenschirm über das Spielfeld läuft. Die meisten Menschen merken es nicht. Wird es ihnen erzählt, fühlen sie sich auf den Arm genommen. Testpersonen schütteln bei der Wiederholung verwundert den Kopf und bezweifeln, dass es sich um dasselbe Video handelt, das sie zuvor gesehen haben. Es ist ein großartiges Lehrstück über Wahrnehmungsdefizite, die sich aus besonderer Aufmerksamkeit ergeben. Wir sehen nur, was wir sehen sollen oder uns zu sehen vorgenommen haben.

Weitere Beispiele? Sie werden als Fußgänger von einem Passanten nach einer sehr detaillierten Wegbeschreibung gefragt und registrieren nicht, dass der Passant einen Basketball in der Hand hält und zwischendurch Leute kommen, die ihm den Ball aus der Hand nehmen und damit verschwinden. Sie checken ein in einem Hotel, der Rezeptionist lässt etwas fallen und bückt sich. Glauben Sie, Sie merken, wenn dann eine andere Person auftaucht? Tatsächlich entgeht auch das den meisten Menschen, wenn die beiden Personen am Empfang eine gewisse Ähnlichkeit haben, etwa beide junge blonde Frauen mit gleicher Statur und ähnlicher Frisur sind.

Denken ist mühsam, und es kann lange dauern, oft ohne dass es uns zu überzeugenden Einsichten bringt. Sind Vieldenker, die sogenannten Kopflastigen, deswegen erfolgloser als Wenigdenker, die Bauchmenschen? Glücksforscher irritieren uns mit der Nachricht, dass die sogenannten »Maximizer«, diejenigen, die sich viele Gedanken darüber machen, wie sie für sich einen maximalen Nutzen erzielen, mit den Entscheidungen, die sie letztlich nach langem Kopfzerbrechen treffen, unglücklicher sind als die »Satisfizer«, diejenigen, die weniger Aufwand in Analyse und Vergleich stecken und einfach so entscheiden, dass sie mit dem Ergebnis ganz zufrieden sind. Maximizer wägen gründlicher ab, sind in aller Regel so auch erfolgreicher – sie investieren smarter oder kaufen das besser Produkt –, aber sie neigen dazu, mit dem Ergebnis zu hadern. Sie plagt der Gedanke, sie hätten mit mehr Sorgfalt womöglich eine noch bessere Entscheidung treffen können.

Was lernen wir aus dieser Erkenntnis? Man kann es mit dem Maximieren auch übertreiben. Aber das heißt nicht, dass Gefühle der bessere Ratgeber sind. Denn Satisfizer geben nicht ihrer Intuition Vorrang, sondern sie treffen Entscheidungen bewusst mit weniger Information und somit effizienter. Sie müssen nicht, um einen Anzug oder ein Kleid zu kaufen, in etliche Geschäfte gehen und endlose Anproben vornehmen. Sie steuern in einen Laden, sichten die Garderobe, fischen sich zwei, drei Teile heraus und kaufen, was sie brauchen. Sie testen nicht alle Automodelle, die es auf dem Markt gibt, und studieren nicht wochenlang die verschiedenen zusätzlichen Ausstattungspakete. Sie brüten in Restaurants nicht ewig über Speisekarten und würden den Kellner nach ihrer Entscheidung auch nicht am liebsten zurückrufen, wenn er sich nach der Aufnahme der Bestellung auf den Weg zur Küche macht, weil sie gern doch noch etwas ändern würden.

Die Kunst, mit begrenztem Wissen und geringem Zeitaufwand Aufgaben gut zu lösen, nennen Wissenschaftler »Heuristik«. Der Philosoph René Descartes glaubte, auf diese Weise komplexe Probleme schnell in einzelne Elemente zerlegen und die Wahrheit leicht erkennen zu können. Tatsächlich hilft uns das Zerlegen dabei, Muster zu erkennen. Wir erkennen in verschiedenen Dingen und Vorgängen Identitäten, wir können sie in Kategorien fassen. So müssen wir ähnliche Phänomene nicht immer wieder mit großem Aufwand neu analysieren. Könnten wir das nicht, wären wir nicht fähig, Sprache zu entwickeln, Wörter zu bilden, unter denen wir (halbwegs) etwas Ähnliches verstehen, sodass zum Beispiel ein Tisch immer ein Tisch bleibt, auch wenn wir dazu sehr unterschiedliche Bilder im Kopf haben mögen.

Je komplexer die Dinge sind, umso schwieriger wird es allerdings. Wenn wir in Abläufen oder Handlungen Muster identifizieren, konstruieren wir damit eine Theorie, mit der wir vorhersagen wollen, was unter denselben oder ähnlichen Bedingungen geschehen wird. Für mathematische Axiome trifft das zu. Auch die Fall-Gesetze müssen wir nicht immer wieder neu infrage stellen und von einer Brücke springen, um zu überprüfen, ob wir nach unten fallen oder nach oben fliegen. Muster zu erkennen ist für uns oft sehr hilfreich und effizient. Mit ihnen filtern wir aus der ungeheuren Menge von Daten, die pausenlos auf uns einstürzen, Informationen, mit denen wir Situationen schnell einschätzen können. Allerdings legen wir uns mit der Konstruktion von Interpretations- und Handlungsmustern leicht rein, besonders wenn uns Vorgänge ungewohnt und unkontrollierbar erscheinen. Dann passiert nämlich folgendes – wie Jennifer A. Whitson und Adam D. Galinsky, Management-Forscher an der University of Texas, mit einer Reihe recht unterschiedlicher Experimente nachwiesen: Wenn wir nicht in der Lage sind, tatsächliche Kontrolle auszuüben, löst dies in uns Gefühle von Unsicherheit aus. Das geschieht sogar, wenn es sich nicht um etwas Bedrohliches handelt. Unsicherheit können die meisten Menschen nicht gut aushalten. Verunsicherungen möchten sie schnell abschütteln. Die Emotion steuert dann die Wahrnehmung so, dass sie Muster sehen, wo objektiv keine sind. So behaupten Versuchspersonen zum Beispiel, in einer willkürlichen Anhäufung schwarzer Punkte Bilder zu erkennen; aus diffusen Geräuschen meinen sie Botschaften herauszuhören. Sie stellen zwischen verschiedenen Erscheinungen Zusammenhänge her, die tatsächlich nicht bestehen. Nach persönlichen Bedürfnissen gewichten sie Informationen, ohne die Tatsachen zur Kenntnis zu nehmen. In turbulenten Zeiten registrieren sie auf dem Aktienmarkt etwa weniger schlechte Nachrichten über ein Unternehmen, wenn sie gleichzeitig viele positive

Meldungen bekommen. Sinkt die Zahl der positiven Meldungen, geben sie den negativen Meldungen mehr Bedeutung, auch wenn sich das Verhältnis von guten und schlechten Informationen dadurch nicht ändert. Unternehmen können das zur Manipulation von Wahrnehmungen und Ansehen nutzen. Indem sie gezielt positive Meldungen in Umlauf bringen, bewirken sie, dass schlechte Nachrichten über sie nicht mit angemessener Intensität in das Bewusstsein von Beobachtern gelangen und sie in deren Augen besser dastehen als sie wirklich sind.

Mit trügerische Mustern überwinden wir Gefühle von Unzulänglichkeit und Hilflosigkeit, wir schaffen gedanklich Struktur und Ordnung und wecken in uns die Illusion, nun zu verstehen, was geschieht. Die Muster erscheinen uns als durchdacht und vernünftig. Sie bestimmen, wie wir die Welt sehen und uns entsprechend verhalten. Viele Muster erweisen sich – mitunter zur großen Überraschung! – als unzulänglich, sie blockieren unser Denken und stürzen uns schneller in Gefahren, als wir wahrhaben möchten. Muster sind bequem. Sie zu hinterfragen, ist aufwendig, anstrengend. Die große Herausforderung besteht deshalb darin, sich von der unendlichen Fülle von Informationen nicht zuschütten zu lassen, uns aber ebenso wenig vorzumachen, wir würden mit unseren eingeschliffenen Mustern der Wahrnehmung, des Fühlens, Denkens und Handelns und im Zweifelsfall mit dem Bauchgefühl sicher und unbeschadet durchs Leben kommen.

Schwarze Schwäne

Warum, fragt Nassim Nicholas Taleb, ist kein Gesetzgeber vor dem 11. September 2001 auf die Idee gekommen, die Zugänge zu Cockpits in Flugzeugen mit kugelsicheren Türen zu versehen? Dann hätte die Attacke auf das World Trade Center nicht stattfinden können. Warum, fragen wir, haben Finanzexperten, Analysten, Politiker und Journalisten die sich anbahnende

Weltwirtschaftskrise Ende 2008 als Schwäche des Immobilienmarktes porträtiert und nicht begriffen, welche Kettenreaktion dadurch ausgelöst wird?

Es sind die etablierten Muster, die uns in Sicherheit wiegen, die unsere Wahrnehmungen und Deutungen so modulieren, dass uns alles in Ordnung zu sein scheint. Wir sehen das, was uns dafür als Bestätigung erscheint, aber erkennen die Zeichen nicht, die das heraufziehende Drama ankünden. Tatsächlich brechen viele Krisen nicht »plötzlich« über uns herein. Wir pflegen zu sagen, sie kämen »unverhofft«. Die Redewendung ist verräterisch und offenbart, genau betrachtet, was in uns vorgeht: Wir *hoffen*, dass nichts Katastrophales passiert, und bilden uns deshalb ein, wir wüssten, dass es nicht so sein kann. Im Nachhinein schlagen wir uns oft vor den Kopf und wollen nicht verstehen, warum wir es nicht verstanden haben. Noch öfter aber beharren wir darauf, es sei *unvorhersehbar* gewesen. Unsere Routinen und der Wunsch nach sicheren und geordneten Verhältnissen blockieren unser Denken, so rauben wir uns Einsicht, Vorhersicht und Vorsicht. Wir »rechnen« nicht mit dem, was dann geschieht, es trifft uns unvorhergesehen, unerwartet und deshalb mit umso größerer Wucht. Und solange wir es weiter als das Unvorhersehbare bezeichnen, weigern wir uns, daraus zu lernen. Das für uns Unerwartete nennt Taleb »schwarze Schwäne«. Schwan assoziieren wir in unseren gewohnten Denkmustern so deutlich mit der Farbe Weiß, dass wir uns nicht vorstellen können, dass es schwarze Schwäne gibt. »Schwan« ist für uns eine festgelegte Kategorie. Tatsächlich existieren schwarze Schwäne, allerdings sind sie selten. Und ebenso gibt es vieles, was wir uns mit unseren einmal fixierten Kategorien nicht mehr vorstellen können. Eine sich ständig verändernde Welt verlangt von uns jedoch, Veränderungen wahrzunehmen, zu verstehen und zu begreifen, wie wir uns anpassen und unsere Konzepte ändern müssen. Es kommt darauf an, Neues als etwas für uns Neues zu begreifen und unsere Deutungsmuster entsprechend zu verändern. Das gelingt nur, wenn wir neugierig und damit offen und aufmerksam bleiben. Neugier hilft uns, mit größerer Offenheit wahrzunehmen, was in uns oder um uns geschieht. Sie hält Unsicherheit in Schach, die uns zu voreiligen Schlussfolgerungen drängt, zu Vernachlässigung oder falscher Gewichtung von Information, zu einer gedanklichen Konstruktion von Zusammenhängen, die tatsächlich nicht existieren, vor einer Kreation von Mustern, mit denen wir meinen, die Welt besser zu verstehen, obwohl wir damit genau das Gegenteil erreichen – nämlich die Schaffung neuer Trugbilder. Neugier erhöht unsere Aufmerksamkeit, verbessert die Wahrnehmung und Verarbeitung von Information, fördert Reflexion und Besinnung, also eine angemessene Sinngebung. Sie schützt uns vor Trugbildern, die wir nur schaffen, wenn Verunsicherung uns so unangenehm wird, dass wir sie nicht aushalten können. Trugbilder schaffen Schein-Sicherheit, Illusionen, die wir für Gewissheiten halten. Ein mitunter fataler Irrtum: Wir meinen, uns wieder besser zurecht zu finden, kontrollieren zu können, was wir mit welchem Verhalten erreichen, kompetent und zielsicher handeln zu können und agieren doch ohne Sinn und Vernunft. Wir müssen bereit sein, unser erworbenes Wissen als nicht abgeschlossen, also immer als zu erweitern und stets unzureichend zu erkennen. Dazu hält Neugier uns an. Sie lässt uns frühzeitig erahnen, spüren, erkennen, was anders ist, was sich verändert hat oder womöglich noch nicht vorgekommen ist, also für uns noch keine Bedeutung haben kann. Neugier ist ein Gefühl, das uns an das Unbekannte heranführt und uns anhält, es zu erkunden sowie Chancen und Risiken, die damit verbunden sein mögen, abzuschätzen. Sie treibt uns an, unser Wissen und unsere Kompetenz zu erweitern und uns nicht abschrecken zu lassen. Unsere Neugier kann stärker sein als die Furcht vor Neuem. Je mehr wir sie jedoch vernachlässigen, umso mehr Raum geben wir dem Stumpfsinn unserer gewohnten Muster.

Wir müssen uns immer wieder fragen, ob einmal erworbene Fähigkeiten für neue Aufgaben ausreichen oder überhaupt adäquat sind. Wir müssen uns immer wieder als Anfänger verstehen, neue Entwicklungen erkennen, neugierig für andere Ansichten und Zugänge sein – uns austauschen, lesen, schauen, lernen. Wir können auch so nicht alles voraussehen, aber doch mehr erkennen, als wenn wir uns vormachen, stets alles im Griff zu haben. Wir können uns besser wappnen. Es mag paradox klingen, aber: Wir müssen mit dem Unerwarteten rechnen. Erwartungen suggerieren Sicherheit, weil sie Prognosen über Ausgänge implizieren. Wir glauben vorhersehen zu können, was geschehen wird. Pläne basieren auf Annahmen und Erwartungen. Sie transportieren das gleiche Problem. Sie unterstellen eine klare Abfolge von Ereignissen und erwarten ein vorausgesagtes Ergebnis. Erwartungen lenken die Aufmerksamkeit auf Ereignisse und Merkmale, die wir kennen. Sie verführen uns, nur noch das bereits Bekannte wahrzunehmen und nur zu bedenken, was wir schon wissen.

Wenn wir fest davon überzeugt sind, dass unsere Pläne aufgehen, suchen wir in den Ereignissen nur noch nach Bestätigung für unsere Annahmen. Ereignisse, die dagegen sprechen, nehmen wir schnell nicht mehr wahr oder deklarieren sie als unbedeutend. Wir werden blind für Überraschungen. Wir hindern uns daran, adäquatere Theorien und Handlungsmuster zu entwickeln.

Diese Falle stellen wir uns nicht, wenn wir den Unterschied zwischen Erwartung und Realität reflektieren und sehen, was wir wirklich bewirken mit dem, was wir tun. Der Organisationspsychologe Karl E. Wieck hat das Dilemma so beschrieben: »Wie kann ich wissen, was ich plane, bevor ich sehe, was ich tue?« James March, Professor für Management an der Stanford University, rät dazu, Intuition als real zu behandeln und sie ernst zu nehmen. Gleichzeitig empfiehlt er, Ziele als Hypothesen zu betrachten und sie nicht zu fixieren, sondern als veränderbar gelten zu lassen. Seine Postulate: Betrachte die Erinnerung als Feind, misstraue Entscheidungen, die einmal gute Entscheidungen *waren*. Verstehe Erfahrungen als Theorie. Ziehe in Zweifel, ob sie nach wie vor taugen, prüfe, ob sie noch immer brauchbar sind in der veränderten Realität.

Und: Vorsicht vor eiligen Schlussfolgerungen! Sie erweisen sich oft als Kurzschlüsse.

Eine solche Einstellung verlangt von uns, Unwissen und Unsicherheiten zuzugeben und auszuhalten. Menschen, die sich als »Macher« verstehen, schaffen das kaum. Sie wollen Eindeutigkeit und Gewissheit. Sie wollen handeln, weil Aktion ihnen das Gefühl verschafft, selbst in der Hand zu haben, was geschieht. Das Gefühl ziehen sie jedoch allein aus der Tatsache, dass etwas geschieht. Sie sagen: Besser wir treffen eine falsche Entscheidung als gar keine Entscheidung. Gerade von Managern in der Wirtschaft, die sich als besonders zupackend und führungsstark darstellen wollen, hören wir solche Aussagen. Sie wissen (noch) nicht, was das Ziel sein kann, aber starten schon durch, um schneller dort zu sein. Mit Aktionismus bekämpfen sie ihre Unsicherheit. Was sie unter Führung verstehen, ist Irreführung.

Das Unerwartete löst Erstaunen aus, Verwirrung, Aufregung, Unruhe, Angst, Enttäuschung, Bestürzung. Es zeigt uns, dass Routinen nicht mehr funktionieren. Damit eröffnet sich aber für uns die Chance, Neues zu lernen! Verstehen wir schwarze Schwäne (die es übrigens tatsächlich gibt) als Zeichen: dass wir viel öfter mit dem Unvorhersehbaren und Unwahrscheinlichen rechnen müssen, als wir uns in unserem Bemühen, die Welt zu ordnen, eingestehen wollen. Und dass wir scheinbar feste Gewissheiten aufgeben müssen, sobald sie ein einziges Mal widerlegt sind. Spätestens dann wird der Glaube, unsere Intuition werde uns schon darüber hinweghelfen, zum Irrglauben.

Die Buddhisten nehmen in dieser Hinsicht eine gescheitere Haltung ein als die Rationalisten der westlichen Welt. Buddhisten sind bereit, von erworbenem Wissen »zurückzutreten«, es so immer wieder infrage zu stellen, umzudenken und so neue Möglichkeiten zu entdecken.

Dazu fordern uns Kinder und junge Menschen immer wieder heraus. Nutzen wir die Spannung, die aus unterschiedlichen Fähigkeiten und Neigungen der Generationen zwangsläufig entsteht, zu einer generationsübergreifenden Energetisierung und Impulsgebung. Wechseln wir, ganz gleich auf welcher Seite wir stehen, immer wieder die Perspektive. Was für Ältere längst selbstverständlich geworden ist, ziehen Jüngere oft radikal in Zweifel. Sie mögen provozieren damit. Sie leugnen nicht, dass ihnen der Respekt fehlt für unsere Erklärungsmuster. Wir verteidigen unsere Konzepte, leisten Widerstand gegen ihre Argumente und Ambitionen. Wenn wir verlangen, dass sie nachgeben und sich unterwerfen, findet kein Austausch mehr statt. Die Jüngeren lernen nichts mehr von den Älteren. Und die Älteren nichts mehr von den Jüngeren. Wenn wir uns aber auf sie einlassen, ihnen zuhören, ihre Sicht verstehen und ihre Motive begreifen, stellen wir oft fest: Sie haben gute Gründe für ihre Haltung. Sie sehen größere Zusammenhänge, nur anders als wir. Sie stellen etablierte Auffassungen und fest gefügte Normen völlig zu Recht infrage. Sie erreichen, was sie wollen, nur mit ihren Ansichten, nicht mit unseren.

Intuitionen können uns nur dann leiten, wenn sie auf den richtigen Informationen basieren und wir nur die unwichtigen außer Acht lassen. Den Unterschied können wir jedoch nur mit dem Verstand bestimmen. Es gibt keine Intuition, die uns sagen könnte, welche Intuition richtig ist. Wenig hilfreich ist deshalb die Empfehlung des deutschen Psychologen Gerd Gigerenzer, »wir sollten auf unsere Intuition vertrauen, wenn wir über Dinge nachdenken, die schwer vorauszusagen sind, und wenn wir wenig Informationen haben«. Besser wäre es, wenn wir erstens etablierte Muster skeptisch betrachteten, zweitens gründlicher überlegten, wo uns wichtige Informationen fehlen und wie wir sie uns beschaffen könnten, und drittens anerkennen, dass das, was wir nicht wissen, wichtiger sein mag als das, was wir bereits kennen. Dazu brauchen wir unser Denk-Hirn mit seiner Fähigkeit zu Wahrnehmung, Informationsverarbeitung, Datenabgleich, Theoriebildung und deren Überprüfung.

Gute Entscheidungen

Wie viel Verstand brauchen wir und wie müssen wir denken, damit wir nicht unseren Gefühlen in die Falle gehen? Entscheidungstheoretiker verschiedener Wissenschaften geben uns darauf keine schlüssige Antwort, weil sie das Zusammenspiel von Verstand und Gefühlen nicht verstehen. Ein Preisschild kann unseren Geschmackssinn übertölpeln, ein Doktortitel unsere Wahrnehmung von Körpergröße. Wir halten schöne Menschen für intelligenter und finden Leute, die uns schamlos schmeicheln, sympathischer. Sind wir denn nicht bei Verstand? Gefühlsfallen legen wir uns selbst – mit unserem Verstand, solange wir dem Irrglauben anhängen, mit dem Verstand allein könnten wir zu Vernunft kommen.

Sie gehören nicht zu den Menschen, die glauben, was teuer ist, muss auch gut sein? Dann sind Sie eine echte Ausnahmeerscheinung.

Stellen Sie sich vor, Sie kaufen etwas, dessen Qualität Sie nicht gut beurteilen können. Lässt Sie auch dann der ausgewiesene Preis unbeeindruckt? Sind Sie sicher? Die meisten Menschen sind anders programmiert, und dafür gibt es nun auch den Beweis. Marketingstrategen frohlocken, wenn sie lesen, was Forscher an der Standford Graduate School of Business herausgefunden haben: Das Preisschild auf einer Weinflasche beeinflusst nicht nur, wie wir die Qualität des Weins bewerten, es beeinflusst sogar, wie uns der Wein schmeckt! Die Forscher servierten zwei Vergleichsgruppen denselben billigen Wein, klebten auf die eine Flasche ein Schild mit einem niedrigen Preis, auf die andere eins mit einem deutlich höheren. Und dann konnten die Stanford-Wissenschaftler mit dem funktionalen Magnetresonanzverfahren (fMRI), das uns Bilder von der Aktivität in unserem Gehirn liefert, beweisen: Das Areal, das Freude und Annehmlichkeit signalisiert, der mediale orbitofrontale Cortex, war aktiver, wenn die Testpersonen meinten, einen teureren Wein zu trinken.

»Der Preis verändert das Erlebnis, das Menschen mit einem Produkt haben«, resümiert Professor Baba Shiv, Experte für den Einfluss von Emotionen auf Entscheidungen. Der höhere Preis – im Versuch 45 gegen 5 Dollar – löste bei den Testpersonen die freudige Erwartung aus, ein viel besser schmeckendes Getränk serviert zu bekommen. Und diese Erwartung steuerte tatsächlich das Geschmacksempfinden.

Bisher gingen Wirtschaftswissenschaftler und Marketingexperten davon aus, dass die angenehme Erfahrung, die wir durch den Konsum eines Produktes haben, mit den *Eigenschaften* des Produktes zusammenhängt. Bestimmte leicht identifizierbare Merkmale müssten Kunden ansprechen und bei ihnen positive Gefühle auslösen. Der Weintest dokumentiert dagegen: Der Preis beeinflusst, welche Eigenschaften wir einem Produkt *zuschreiben*.

Shiv konnte dies mit einem anderen Versuch bestätigen. Testpersonen, die für ein Energiegetränk einen höheren Preis zahlten, konnten nach dem Konsum leichter Probleme lösen als Personen, denen für die gleiche Dose nur ein Discountpreis abverlangt worden war. Allein die Vorstellung, für mehr Geld auch mehr Qualität zu bekommen – in diesem Fall also mehr Substanz, die Energie liefert –, veränderte die Gefühlslage. Die Teuer-Trinker fühlten sich geistig fitter, und dieses Gefühl, nicht etwa die größere Intelligenz, führte dazu, das sie tatsächlich mehr leisten konnten.

Irrationale Kunden

Haben Sie schon einmal etwas gekauft, weil es Ihnen als Sonderangebot präsentiert wurde und damit besonders günstig erschien, obwohl sie es eigentlich gar nicht brauchten? Ein Kleid, einen elektrischen Entsafter, Snacks oder ein Teeservice? Und hinterher haben Sie gemerkt, dass Sie es gar nicht haben wollten? Sie sind nur einem Impuls gefolgt? Mit »Aktionen« legen Händler ihre Köder aus. So funktionieren Schlussverkäufe – zu allen Jahreszeiten. Besonders wenn wir meinen, ein Schnäppchen zu machen, sind wir anfällig dafür, etwas zu kaufen, was genauer betrachtet keinen Nutzen für uns hat. Das Kleid wird einmal getragen, der Entsafter dreimal benutzt, der Snack sollte erst gar nicht ins Haus, das Teeservice steht nur im Schrank? Die Phantasie, Geld zu sparen, indem wir Geld ausgeben, lässt uns in die Falle tappen.

Gratiszugaben sind ebenso probate Köder. Weil es eine DVD umsonst gibt, kaufen Leute einen neuen DVD-Player, obwohl der alte noch funktioniert. Oder Sie abonnieren eine Zeitschrift, weil sie dazu einen Radiowecker bekommen. Oder sie kaufen zwei Paar Socken, die ihnen nicht richtig gefallen, weil ein Paar »umsonst« ist. Oder Sie kaufen im Internet noch Bücher extra, um die Versandkosten zu sparen, und geben so schlussendlich mehr Geld aus, als Sie eigentlich wollten.

Händler und Hersteller können uns mit den von ihnen ausgewiesenen Preisen leicht zum Narren halten. Sie beeinflussen damit, welchen Wert wir Dingen zumessen, die neu für uns sind. Da wir über kein inneres Messgerät verfügen, um den Wert von Produkten adäquat zu bestimmen, suchen wir nach Anhaltspunkten. Und genau die geben uns ausgewiesene Preise – Preisschilder, empfohlene Richtpreise, Sonderangebote. Solche Vorgaben schaffen und verankern in uns Maßstäbe, nach denen wir Bewertungen vornehmen. Der Wirtschaftsprofessor und Neurowissenschaftler Dan Ariely widerlegt mit dieser Feststellung eine grundlegende Annahme gängiger Wirtschaftstheorie, die besagt, dass die Zahlungswilligkeit von

Kunden die Marktpreise beeinflusse. Er zeigt, dass es gerade umgekehrt ist: Preisvorgaben beeinflussen weit öfter, als wir meinen, was wir zu zahlen bereit sind.

Wir neigen dazu, mehr Geld für die verschiedensten Dinge auszugeben, als sie wirklich wert sind. Wir zahlen für Produkte, ohne zu wissen, ob der Betrag wirklich dem Nutzen entspricht, den wir dafür bekommen. Wir sind, so Ariely, als Kunden »verwundbar« und sollten deshalb Entscheidungen viel öfter hinterfragen.

Als Konsumenten treffen wir die meisten unserer Entscheidungen nicht vorsätzlich. Wir denken nicht über den Wert nach, den verschiedene Eigenschaften eines Produktes für uns haben, und wägen nicht ab, ob uns ein anderes Produkt mehr von dem bietet, was wir wollen und was es uns kostet. Wir definieren unsere Bedürfnisse nicht präzise und denken nicht logisch. Wichtiger ist uns, welchen emotionalen Gewinn wir erwarten. Zu diesem Ergebnis kommt Harvards Marketingguru Gerald Zaltman, der sich in seiner Forschung auf psychologische und neurowissenschaftliche Erkenntnisse stützt.

Wenn Vermarkter Kunden in einem Supermarkt fragen, ob sie bei konkurrierenden Marken den Preis vergleichen, sagen die meisten Ja. Tatsächlich, stellte Zaltman fest, tun 90 Prozent der Kunden das nicht. Sie haben sich bereits entschieden, wenn sie den Laden betreten. Werbestrategen zielen deshalb darauf ab, zwischen Kunden und Produkt eine emotionale und nicht mehr reflektierte Beziehung herzustellen. Wer nicht aufpasst, erliegt somit leicht der Manipulation. Beispiele dafür?

Nachdem sie einen emotional angenehmen Werbespot gesehen hatten, empfanden Testpersonen einen mit Essig versetzten, salzigen Orangensaft als köstlich und erfrischend. Können Konsumenten zwischen zwei Medikamenten wählen – einem teuren Markenprodukt und einem billigen Generikum –, entscheiden sich die meisten, wenn sie unter schweren Symptomen leiden, für das Markenprodukt, auch wenn sie wissen, dass die Substanzen völlig identisch sind. Erwartungen bestimmen das Empfinden, sogar das Schmerzempfinden. Bei einem Mittel, das Linderung von Magenschmerzen verspricht, spüren die meisten Nutzer einen positiven Effekt, noch bevor dieser chemisch eingetreten sein kann. Die Warnung vor Nebenwirkungen auf einem Beipackzettel kann durchaus negative Folgen haben: Testpersonen wurde gesagt, ein Medikament könnte in der Nebenwirkung zu Erbrechen führen. Nach dieser Information mussten sich 80 Prozent der Versuchsteilnehmer übergeben. Als sie ein Gegenmittel erhielten, hörte die Übelkeit sofort auf. Tatsächlich handelte es sich bei beiden Verabreichungen um ein und dieselbe Substanz.

Schöne Menschen

Schönheit macht blind. Das sagt man so. Und es stimmt sogar. Wir alle fallen auf schöne Menschen herein. Schöne Menschen haben es generell leichter. Sie kommen besser an und genießen größere Sympathie, wie der amerikanische Psychologe Robert B. Cialdini mit zahlreichen wissenschaftlichen Untersuchungen zeigt. Schöne Menschen können uns leichter beeinflussen, gewollt oder ungewollt. Die meisten lernen freilich schnell, welche Wirkung sie erzielen. Viele glauben deshalb, durchaus zu Recht, sie könnten sich auf ihr Aussehen verlassen. Das bestätigt die neuere Forschung: Wir schreiben gut aussehenden Menschen automatisch positive Eigenschaften wie Begabung, Freundlichkeit, Ehrlichkeit und Intelligenz zu. Dabei ahnen wir nicht einmal, dass wir dies nur tun, weil sie uns gefallen.

Attraktive Kandidaten haben sowohl in Fernsehshows als auch in der Politik bessere Chancen als ihre weniger gut aussehenden Konkurrenten. Publikum und Wähler neigen dazu, ihre Fähigkeiten zu überschätzen. In einer Studie konnten Wissenschaftler nachweisen, dass dies auch für Bewerber um einen Job zutrifft. In einem simulierten Auswahlgespräch zählte die äußere Erscheinung der Bewerber mehr als ihre berufliche Qualifikation.

Gut aussehende Menschen werden auch besser bezahlt. Nach US-amerikanischen und kanadischen Stichproben liegt ihr Einkommen um 12 bis 14 Prozent über dem ihrer Kolleginnen und Kollegen. Es deutet vieles darauf hin, dass attraktive Menschen auch von der Justiz bevorzugt behandelt werden. In einer Untersuchung stellte sich heraus: Attraktiven Angeklagten bleibt doppelt so oft eine Gefängnisstrafe erspart wie den unattraktiven. Wenn es um die Zahlung von Schmerzensgeld geht, kommt der Beklagte, wenn er besser aussieht als sein Opfer, mit einer geringeren Summe davon, als wenn der oder die Geschädigte besser aussieht.

Attraktive Menschen erhalten eher Hilfe, wenn sie in Not sind, hässliche haben das Nachsehen. Schöne Menschen sind beliebter, und das gilt schon für Kinder. Lehrer bevorzugen die gut aussehenden und bewerten sie freundlicher. Sie geben Zuspruch und ebnen Lebenswege, die sie anderen verweigern, und lassen dadurch die Erwartung entstehen, dass es nicht nur hilfreich ist, gut auszusehen, sondern dass dies sogar in der Wahrnehmung von anderen das dominierende Merkmal sein kann. Warum also nicht darauf vertrauen, dass der Zauber der Schönheit den Verstand vernebelt? Es scheint ja ohnehin kaum jemand zu merken. Wissenschaftler erklären diese Fehlurteile mit dem »Halo-Effekt«. Der Begriff stammt von dem Psychologen Edward Lee Thorndike. Er beschreibt die menschliche Neigung, Personen nach einer einzigen, besonders wirkungsvollen Eigenheit zu beurteilen. Darunter leiden nicht nur die Hässlichen. Betroffen sein können auch gut aussehende Menschen, wenn sie wegen ihrer Fähigkeiten geschätzt werden möchten, aber merken, dass die gute Meinung, die andere von ihnen haben, wesentlich auf ihre äußere Erscheinung und nicht auf Können oder Intelligenz zurückzuführen ist. Sie fühlen sich als Persönlichkeit verkannt, nicht wirklich wertgeschätzt, weil die Bewunderung einer Eigenheit gilt, zu der sie nichts beigetragen haben.

Der Halo-Effekt trübt unsere Urteilsfähigkeit auf vielfältige Weise. Die Neigung, lediglich einzelne, mitunter oberflächliche Merkmale zur Beurteilung heranzuziehen, macht sich nicht nur bei der Einschätzung von Personen bemerkbar. Sie verschafft sich ebenso Geltung bei der Beurteilung von Dingen, besonders wenn sie in der Werbung zusammen mit schönen Menschen präsentiert werden.

Männer, die eine Werbeannonce für ein Auto betrachten, in der auch eine verführerische Frau abgebildet ist, schätzten das Auto als schneller, ansprechender, teurer und besser gestylt ein. Das belegt eine Studie. Die Empfindung, die eine attraktive Blonde – meist sind es Blonde – bei ihnen auslöst, überträgt ihr Gehirn auf das mit ihr zur Schau gestellte Gefährt. Das funktioniert, weil dabei auf Instinkte und verbreitete Wahrnehmungs- und Bewertungsmuster zurückgegriffen wird.

Menschen mit angesehenen Titeln werden gemeinhin größer geschätzt, als sie sind. Der Eindruck von Autorität überträgt sich auf die Wahrnehmung der äußeren Erscheinung. »Professoren« wurden von Testpersonen um 6,5 Zentimeter größer geschätzt als »Studenten«. Renommee verschafft Kredit, der meist nicht mehr geprüft wird. Die Psychologen Douglas Peter und Stephen Ceci schickten Artikel von renommierten Wissenschaftlern an Zeitschriften, in denen sie bereits veröffentlicht worden waren, allerdings versehen mit unbekannten Namen. Von zwölf Artikeln durchliefen neun den redaktionellen Prüfprozess unentdeckt, acht davon wurden abgelehnt.

In Unternehmen macht sich der Halo-Effekt bemerkbar, wenn Manager sich in der Organisation von Prozessen, wie wir es als Berater immer wieder sehen, auf sogenannte »KPI« (»Key Performance Indicator«) fokussieren. Mit diesem Kürzel versehen sie einzelne Faktoren, die angeblich besonders entscheidend für Erfolg sind. In der Praxis führt diese Bewertung oft dazu, dass die größte Anstrengung für die Verbesserung der »KPIs« aufgewendet wird. Das soll besonders effizient sein. Tatsächlich übersehen die KPI-Fanatiker gern, dass in einem Fertigungsprozess alle Schritte exakt aufeinander abgestimmt sein müssen und mit gleicher Präzision zu erfolgen haben, damit das gewünschte Produkt entsteht. Jedes

Teil muss passen, jedes Element einer Dienstleistung. Komplexe Abläufe erfordern höchste Aufmerksamkeit – für den gesamten Ablauf.

Der Fehler wiederholt sich in Unternehmen, darauf macht der Managementlehrer Phil Rosenzweig aufmerksam, wenn Manager die Gesamtleistung eines Unternehmens einzelnen Faktoren wie Unternehmenskultur oder Führungsstil zuschreiben. Sie bedenken nicht, wie viele andere Faktoren mit dazu beitragen.

Schöner wohnen

Martin und Marion Solms wollen ihre Eigentumswohnung verkaufen, um ein eigenes Haus zu finanzieren. Sie schätzen, dass ihre Wohnung rund 330000 Euro wert ist. Darüber haben sie mit einem Makler gesprochen, und der meint, ihre Vorstellung sei durchaus realistisch. Also geht ihr Objekt mit diesem Preis auf den Markt. Das erste Angebot liegt bei 230000 Euro. Die Solms lehnen empört ab. »Was bilden sich diese Leute bloß ein«, schimpfen sie, und ihr Makler gibt ihnen recht. Cool bleiben, lautet seine Devise. Doch dann gibt es in den folgenden Wochen zwar zahlreiche Besichtigungen, aber kein ernst zu nehmendes Angebot. Die Solms stellen sich zögerlich darauf ein, dass sie ihre Vorstellungen nach unten korrigieren müssen.

Verhandlungsspielraum hatten sie von Anfang an gesehen, aber der Verkauf sollte auf keinen Fall weniger als 300000 Euro einbringen. Nach drei Monaten erfolgloser Vermarktung vereinbaren sie mit dem Makler, dass er unter diese magische Grenze gehen darf. Doch der Verkauf zieht sich hin. Erst Wochen später gehen zwei weitere Angebote ein – jedes über 240000 Euro. Vorsichtig legt der Makler den Eheleuten nahe, zu diesem Preis zu verkaufen. Die Wohnung sei schon so lange auf dem Markt, argumentiert er, er habe einsehen müssen, dass die optimistischen Vorstellungen sich nicht realisieren ließen. Und je länger das Objekt nicht verkauft werde, umso mehr müsste man damit rechnen, im Preis weiter gedrückt zu werden.

Für Marion und Martin wird die Lage unangenehm. Sie haben nämlich in der kühnen Gewissheit, rasch mindestens 300000 Euro zu erlösen, bereits ein neues Eigenheim gekauft und müssen nun einen teureren Kredit finanzieren. Sie beginnen miteinander das »Hätten wir, dann wären wir«-Spiel: Hätten sie das erste Angebot nicht brüsk abgelehnt, sondern gelassener verhandelt, hätte der Bieter, dem klar gewesen sein muss, dass seine Offerte zu niedrig war, womöglich deutlich nachgelegt. 10, 15 Prozent, vielleicht bis zu einer Höhe von 270000 Euro. Hätten sie dann kurzfristig abgeschlossen, wäre für das neue Haus kein so hoher Kredit nötig gewesen, hätten sie geringere Kreditgebühren und vor allem niedrigere Zinsen bezahlen müssen. Unter dem Strich wäre ein solcher Abschluss besser gewesen als der, den sie nun machen müssen. Außerdem hätten sie sich manchen Ärger, sehr viel Anspannung und einigen Streit untereinander erspart.

Bei dem Kauf ihres neuen Hauses hatten sie übrigens selbst zunächst viel weniger geboten, als der Verkäufer verlangte. Als dann andere Interessenten bessere Angebote vorlegten, gingen auch die Solms mit ihrer Offerte hoch, und zwar höher, als sie eigentlich wollten, von 500000 auf 580000 Euro. Einmal in Auktionsstimmung, wollten sie sich das Haus nicht von jemand anderem wegschnappen lassen. Zum Schluss überkam sie dann die Befürchtung, sie hätten sich verleiten lassen, zu viel zu bezahlen. Der Eindruck wurde stärker, als ihnen zunehmend klar wurde, dass sie ihre Wohnung nicht wie erhofft verkaufen können und als ihnen monatlich die Kreditkosten abgebucht wurden.

Wie unterschiedlich der Wert einer Sache eingeschätzt werden kann, je nachdem auf welcher Seite man steht, zeigt auch ein Experiment, das Daniel Kahneman, der Psychologieprofessor an der Princeton University und Nobelpreisträger für Wirtschaftswissenschaften, mit Studenten durchführte. Sie bekamen eine Kaffeetasse geschenkt, einen in Amerika sehr beliebten »Mug«, den Studenten und Professoren gern dabeihaben, wenn sie auf dem Campus unterwegs sind. Ihnen wurde gesagt, sie dürften den Mug zu einem Preis verkaufen, den sie für angemessen hielten. Sie bekamen eine Liste mit möglichen Verkaufspreisen, die von 50 Cent bis 9,50 Dollar reichten. Einer anderen Gruppe von Studenten gab Kahneman eine bestimmte Summe Geld, die sie entweder behalten oder für eine Kaffeetasse ausgeben dürften. Als Orientierung erhielten sie ebenfalls ein Variationsangebot für den Preis einer Tasse zwischen 50 Cent und 9,50 Dollar. Und, was meinen Sie, ist dabei herausgekommen?

Die »Verkäufer« aus der ersten Gruppe verlangten im Durchschnitt 7,12 Dollar für die Kaffeetasse. Diejenigen aus der zweiten Gruppe, die eine Tasse kaufen wollten, boten im Schnitt 2,87 Dollar. Beide Seiten bestimmten also den Wert sehr unterschiedlich. Diejenigen, die eine Tasse besaßen, meinten, er sei weit höher, als diejenigen, die eine kaufen wollten. Eine dritte Testgruppe von Studenten, die auf einem Fragebogen angaben, wie hoch sie den Wert der Mugs schätzten, lag sehr nahe bei der Wertschätzung der Käufer – mit 3,12 Dollar.

Genauso geht es zu auf dem freien Markt. Wenn Anbieter mehr verlangen, als potenzielle Käufer zu zahlen bereit sind, bleiben sie auf ihren Angeboten sitzen. Es kommt für Anbieter also darauf an, einen Preis festzusetzen, der für mögliche Kunden akzeptabel ist. Wer etwas besitzt, neigt allerdings dazu, seinen Besitz zu hoch zu bewerten – das zeigt unser Beispiel von Marion und Martin Solms ebenso wie das Kahneman-Experiment.

Die Bewertung resultiert nämlich nicht aus einer rationalen Marktanalyse, sondern ist emotional gefärbt. Was wir besitzen, haben wir uns erworben, es hat für uns einen persönlichen Wert, der sich aus der Bedeutung ergibt, die dieser Besitz für uns hat – und nicht aus seinem objektiven materiellen Wert. Solange wir diesen Besitz behalten, führt das zu einem durchaus positiven Effekt: Weil er uns besonders viel wert ist, fühlen wir uns mit ihm wohl, in unserem Haus oder mit unserer lieb gewordenen Kaffeetasse. Wollen (oder müssen) wir uns aber davon trennen, gerät das Gefühl zu einem handfesten Nachteil. Wir verlangen zu viel und bekommen deshalb oft nicht, was wir mit reguliertem Gefühl, klarem Verstand und Verhandlungsgeschick erzielen könnten.

Emotionsfallen

Wie wäre es Ihnen in dem folgenden Experiment ergangen? Versuchspersonen wurden angehalten, Zucker in einen leeren, sauberen Behälter zu schütten, eine Banderole mit der Aufschrift »Vorsicht, Gift!« auf den Behälter zu kleben und anschließend den Zucker zu essen – sie weigerten sich standhaft! Obwohl sie wussten, dass kein Gift im Behälter ist, setzte das selbst geschriebene Etikett ein inneres Alarmsystem in Betrieb, das den Verstand ausschaltet. Etwas Ähnliches läuft ab, wenn Menschen sich gegenseitig warnen, über Bedrohliches zu sprechen, weil sie fürchten, sie könnten schlimme Ereignisse dadurch heraufbeschwören. Wenn sie – wir erinnern an den Witz von Warren Buffet über den Ölmagnaten im Himmel – Gerüchten hinterherlaufen, weil alle anderen es ebenso machen. Oder wenn sie gar nicht mehr unterscheiden, ob das, was eventuell im Bereich des Möglichen liegt, auch wahrscheinlich ist. Wussten Sie zum Beispiel, dass pro Jahr fünfundzwanzigmal mehr Menschen sterben, weil ihnen ein Kokosnuss auf den Kopf fällt, als durch eine Hai-Attacke? Das Verhältnis in absoluten Zahlen ist 150 zu 6. Am Strand unter Palmen zu dösen ist viel gefährlicher, als im Meer zu baden.

Der Effekt liegt im Affekt. Stellen Sie sich vor, vor Ihnen stehen zwei Becher mit Eis. Wenn Sie Eis nicht so mögen, denken Sie an etwas anderes: an zwei Gläser mit Mouton Rothschild 1990. Der eine Becher bzw. das eine Glas ist kleiner und gut gefüllt. Der andere Becher/das andere Glas ist fast leer. Welchen Becher/welches Glas wählen Sie aus? Die meisten entscheiden sich für die kleinere, gut gefüllte Variante, auch wenn ihnen die größere in Wahrheit mehr bietet. Warum? Sie erscheint üppiger und verspricht mehr Genuss. Unser Gefühl folgt diesem Versprechen und bestimmt unser Votum.

Wir behindern uns, wenn wir unsere Fähigkeiten überschätzen, den Lauf der Dinge zu beeinflussen. Menschen neigen zu der Vorstellung, sie könnten Schicksal spielen. Wenn Sie bei einer Veranstaltung ein Los kaufen und der Losverkäufer ihnen den Behälter mit Losen hinhält, sagen Sie dann: »Geben Sie mir doch einfach eins, egal welches«? Oder möchten Sie selbst ziehen? Oder ihren Liebsten/ihre Liebste ziehen lassen, weil Sie glauben, das würde Ihnen Glück bringen? Die Wahrscheinlichkeit beeinflussen Sie damit nicht. Trotzdem meinen das, intuitiv, die meisten Menschen. Sie wählen lieber selbst ihre Lottozahlen, als sie von einem Zufallsgenerator bestimmen zu lassen. Ebenso glauben sie, durch gesteigerte oder reduzierte Vehemenz beim Würfeln beeinflussen zu können, ob eine hohe oder eine niedrigere Zahl fällt.

Wir alle hören gern Komplimente, selbst wenn sie übertrieben sind. Schmeichelei zielt vor allem auf Personen, von denen die Schmeichler etwas wollen und erwarten können. Loblieder sollen Menschen mit Einfluss geneigter stimmen, den huldigenden Sängern Zuneigung zu schenken – und Privilegien. Wir behaupten gern, wir seien vor Schmeichelei gefeit. Doch wissenschaftliche Studien lassen daran zweifeln.

In einem Experiment hörten Testpersonen Kommentare über sich von einer Person, die wollte, dass sie ihr einen Gefallen taten. Die Testpersonen wussten, dass die Kommentatoren von ihnen Gefälligkeiten erwarteten. Einige hörten nur positive Kommentare, andere nur negative. Eine dritte Gruppe bekam eine Mischung aus positiven und negativen Äußerungen zu hören. Die Person, die nur positive Kommentare abgab, galt als die beliebteste. Daran änderte auch das Bewusstsein nichts, dass der Schmeichler Hintergedanken hatte. Außerdem, so zeigte das Experiment, mussten die lobenden Kommentare gar nicht zutreffend sein, um zu wirken.

Was können wir daraus schließen? Wer anderen schmeichelt, ist (häufig) erfolgreich. Auch Vorgesetzte lassen sich von so jemandem um den Finger wickeln. Es schadet nicht, dick aufzutragen. Im Gegenteil. Lob wirkt bei vielen Menschen selbst dann positiv, wenn es schamlos übertrieben ist. Geringes Lob wird leicht überhört. Selbstverliebte Vorgesetzte können nie genug gelobt und umschmeichelt werden. Kritik vertragen viele von ihnen dagegen nicht, selbst wenn sie dazu auffordern. Ihr Verstand liefert ihnen rasch eine plausible Begründung, warum, was andere ihnen vorhalten, »so nicht« zutrifft. Das Bild, das sie von sich selbst entworfen haben, gefällt ihnen zu gut und ist emotional zu sehr besetzt, als dass Einwände anderer von ihrem Verstand als ernst zu nehmende Information verarbeitet würden. Kritik fällt somit leicht auf den Kritiker zurück. Bei Kritik gilt die umgekehrte Regel wie bei Lob: Halten Sie sich lieber vorsichtig zurück, denn weniger bewirkt meist mehr.

Was glauben Sie, tut ein Vorgesetzter, wenn er jemanden eingestellt hat und sich anschließend herausstellt, dass er sich geirrt hat? Die Frage ist eigentlich falsch gestellt. Denn Vorgesetzte bemerken lange nicht, dass sie sich irren, weil sie sich nicht geirrt haben wollen. Mit dem Eingeständnis würden sie sich nämlich vorhalten müssen, dass sie einen Fehler gemacht haben und verantwortlich sind für die Konsequenzen. Sie haben fachliche oder persönliche Fähigkeiten falsch eingeschätzt, vielleicht auch beides. Das zuzugeben ist so unangenehm, dass Unfähigkeiten aus der Wahrnehmung ausgeblendet werden. Schließlich kommen irgendwann negative Rückmeldungen von anderen Mitarbeitern. Folgt dann der Schnitt, die Trennung? Meist nicht. Was für klagende Mitarbeiter evident ist, muss für den Vorgesetzten, der die Personalentscheidungen verantwortet, noch lange nicht deutlich werden. Er nimmt nämlich eher Hinweise wahr, die seine ursprünglichen Annahmen bestätigen. Um mit seiner Entscheidung weiter gut dastehen zu können, filtert er Informationen so, dass er sein Standing nicht gefährdet. Er sieht vor allem das Positive, egal wie bescheiden das anderen erscheinen mag. Wenn sich Unzulänglichkeiten des/der Eingestellten nicht mehr leugnen lassen, erklärt der Vorgesetzte gern, es sei »doch alles eine Frage der Zeit«. Er investiert zusätzliche Zeit und womöglich Geld für Schulungen, um die Qualifikation zu verbessern. Je mehr er investiert, desto stärker seine Neigung, an einer Person festzuhalten, obwohl mit ungetrübtem Blick von außen längst zu sehen ist, dass Persönlichkeitsprofil und Berufsanforderung nicht zusammenpassen.

Wir alle haben Vorbehalte, Investments abzuschreiben. Das gilt für Investments in Personen genauso wie für Investments an der Börse. Selbst wenn Aktien sich im freien Fall befinden, können die meisten ihrer Besitzer die Hoffnung nicht aufgeben, dass sich das Schicksal wieder wenden möge. Aktien fallen dramatisch, weil sie zuvor drastisch überbewertet waren. Käufer geben aber ungern zu, dass sie eine dumme Entscheidung getroffen haben. Sie halten lieber an ihrem Irrtum fest und vermeiden so das ungute Gefühl, das ein Eingeständnis mit sich brächte. Genauso agieren Chefs, wenn sie unfähige Leute eingestellt haben. Ihr irrationaler Optimismus, es werde alles schon werden, blockiert ein vernünftiges Urteil und eine kluge Korrektur. So machen sie alles nur schlimmer.

Von der Irrationalität »rationaler« Entscheidungen

Möchten Sie sich auf ein kleines Spielchen einlassen? Nehmen Sie teil an der Versteigerung eines Zwanzig–Euro-Scheines. Das Spiel ist einfach: Wer am meisten bietet, bekommt den Schein, und derjenige mit dem zweithöchsten Angebot muss zahlen. Wenn also Christine 3 Euro bietet und Markus 4, bekommt Markus den Schein, verdient damit 16 Euro, Christine aber zahlt 3 Euro an den Auktionator. Wenn viele mitspielen, ist es lustiger. Würden Sie mitmachen? Sagen wir: mit einem Einstiegsgebot von 2 Euro? Was geschieht? Die ersten Angebote sind schnell gemacht, bis zwischen 12 und 14 Euro geboten sind. Dann bleiben meist zwei Bieter übrig. Um seinen Einsatz nicht zu verlieren, steigert der zweithöchste Bieter weiter, er überbietet die 14 Euro mit einem Angebot von 15. Damit würde der zuvor höchste Bieter allerdings seinen Einsatz verlieren und legt deshalb zu. Das Spiel, Sie können es sich denken, geht weiter und führt zu großer Heiterkeit, sobald die Zwanzig-Euro-Marke übersprungen ist. Hätten Sie gedacht, dass jemand bereit wäre, für 20 Euro mehr als 20 Euro zu zahlen?

Das Spiel, das übrigens Martin Skubik von der Yale University erfunden hat, funktioniert mit Studenten ebenso gut wie mit Managern. Sobald sie anfangen zu spielen, gepackt von dem Wunsch, einen schnellen Gewinn einzustreichen, hängen sie am Haken. Einen Ausstieg ohne Verlust gibt es nicht – man darf sich auf das Spiel erst gar nicht einlassen.

Wie schützen wir uns vor falschen Versprechungen? Wie treffen wir smarte Entscheidungen? Gefühle locken uns ebenso in die Irre wie der Verstand. Was können wir dagegen tun? Mit dem Verstand den Verstand überprüfen? Genau das raten uns die in der Wissenschaft allgegenwärtigen Befürworter des Konzeptes »rational choice«. Entwickelt wurde es von Wirtschaftswissenschaftlern. Nach und nach begeisterten sich auch Politologen und Soziologen dafür, Institute und sogenannte Denkfabriken, »think-tanks«, deklarierten das Verfahren »Auswahl mit dem Verstand« zum besten Standard ihrer Analysen. Die renommierte Rand Corporation in Washington weihte die Theorie zum »Matrix code of the West«.

Die Grundannahme des Modells geht davon aus, dass Menschen vernünftig entscheiden, wenn sie ihren Gewinn so weit wie möglich erhöhen und Verluste so gut es geht vermeiden. Letztlich gehe es bei allen »rational choices« darum, möglichst viel Nutzen (»utility«) herauszuholen. Am besten, so die reine Lehre, würde dies funktionieren, wenn eine klare Reihenfolge von Präferenzen aufgestellt werde. Dazu brauche man jedoch vollständige Informationen darüber, was mit welchen Handlungen erreicht werden könne. Alle Handlungsoptionen müssten erkannt, die Liste komplett sein.

Ein vernünftiger Entscheidungsprozess, raten uns »Rational-choice«-Theoretiker, soll ungefähr so vonstatten gehen:

Definiere das Problem.

Identifiziere die wesentlichen Merkmale.

Wäge ab, welche die wichtigsten sind, und gewichte sie.

Definiere Ziele.

Entwickle Alternativen.

Verstehe die jeweiligen Konsequenzen.

Berechne (mit gewichteten Merkmalen) den jeweiligen Nutzen und die Kosten.

Orte Unsicherheiten.

Treffe nach nochmaliger Berechnung und Abwägung die Entscheidung.

Sie können sich vorstellen, wie lange eine solche Prozedur dauert. Bei komplexen Problemen gerät ein derart aufwendiger Analyseprozess zur Wanderung durch einen Treibsand der Informationen. Je mehr man sich bemüht, voranzukommen, umso tiefer versinkt man in den Fakten. Wir können nie alle Informationen beschaffen, Konsequenzen sind nicht genau vorhersehbar, und außerdem müssen wir die meisten Entscheidungen innerhalb einer gewissen Zeit treffen. Herbert Simon, Nobelpreisträger (für Ökonomie, 1978) und einer der einflussreichsten Sozialwissenschaftler des vergangenen Jahrhunderts, erkannte das Problem und plädierte deshalb dafür, die Ansprüche zu reduzieren und nur nach »beschränkter Vernunft« (»bounded rationality«) zu streben. Er schlug einen sozusagen entschlackten Auswahlprozess vor, der sich allerdings nach wie vor innerhalb der Abwägungen des Verstands vollziehen soll. Wie dies gelingen könne, verriet Simon uns jedoch nicht.

Was alle Propagandisten der »rational choice« verkennen: Es ist lediglich eine Methode, die uns sagt, wie wir bei Entscheidungen vorgehen sollen, um Ziele zu erreichen – über die Ziele selbst sagt die Methode nichts! So könnte, der Theorie nach, ein vernünftiges Vorgehen durchaus zu einem unvernünftigen Resultat führen. Über die Logik mag man stolpern und sich fragen, worin dann der Sinn der Methode besteht, wenn das an sich vernünftige Denken gleichgültig ist gegenüber seinen Resultaten? Wäre es nicht besser zu überlegen, wie wir vernünftige Ziele bestimmen und diese dann auch erreichen?

Dazu müssen wir wissen, was uns wichtig ist und was wir wollen. Das ist uns nämlich oft gar nicht so klar. Oder wir stellen fest, dass wir verschiedene Bedürfnisse haben, die nicht so ohne Weiteres zusammenpassen – zum Beispiel Karriere und Familien, schnelle Autos und Umweltschutz, Luxus und soziale Gerechtigkeit.

Für Ökonomen ist der Maßstab einer vernünftigen Entscheidung grundsätzlich einfach. Am Ende muss der größtmögliche Mehrwert herauskommen. Streit entsteht dann darüber, was dieser Mehrwert sei. Für die Traditionalisten der Ökonomie ist er immer materieller Natur: Geld. Wissenschaftler aus anderen Fachrichtungen lassen dagegen gelten, dass Mehrwert auch in einem Zuwachs an persönlicher Zufriedenheit bestehen kann und dazu gar der Verzicht auf materiellen Gewinn nötig sein mag.

Die Weltwirtschaftskrise erschüttert jedoch das Paradigma der bisher tonangebenden Weltwirtschaftswissenschaftler. Die Wirklichkeit, die sie so lange ignoriert haben, veranlasst die Ersten mit ihrer Theorie zu brechen: »Der Mensch verfolgt nicht allein ökonomische Ziele«, und er handelt »nicht immer rational«, räumen George A. Akerlof und Robert J. Shiller nun ein. Akerlof ist Professor in Berkely und wurde 2001 mit dem Wirtschaftsnobelpreis ausgezeichnet, Shiller lehrt Ökonomie an der amerikanischen Elite-Universität Yale. Beide bekennen, selbst viele Jahre die fehlerhafte Annahme vertreten zu haben, »dass die Stimmungen, Eindrücke und Gefühle des Einzelnen für das Große und Ganze bedeutungslos« seien. Doch tatsächlich, argumentieren sie heute, würden gerade Gefühle bestimmen, wie Menschen handelten. »Entscheidungen werden zu einem erheblichen Teil deshalb getroffen, weil sie sich ›richtig anfühlen‹.« Überschwängliches Vertrauen in Phasen des Aufschwungs löse Investitionsmanien aus, in denen nicht erkannt werde, wenn steigende Aktienkurse sich längst von real erwirtschafteten Werten entfernt haben. Solange der Aufschwung andauere, bleibe die Impulsivität des Handelns verborgen. Platze die Investitionsblase schließlich, erscheine dies wie eine Katastrophe aus heiterem Himmel.

Verantwortlich für die fatale Euphorie, mit der die Wirtschaftsakteure selbst die Katastrophe produzieren, machen die beiden Großkopferten die herrschende Wirtschaftstheorie und ihre eloquenten Apologeten, die während des Booms mit irrationalem Optimismus verkündeten, es werde in der »New economy« keinen Einbruch geben, es könne nichts passieren. Für Akerlof und Shiller steht angesichts des dramatischen Niedergangs allerdings fest, »dass es nicht damit getan ist, die gängige Wirtschaftstheorie da und dort zu kitten, dass wir vielmehr eine ganz neue brauchen«. Nämlich eine, die versteht, welche Rolle Gefühle spielen und wie sie den Verstand beeinflussen.

Was bedeutet es aber, wenn wir den Gewinn für uns nicht in Geld messen, sondern daran, ob wir uns mit einer Entscheidung besser fühlen? Dann dürfte nicht der materielle Mehrwert als Maßstab für »Rationalität« gelten. Rational wäre vielmehr unser Gefühl. Klingt das absurd? Nicht, wenn wir das folgende Experiment beherzigen, das Alan G. Sanfey und seine Kollegen von der Princeton University durchführten.

In dem sogenannten Ultimatumspiel wird zwei Menschen ein Geldbetrag angeboten, zum Beispiel 100 Euro. Der eine Spieler bestimmt, wie das Geld aufgeteilt werden soll, jedoch bekommen beide nur etwas, wenn der zweite Spieler die vorgeschlagene Aufteilung akzeptiert. Geschieht das nicht, gehen beide leer aus. Welche Aufteilung des Geldbetrags fänden Sie fair, worauf würden Sie sich einlassen? Spieler Nummer 2 empfindet zumeist ein Verhältnis von 50 zu 50 als gerecht. Spieler Nummer 1, auf einen persönlichen Vorteil bedacht, offeriert überwiegend zwischen 30 und 40 Prozent. Das halten die meisten Spielpartner noch für akzeptabel und stimmen einer solchen Aufteilung zu. Angebote unter 20 Prozent werden jedoch als zu ungerecht empfunden und in aller Regel zurückgewiesen. Dann bekommt keiner etwas.

Im Gehirn werden, das zeigte sich auf dem »Functional Magnetic Resonance Imaging«, bei einer solchen Entscheidung unterschiedliche Areale aktiviert, solche, die für Emotionen zuständig sind, und jene des Denk-Hirns, die Aufmerksamkeit, Planung, Entscheidung und Kontrolle von Entscheidungsprozessen steuern (dorsolaterale PFC, ACC, anterioe cingulate Cortex). Wenn die Aktivität im Emotions-Hirn (hier vor allem in der »Insel«) größer ist als im Denk-Hirn, wenn also das Empfinden, unfair behandelt zu werden, besonders stark ist, werden Angebote eher abgelehnt. Kommt jedoch das Denk-Hirn stärker zum Einsatz, kann es die Emotionen herunterregulieren und die Entscheidung so drehen, dass auch ein als ungerecht empfundenes Angebot akzeptiert und somit ein Gewinn eingestrichen wird.

Der Versuch gibt uns eine Vorschau, wie Emotions-Management funktioniert, wie es uns gelingen kann, uns von Gefühlen nicht überfluten zu lassen und dann Entscheidungen zu treffen, mit denen wir auf Vorteile verzichten.

Erscheint Ihnen das Beispiel lapidar, weil es mit 100 Euro um nicht viel geht? Das Spiel wurde in verschiedenen Ländern mit unterschiedlichsten Beträgen wiederholt. Zum Teil ging es um Summen, die Jahresgehältern entsprechen, und die Ergebnisse fielen nicht wesentlich anders aus. Sie wichen nur ab, wenn die Vorgabe für die Aufteilung nicht von einem Menschen, sondern von einem Computer kam und zufällig erschien. Das erlebte keiner als unfair, denn ein Computer provoziert niemanden. So akzeptieren Spieler auch geringste Beträge. Die Emotion, die zur Ablehnung drängt, entsteht nur zwischen Menschen. Das Gefühl, von anderen fair behandelt zu werden, ist rational. Verstand ohne Gefühl ist irrational.

Keine Vernunft ohne Gefühle

Der amerikanische Neurologe Antonio Damasio konnte als Erster nachweisen, dass wir keine persönlichen Entscheidungen treffen können, wenn die Verbindungen zwischen Denk- und Emotions-Hirn gestört sind. Das formal-logische Denken, unser Verstand, kann dann zwar weiterhin ungestört funktionieren, aber wir werden handlungsunfähig. Um zu handeln, Entscheidungen zu treffen, brauchen wir das Vermögen, der Tatsachenwelt Gefühle zuzuordnen. Damasio hat das von Eliott gelernt. Sein Fall ist berühmt geworden.

Eliott war Mitte dreißig, als Damasio ihn kennenlernte. Eliott arbeitete zu diesem Zeitpunkt schon länger nicht mehr. Er lebte in der Obhut seiner Geschwister, die für ihn Invalidenrente beanspruchten, doch die wurde von den zuständigen Behörden verweigert. Mehre Ärzte hatten ihm einen einwandfreien Geisteszustand bescheinigt. Deshalb vermuteten die Behörden, Eliott sei faul und ein Simulant. Damasio erlebte ihn bei seinem ersten Treffen als »freundlich, interessiert, sehr charmant, aber emotional zurückhaltend«. Er wusste offenbar, was in der Welt um ihn herum vorging. Die aktuellen Nachrichten waren ihm geläufig, er kannte sich aus in der Politik und schien eine klare Vorstellung von der wirtschaftlichen Lage zu haben. Über seine eigene Lebensgeschichte konnte er genau berichten.

Eliott war ein erfolgreicher Manager in einem Wirtschaftsunternehmen und ein glücklicher Familienvater gewesen. Doch dann begann er unter starken Kopfschmerzen zu leiden, die Ärzte diagnostizierten rasch einen Tumor im vorderen Teil des Gehirns, unmittelbar über der Nasenhöhle. Der chirurgische Eingriff verlief ausgezeichnet, ohne Komplikationen. Eliott erholte sich schnell. In seiner Sprache und seiner Intelligenz zeigte er sich unbeeinträchtigt. Dennoch: Eliott war nicht mehr Eliott.

Seine Frau musste ihn drängen, morgens aufzustehen und zur Arbeit zu gehen. Im Job konnte er sich seine Zeit nicht einteilen, er verlor sich in Details, biss sich fest an einzelnen Aufgaben und verlor den Überblick. Da wiederholte Hinweise und Ermahnungen nichts halfen, wurde Eliott gekündigt. Er stürzte sich in finanzielle Abenteuer, ging mit naiver Gutgläubigkeit Beratern mit zweifelhaftem Ruf in die Falle und verlor dabei all seine Ersparnisse. Er lernte nicht aus Fehlern. Von Freunden, die ihn vor negativen Konsequenzen warnten, ließ er sich nichts mehr sagen. Zu Hause kam es immer öfter zum Streit, seine Ehe ging in die Brüche, er scheiterte in neuen Jobs, auch in einer neuen Ehe. Er kam mit dem Leben einfach nicht mehr zurecht.

Die Ärzte rätselten. Eliott zeigte in den üblichen Intelligenztests nicht die geringste Beeinträchtigung, und sein IQ lag eindeutig im oberen Bereich. Er hatte kein Problem, die Aufmerksamkeit zu halten, mit dem Arbeitsgedächtnis zu operieren, logisch zu denken und auf wechselnde Anforderungen geistig flexibel zu reagieren. Allerdings fiel auf, dass Eliott alle Vorgänge aus der Sicht eines leidenschaftslosen, distanzierten Zuschauers beschrieb. Er bemerkte selbst, dass ihm seit seiner Krankheit die Gefühle abhandengekommen waren. Themen, die ihn früher sehr erregt hatten, riefen keinerlei Reaktion mehr hervor, weder positiv noch negativ. Nach all den Tests, die mit ihm durchgeführt worden waren, zeigte er sich, so Damasio, »als Mensch mit normalem Verstand, der nicht in der Lage war, angemessene Entscheidungen zu treffen, besonders wenn es um persönliche Fragen ging«. Probleme konnte er zwar bedenken, sogar alternative Lösungen entwickeln und die verschiedenen Konsequenzen absehen. Ihm fehlte weder rein sachliches noch soziales Wissen. Aber im wirklichen Leben konnte Eliott aus all diesen »rationalen Überlegungen« keine praktischen Konsequenzen ziehen.

Eingetreten waren diese dramatischen Veränderungen in seiner Persönlichkeit nach der Operation. Daraus schloss Damasio, dass sie mit dem chirurgischen Eingriff zu tun haben mussten. In Eliotts linker wie in seiner rechten Hirnhälfte waren Schläfen-, Hinterhaupt- und Scheitellappen unversehrt.

Gleiches galt für Areale unterhalb des Cortex, die Basalganglien und den Thalamus. Die Schädigung blieb beschränkt auf einen Teil der präfrontalen Rinde, das sogenannte ventromediale Areal. Durch diese Schädigung waren Verschaltungen gekappt, die über die Informationen des Emotions-Hirns zum Denk-Hirn laufen und umgekehrt vom Denk- zum Emotions-Hirn. Erst durch die Schädigung wurde offensichtlich, welche Konsequenzen es hat, wenn die Verbindung nicht mehr besteht: Der Verstand bleibt klar, aber die Vernunft fehlt. Weil der Verstand für die Vernunft Gefühle braucht.

Es kommt also darauf an, Emotionen zu spüren und die Informationen, die sie uns geben, richtig zu verarbeiten, das heißt: sie zu reflektieren. Dann geben Gefühle uns den entscheidenden Hinweis, was wir *vernünftigerweise* tun sollten. Die Information herauszufinden ist nicht ganz einfach: Gefühle sind schneller als der Verstand, und Emotionen können rational und vernünftig sein oder auch irrational und unvernünftig. Ein kleines Kartenspiel zeigt uns, dass Emotionen mitunter schneller als der Verstand verstehen, wie wir uns verhalten müssen, um das zu erreichen, was wir nach Meinung der Rationalisten nur durch »rational choice« erreichen könnten.

Vor Ihnen liegen vier Stapel mit Spielkarten. Sie sind eingeladen, ihr Glück zu versuchen. Sie können gewinnen oder verlieren. Wie hoch, das hängt davon ab, von welchem Stapel sie Karten ziehen. Da es sich hierbei um einen wissenschaftlichen Versuch handelt, die Iowa Gambling Task, sei gleich verraten: Die vier Stapel sind präpariert. Zwei der Stapel garantieren kleine Gewinne; gleichzeitig garantieren sie geringe Verluste. Wenn Sie immer wieder Karten aus diesen beiden Stapeln ziehen, machen Sie auf jeden Fall einen kleinen Gewinn. Die beiden anderen bescheren Ihnen immer wieder hohe Gewinne, aber noch mehr drastische Verluste. Wenn Sie sich entscheiden, dauerhaft mit ihnen zu spielen, werden Sie Geld verlieren.

Testspieler, die das System natürlich nicht kennen, versuchen es zu Anfang mit jedem der Stapel. Nachdem sie allerdings mehrfach hohe Verluste einstecken mussten, merken sie, dass sie mit den beiden anderen Stapeln besser fahren. Die Gewinne sind nicht hoch, aber die Verluste halten sich in Grenzen. Und was geschieht, wenn Menschen wie Eliott das Spiel spielen, Personen, die wie Eliott an einer Schädigung des ventromedialen Areals leiden? Sie bleiben von den negativen Erfahrungen herber Verluste unbeeindruckt. Sie ziehen aus der negativen Erfahrung keine Lehre. Sie setzen weiter auf hohes Risiko und schliddern ins Desaster.

In einem weiteren Durchlauf maßen die Forscher, Antoine Bechera und seine Kollegen, bei den Testpersonen die elektrostatische Aufladung der Haut. Sie ist ein körperlicher Nachweis für emotionale Erregung. Bei normalen Probanden stieg die Aufladung an, bevor sie Karten aus den Stapeln wählten, mit denen sie sich große Verluste einhandelten. Sie spürten die Gefahr körperlich. Dies geschah sogar, bevor sie das System durchschaut hatten, also bevor ihr Verstand ihre Erfahrung ausgewertet und analysiert hatte. Gefühle können also schneller schlau sein als der Verstand. Im Iowa Gambling Task warnen sie früher vor Gefahr. Sie geben körperliche Warnsignale, in diesem Fall die erhöhte elektrostatische Aufladung der Haut. Diese Warnsignale gelangen verzögert in die Areale des Denk-Hirns. Das Denk-Hirn verwertet die Information, systematisiert sie und kann dann die körperlichen Zeichen als »somatische Marker« verwenden. Diese Marker warnen uns auch künftig vor der Gefahr von Verlusten. Je besser das Denk-Hirn sie registriert, umso leichter kann es Schaden vermeiden.

Testpersonen mit Schädigungen des ventromedialen Areals zeigten zwar in ähnlicher Weise eine erhöhte Hautaufladung. Allerdings: Die körperlichen Warnsignale traten zwar auf, kamen im Denk-Hirn aber nicht an. Schlechter als Menschen ohne Beeinträchtigungen im Denk-Hirn, dem präfrontalen Cortex, schnitten auch Probanden ab, die eine Schädigung im Emotions-Hirn hatten, und zwar im Mandelkern, der Amygdala, die aktiv wird, wenn wir Gefahr spüren. Bei diesen Menschen mit Schädigungen in der Amygdala versagte das Alarmsystem. Bei ihnen war auch keine erhöhte Aufladung der Haut zu messen. Ihnen fehlte durch die Schädigung schlicht das Gefühl, das die körperliche Reaktion auslösen würde.

Auf unseren Verstand bilden wir uns gern etwas ein. Wir neigen zu der Auffassung, wir brauchten unser Gehirn vornehmlich, um unseren Verstand zu benutzen. Doch kühler Sachverstand allein ist, wie wir an vielen Beispielen gezeigt haben, kein guter Ratgeber. Wir *verstehen* nicht mit dem Verstand allein. Und wir *verständigen* uns nicht nur mit dem Verstand. Ausschließlich auf unsere Gefühle dürfen wir uns aber auch nicht verlassen. Wir brauchen das ständige Zusammenspiel von Gefühl und Verstand.

Gefühle kommen nicht aus dem Bauch, sondern sie entstehen im Gehirn. Das Gehirn nimmt körperliche Signale wahr und zieht daraus seine Schlüsse. Denk-Hirn und ein Emotions-Hirn sind eng und vielfältig miteinander vernetzt. Zwischen ihnen bestehen komplexe Wechselwirkungen. Wenn wir verstehen, wie Denk- und Emotions-Hirn arbeiten und welche Wechselwirkungen bestehen, begreifen wir, weshalb der Verstand allein ziemlich dumm ist. Wir begreifen, dass wir den Verstand zur Vernunft brauchen, aber nur vernünftig sein können, wenn er die Informationen und Bewertungen unserer Emotionen beachtet, erkennt, welche Richtung sie vorgeben, registriert, woher sie kommen. Der Verstand muss anerkennen, dass Gefühle intelligent sein können, dass er diese Intelligenz verstehen muss – um dann auch zu wissen, wann Gefühle unintelligent sind, uns vereinnahmen und in die Falle locken.

Kleine Hirnkunde, Teil eins

Unser Gehirn können wir besser nutzen, wenn wir wissen, wie es funktioniert, wie wir Denk-Hirn und Emotions-Hirn optimal verschalten und kooperieren lassen. Die moderne Neurowissenschaft liefert uns dafür die Gebrauchsanweisung. Unser Gehirn verfügt über eine faszinierende Fähigkeit zur Selbstorganisation. Vieles, was lebenswichtig ist, erledigt es vollkommen eigenständig. Wir müssen nicht darüber nachdenken. Aber darin liegt auch ein Problem. Denn manche Automatismen, die uns eigentlich das Leben leichter machen sollen, können es im Ernstfall auch in Gefahr bringen. Da ist es gut zu wissen, was wir dagegen tun können.

Unser Gehirn ist ein komplexes Gebilde mit zahllosen Vernetzungen. Kein Areal funktioniert allein für sich. Das Gehirn hat nicht nur ein Zentrum, sondern es bildet ein ganzes Netz von Zentren. Gedanklich können wir unterscheiden zwischen Arealen, die unser Denk-Hirn bilden, und Regionen, die unser Emotions-Hirn darstellen. Die Areale des Denk-Hirns befinden sich in den kortikalen Bereichen des Gehirns, die Areale des Emotions-Hirns im limbischen System. Doch beide Hirne arbeiten nicht unabhängig voneinander. Sie sind über eine Vielzahl von Nervenbahnen miteinander verbunden, über die ein permanenter Informationsaustausch stattfindet. Solche Feedback-Verschaltungen stellt das Gehirn über Botenstoffe (Neurotransmitter), Hormone und weitere Substanzen wie zum Beispiel Neuropeptide her.

Im Denk-Hirn befinden sich die Areale, die kognitive Aufgaben übernehmen. Unter Kognitionen verstehen wir Prozesse der bewussten Wahrnehmung, des Erkennens, Verstehens, Vergleichens, gedanklichen Abwägens, Schlussfolgerns, Planens, strategischen Denkens, des Überwachens, wie wir gesetzte Ziele erreichen, und des Problemlösens. Einzelne Areale – wie der dorsolaterale präfrontale Cortex (dlPFC), der laterale orbitale präfrontale Cortex (loPFC)), der ventromediale präfrontale Cortex (vmPFC) oder der anteriore Cingulare Cortex (ACC) – übernehmen bei diesen Prozessen jeweils besondere Aufgaben, allerdings stets in Kooperation mit anderen kortikalen und mit limbischen Regionen.

Das Emotions-Hirn ist ein Bewertungssystem, ohne das wir nicht handeln können. Es prüft, was für uns relevant ist, es steuert (unbewusst) Aufmerksamkeit, filtert, verarbeitet oder vernachlässigt auf uns einstürzende Informationen und bewertet, ob sie für uns bedeutsam sind, um Unannehmlichkeiten oder Gefahren zu vermeiden, oder ob wir mit ihnen unser Wohlbefinden verbessern können. Auch hier gibt es verschiedene Zuständigkeiten. Eine zentrale Prüfinstanz ist die Amygdala, die mit den meisten kortikalen Arealen direkt verbunden ist. Sie spielt eine besondere Rolle in unserem Warnsystem, während der Nucleus Accumbens als wichtige Schaltstelle für positive Empfindungen fungiert. Energiezufuhr und Motivation erhalten wir nur über Schaltstellen des Emotions-Hirns und die Ausschüttung von Botenstoffen, Hormonen und weiteren Substanzen wie zum Beispiel Neuropeptiden. Empfinden wir Angst, sorgt die Ausschüttung von Kortisol für zusätzliche Abwehrkraft. Die Vorstellung, eine Belohnung zu bekommen, führt zu einer Ausschüttung von Dopamin, einem Stoff, der Motivation fördert.

Das menschliche Gehirn muss Kognitionen und Emotionen ständig zusammenbringen. Ohne die Reflexions- und Kontrollkapazitäten des Denk-Hirns würden wir ausschließlich von Instinkten, Impulsen und Gefühlen getrieben. Angst kann ein guter Ratgeber sein, um Gefahren zu entgehen oder sie zu bestehen. Die Angst, bei einem Vortrag oder einer Prüfung zu scheitern, mag uns veranlassen, uns gründlich vorzubereiten und uns dadurch besser präsentieren zu können. Spüren wir ein beklemmendes Gefühl, wenn wir überlegen, eine größere Investition zu tätigen, eine aufwendige Ferienreise zu buchen oder ein Haus zu kaufen, dürfen wir darin ein Signal erkennen, das uns warnt und dazu anhält, noch einmal gründlich zu prüfen, ob wir Vor- und Nachteile gut abgewogen haben. Unser Gehirn sendet Angstsignale, bei dem einen mehr, bei dem anderen weniger, *bevor* wir mit dem Auto in einen dunklen Tunnel fahren, obwohl dort keine Gefahr lauern muss. Ob Angst angemessen ist oder nicht, hängt von den Umständen ab. Ohne die kognitive Bewertung der tatsächlichen Umstände, der wahrscheinlichen und der unwahrscheinlichen Folgen, würde sie uns oft jedoch in Verwirrung stürzen. Euphorie treibt uns an, Ziele zu verfolgen, aber ob wir auf einem guten Weg sind, diese Ziele zu erreichen, oder ob Aufwand und Ertrag in einem lohnenswerten Verhältnis stehen, wissen wir nur, wenn wir die analytischen Fähigkeiten des Denk-Hirns nutzen. Erinnern Sie sich an den Aktienkauf von Phillip Gaus? Wir haben seine Geschichte im Kapitel »Logik der Gefühle« beschrieben. Euphorisch investierte er sein Vermögen in einen Immobilienfonds, ohne auch nur einen Gedanken daran zu verschwenden, wie dieser aufgestellt war. Andererseits braucht das Denk-Hirn die Orientierung durch unsere Gefühle, weil es rein intellektuell nicht entscheiden kann, was die für uns wirklich bedeutsamen Ziele sind und mit welchen Strategien wir sie erreichen. Ferdinand Merck, den ständigen Bedenkenträger, den wir Ihnen auch schon im ersten Kapitel dieses Buches vorgestellt haben, musste seinen Gefühlen nachspüren, Angst überwinden, Mut und Zuversicht finden, bevor er die für ihn glückliche Entscheidung treffen konnte, in seiner Firma eine neue Geschäftseinheit aufzubauen. Damit landete er einen außerordentlichen Erfolg und entdeckte in sich ganz neue Fähigkeiten. Ohne die Verschaltung von Denk-Hirn und Emotions-Hirn ginge es uns wie Eliott, wir könnten großes Wissen anhäufen und logisch denken, aber nichts entscheiden. Wir scheiterten an uns selbst.

Denk- und Emotions-Hirn haben zwar klar unterscheidbare Aufgaben, aber das menschliche Gehirn ist so konstruiert, dass das eine auf das andere angewiesen ist. Das Denk-Hirn nimmt Einfluss auf unsere Gefühle und Emotionen beeinflussen unsere Gedanken, Interpretationen und kognitiven Konzepte. Beide Systeme modulieren sich – verschaltet über neuronale Feedback-Schleifen – permanent wechselseitig. Die Verkoppelung geschieht innerhalb von Millisekunden.

Am besten nutzen wir unser Gehirn, wenn wir die unterschiedlichen Fähigkeiten des Denk- und des Emotions-Hirns synchronisieren und ausbalancieren. Emotionen dürfen das Denk-Hirn nicht überfluten, und das Denk-Hirn darf Gefühle nicht ignorieren. Genau darum geht es, wenn wir von Emotions-Management sprechen. Der Begriff beschreibt die Fähigkeit, aus dem Wissen, wie unser Gehirn funktioniert, dessen Kapazitäten möglichst intelligent und effektiv zu nutzen. Die Regulierung erfolgt in beide Richtungen, je nachdem, worauf es in einer gegebenen Situation besonders ankommt.

Als Top-down bezeichnen Neurowissenschaftler das Management der Gefühle durch das Denk-Hirn, weil es Prozesse beschreibt, die von den höher im Hirn liegenden Arealen des Denk-Hirns ausgehen und über neuronale Verschaltungen an die tiefer liegenden Regionen des Emotions-Hirns gerichtet sind. Wir können beeinflussen, wie wir uns fühlen, indem wir verändern, was wir denken. Mit Aufmerksamkeit für bessere Information, durch Einordnen und Abwägen können wir Annahmen und Empfindungen neu bewerten und feststellen: Was uns zunächst als massive Bedrohung erschien, stellt tatsächlich keine Gefahr dar. Oder die Gefahr ist weit geringer, als wir sie spontan empfunden haben.

Erinnern Sie sich an Hermann Schramm, der lange Zeit von seinem Ärger überwältigt wurde und damit seine Ehe gefährdete. Indem er sich in die Situation von Menschen hineindachte, die Ärger in ihm auslösten, konnte er verstehen, dass diese ihm in Wahrheit meist arglos und ohne böse Absicht begegneten. Allein diese gedankliche Neubewertung dämpfte seinen Ärger. Und das ist keine Einbildung! Ein Forscherteam von der Stanford University und dem Massachusetts Institute of Technology unter Führung von Kevin N. Ochsner konnte in Studien nachweisen: Je aktiver das Denk-Hirn – vor allem Areale im lateralen und medialen präfrontalen Cortex – positive Informationen aufnimmt und verarbeitet, umso mehr beruhigt sich das zuvor Alarm schlagende Emotions-Hirn, hier vor allem die Amygdala und der mediale orbitofrontale Cortex. Diese Neubewertung, Psychologen nennen sie »re-appraisal«, verringert negative Gefühle, lässt positive Emotionen entstehen und ermöglicht so, emotional auf »Schubumkehr« zu schalten.

Dabei kann es darum gehen, Gefühle auf einem bestimmten Niveau zu halten oder sie runter- oder raufzuregulieren. Wenn wir in der Lage sind, Ärger zu zeigen, machen wir anderen klar, was wir auf keinen Fall wollen, wo für uns Grenzen liegen, was wir nicht einfach hinnehmen werden. Gelingt es uns, den Ärger zu managen und wohldosiert auszudrücken, senden wir die richtige Botschaft, ohne dabei über andere herzufallen und lediglich deren Widerstand zu provozieren. Ein gewisses Maß an Pessimismus ist zur Bewältigung einer komplizierten Aufgabe durchaus sinnvoll, weil es dazu beiträgt, dass Probleme, Fehler und Risiken eher beachtet werden. Ein Übermaß an Pessimismus nimmt uns jedoch die Zuversicht, die wir brauchen, um genügend Energie und Ausdauer für das Meistern einer Aufgabe auch unter schwierigen Bedingungen aufzubringen.

Der Input, den das Emotions-Hirn dem Denk-Hirn gibt, kann dazu beitragen, Denkblockaden zu beseitigen und inadäquate kognitive Interpretationsmuster zu überwinden. Wie zum Beispiel die emotionale Botschaft: »Yes, we can«, die uns an den Erfolg glauben lässt. Forscher wiesen nach: Studenten, die mit einem solchen Gefühl in Prüfungen gehen, schneiden besser ab als chronische Skeptiker. Das Gleiche gilt zum Beispiel für Sportler, die Wettkämpfe zu bestehen haben. Insofern stimmt es tatsächlich, dass Erfolg hat, wer daran glaubt.

Dafür brauchen wir das richtige Gespür. Die Emotion entstehen zu lassen und an das Denk-Hirn zu schicken, ist Emotions-Management als Bottom-up-Prozess. Die Impulse gehen von den tiefer liegenden Emotionsarealen an das oberhalb residierende Denk-Hirn. Dabei ist es immer das Denk-Hirn, das die Botschaft erfassen und (kognitiv) bewerten muss. Nur über das Denk-Hirn ist Emotions-Management bewusst und willentlich auszuüben. Ohne Verstand gelingt es nicht. Darin liegt eben die halbe Wahrheit von Descartes' Bemerkung »Ich denke, also bin ich.«

Top-down- und Bottom-up-Prozesse beeinflussen sich wechselseitig und installieren neuronal verschaltete Rückkoppelungsschleifen. Emotions-Management arbeitet immer mit beiden Ansätzen, steuert also Gefühle über das Denk-Hirn und nimmt Informationen des Emotions-Hirns auf und wertet sie kognitiv aus. Wie das geht, können wir an einem weiteren Beispiel verdeutlichen.

Zu uns kommen immer wieder junge, hochintelligente Juristen, die Angst haben, durch die Anwaltsprüfung zu fallen. Einer von ihnen war Frido Enns. Er suchte Hilfe, weil er vom Gefühl zu scheitern überwältigt wurde. Er war zunehmend verzagter geworden. Seine Sorge raubte ihm die Konzentration, er lernte deshalb schlechter und merkte das natürlich. So geriet er zunehmend in Panik und ließ sich von einem unkontrollierten Rückkoppelungskreislauf über negative Gedanken in negative Gefühle immer weiter in ein Stimmungstief ziehen. Schließlich glaubte er, sicher zu sein, dass er auf keinen Fall würde bestehen können. Die Angst hatte ihn vereinnahmt. Sie nährte sich aus Frido Enns (realistischer) Einschätzung, nicht den gesamten Stoff, den Prüfer abfragen dürfen, im Kopf haben zu können. Mit jedem Tag, den er lernte, schien es ihm aussichtsloser, sich dieses Wissen anzueignen und zu speichern.

Was haben wir dagegen getan? Wir korrigierten zunächst einen (gedanklichen) Irrtum: Es geht nicht darum, »alles« wissen zu müssen. Das ist nicht erforderlich, um eine Prüfung zu bestehen. Jeder darf sich Wissenslücken erlauben. Er muss

»genug« von der jeweiligen Materie verstehen, das mag viel sein, aber genug ist eben nicht alles. Schon diese kognitive Korrektur verschaffte Frido große Erleichterung. Er musste sich nicht mehr vornehmen, alles bis zur letzten Fußnote zu lernen. Er konnte entscheiden, Schwerpunkte zu setzen, und vieles auch vorsätzlich vernachlässigen. Im nächsten Schritt arbeiteten wir mit ihm daran, seine bereits vorhandenen prüfungsrelevanten Stärken zu identifizieren – in bestimmten Teilbereichen des Fachs, zum Beispiel Strafrecht, aber auch im Präsentationsvermögen. Dann entwickelten wir mit ihm Strategien, wie er diese Stärken am besten zur Geltung bringen könnte. Seine Stärken zu spüren, um sie zu wissen und zu akzeptieren, dass er nicht nur Stärken haben muss, sondern (wie jeder Mensch) auch Schwächen haben darf, verbesserte weiter seine Gefühlslage. Die Einschätzung, wie viel Prozent des erforderlichen Prüfungswissens er schon beherrschte, war zu diesem Zeitpunkt weit besser als zu Beginn. Skepsis und Selbstzweifel machten zunehmend Hoffnung und Zuversicht Platz. Daraus schöpfte er neue Energie und entwickelte eine insgesamt optimistischere Haltung, mit der er effizienter und effektiver lernte. Im Coaching förderten wir weiter Stärken und aktivierten – Top-down und Bottom-up – die Rückkoppelungsschleifen von Denk- und Emotions-Hirn, sodass er noch besser wusste und spürte, was er schon jetzt beherrschte und bald noch besser können würde. Die Prüfung bestand er wie viele andere, die wir schon durch die Vorbereitung begleitet haben, mit Bravour.

Emotions-Management dient nicht allein dazu, dass wir Gefühle in den Griff bekommen, die uns ohne Kontrolle in unangenehme Situationen oder gar Gefahren treiben, sondern es ist die Fähigkeit, die uns in die Lage versetzt, unseren Verstand optimal zu nutzen, ihn also zur Vernunft kommen zu lassen.

Alle seelischen Störungen – Überängstlichkeit, Panikattacken, Melancholie, Depression, Manie – entstehen daraus, dass die Balance zwischen Emotions- und Denk-Hirn nicht hergestellt werden kann. Emotionen werden zu heftig und geraten außer Kontrolle. Das Denk-Hirn büßt seine Fähigkeit ein, Emotionen zu managen. Hilfe gibt es in solchen Fällen nur durch Medikamente. Erst wenn deren Wirkung einsetzt, kann Emotions-Management trainiert werden. Dann ist es allerdings auch geboten. Denn Medikamente allein können niemals emotionale oder seelische Probleme lösen.

Positive und negative Erfahrungen speist das Hirn in das emotionale Gedächtnis. Eine besondere Funktion hierfür übernimmt (im limbischen System) der Hippocampus. Das emotionale Gedächtnis archiviert, welches Verhalten uns vor Gefahr geschützt und welches uns Erfolg beschert hat, organisiert so Lernprozesse und liefert uns Strategien, wie wir künftig mit ähnlichen Situationen umgehen können. Inhalte des emotionalen Gedächtnisses sind also nicht allein Abspeicherungen von Gefühlen, sondern von Erlebnissen in einem bestimmen Kontext. Dieser Zusammenhang, der für uns sinngebend ist, entsteht nur, weil das Denk-Hirn kognitive Prozesse – Zuordnungen, Interpretationen, Schlussfolgerungen – beisteuert. Im emotionalen Gedächtnis lagern unsere automatisierten Empfindungs-, Interpretations- und Handlungsmuster. Sind sie einmal etabliert, geben sie vor, worauf wir unsere Aufmerksamkeit besonders richten, was und wie wir wahrnehmen, welche Informationen uns wichtig erscheinen, wie wir empfinden und agieren. Schließlich haben wir durch ständige Wiederholung die Muster in unserem Gehirn fest installiert – als Verschaltung von Nervenzellen. Dadurch können Handlungen automatisch ablaufen, ohne dass wir sie jedes Mal neu bedenken müssten.

So etablieren wir Faustregeln, Heuristiken, wie Wissenschaftler sagen, mit denen wir uns in unserem Alltag gut zurechtfinden. Sie verschaffen uns ein großes Handlungsrepertoire. Wenn wir mit dem Auto fahren und vor uns ein Fahrer bremst, erkennen wir in Sekundenbruchteilen, ohne komplizierte mathematische Berechnungen, ob es reicht, etwas Gas wegzunehmen, oder ob wir auf die Bremse steigen müssen.

Und wenn ja, wie stark. Das haben wir im Gefühl. Wenn wir 100 Euro auf der Straße liegen sehen, blockiert keine langwierige Situationsanalyse unser Handeln, wir erkennen das grüne Papier sofort, heben es auf, stecken es in die Tasche und freuen uns über das unverhoffte Glück. Bricht in unserem Haus Feuer aus, muss uns niemand erklären, ob wir es selbst löschen können oder wir besser die Flucht ergreifen und die Feuerwehr rufen: Wir wissen es unmittelbar.

Entwicklungspsychologen weisen gern darauf hin, dass die Menschheit ohne diesen praktischen Mechanismus – der unmittelbaren Identifikation von Mustern und der daraus automatisch folgenden Verhaltensweisen – nicht überlebt hätte. Allerdings stellen wir uns mit einer solchen Bequemlichkeit auch Fallen auf. Wir neigen dazu, irgendwann nur noch wahrzunehmen, was in unsere gewohnten Muster passt. Wir erkennen nur noch, was wir schon kennen. Unhinterfragt schickt uns das emotionale Gedächtnis leicht in die Irre. Es signalisiert uns Gefahr oder stellt uns Annehmlichkeiten in Aussicht, weil es akute Geschehnisse mit Erinnerungen assoziiert. Diese Assoziation ist jedoch nie exakt. In den realen Umständen mag es Ähnlichkeiten und doch erhebliche Unterschiede geben. Die angedeutete Gefahr existiert nicht, oder das erahnte Glück stellt sich nicht ein. Erfahrungen verführen uns dazu, dass wir uns von der Vergangenheit gefangen nehmen lassen. Wir schotten uns von neuen Informationen und Einsichten ab. Wenn sie unseren Ansichten widersprechen, ignorieren wir sie, selbst wenn sie (für Außenstehende offensichtlich) besser oder treffender sind. Wir wehren uns gegen Einwände, beharren lieber auf unseren Theorien, ändern ungern unsere Meinung und suchen nach Bestätigung für unsere etablierten Auffassungen. Das geschieht umso leichter, je erfolgreicher wir mit unseren Ansichten in der Vergangenheit waren. Oder meinen, gewesen zu sein! Der Wunsch nach geordneten und überschaubaren Verhältnissen kann uns so denkfaul machen, dass wir die wirklichen Verhältnisse schließlich nicht mehr verstehen. Oder wir bleiben in Handlungsmustern stecken, die wir in einer Zeit entwickelt haben, in der uns Fähigkeiten noch fehlten, die wir später erworben haben, aber dann oft nicht angemessen zur Geltung bringen. Das gilt vor allem für die Kindheitsmuster, die uns noch als Erwachsene beeinflussen, obwohl wir doch unsere Kindheit längst hinter uns gelassen haben und wir nicht mehr die kleinen Mädchen oder Jungen sind, die sich gegen harsche Zurückweisung nicht wehren und notwendige Zuwendung nicht finden konnten.

Mit dem Denk-Hirn sind wir auch in der Lage, Metaebenen aufzubauen, das heißt, zu reflektieren, nach welchen Mustern die Kooperationen von Denk- und Emotions-Hirn ablaufen, welche Informationen ausgetauscht und welche Schlüsse daraus gezogen werden. Dann kann das Denk-Hirn die Regie in der Steuerung der Kooperation übernehmen. Es kann die Muster von Wahrnehmung, Interpretation, Fühlen und Denken überprüfen, ebenso die Schlussfolgerungen, zu denen diese Muster uns verleiten. Und indem wir uns mental verändern, können wir auch unser Verhalten modifizieren. So können wir falsche Annahmen unseres Verstands verwerfen und Gefühle identifizieren, die uns zu Fehlurteilen und in der Folge zu einem Handeln treiben, das uns nicht nutzt.

Das Denk-Hirn gibt uns die Möglichkeit, solche Prozesse immer wieder *willentlich* in Gang zu setzen und dadurch vernünftiger zu werden. Bewusstsein erweitern wir durch Aufmerksamkeit. Nur wenn wir auf das, was geschieht, unsere Aufmerksamkeit richten, erleben wir es bewusst, können es reflektieren und beeinflussen. Komplexere Probleme können wir nur bewusst lösen. Ohne Bewusstsein können wir neue Herausforderungen nicht meistern. Es gilt, eine Vielzahl von Details zu erkennen, zu verarbeiten und in einen Zusammenhang zu stellen. Kontext schaffen wir nur bewusst. Wir verlangen unserem Gehirn damit viel ab, so hochtourig kann es nicht immer arbeiten. Deshalb schafft es sich die Routineprogramme – die es immer wieder zu durchbrechen gilt.

Sollten wir offen sein für sämtliche Informationen? Wir könnten sie gar nicht aufnehmen. Der Versuch es zu tun, würde uns völlig verwirren und handlungsunfähig machen. Der Finanzmathematiker und Erkenntnistheoretiker Nassim Nicholas Taleb, Professor für die Wissenschaft der Ungewissheit (Science of Uncertainty) an der University of Massachusetts, zitiert dazu eine einfache Studie: Zeige zwei Gruppen ein verschwommenes Bild von einem Hydranten, so verschwommen, dass er nicht zu erkennen ist. Vergrößere die Schärfe des Bildes für die eine Gruppe langsam in zehn Schritten, für die andere in fünf Schritten. Zu einem festgesetzten Zeitpunkt sehen beide dasselbe Bild. Das Ergebnis? Diejenigen, die weniger einzelne Bilder zu sehen bekommen, erkennen den Hydranten schneller. Was lernen wir daraus? Taleb meint: Je mehr Informationen wir erhalten, umso mehr irrelevante Signale nehmen wir auf, bilden eine Vielzahl unnötiger Hypothesen und erkennen umso schlechter, welches Problem wir zu lösen haben. Menschen, die Informationen aus dem Internet holen und sich mit jedem Klick zu einer neuen Seite in den unendlichen Weiten des World Wide Web verlieren, kennen das Problem.

Oder nehmen Sie die Nachrichten. Manche Menschen schauen rund um die Uhr Nachrichtensendungen und glauben, so immer auf dem Laufenden zu sein. Doch sie tappen in eine Falle: Sie lassen sich durch die Life-Berichterstattung und Fernsehreporter vor Ort mit einer Fülle von »real time details« füttern, oberflächlichen Eindrücken, die aktuell nicht angemessen zugeordnet, systematisiert und in einen Kontext gesetzt werden können. Die Reporter, die ständig neue Nachrichten produzieren, haben dazu gar keine Zeit. Sie verkaufen das Unmittelbare als Hintergrund, sie spekulieren, verbreiten ungeprüfte Meinungen und Gerüchte, die sie als objektive Information ausweisen. Und sie liefern eine Menge an Stoff, die die Nachrichtenredaktionen gar nicht bearbeiten können. Tempo und Bilderflut ersetzen Reflexion.

Tödliche Automatismen

Wenn Informationen auf uns einprasseln, greifen wir instinktiv auf Standardprogramme zurück, unsere bewährten Automatismen: Wir steigen bei Gefahr auf die Bremse und verlieren erst recht die Kontrolle über das Auto, wenn wir auf glatter Straße unterwegs sind. Wie sehr uns das behindern und manchmal sogar zum Tod führen kann, hat der Organisationspsychologe Karl Weick analysiert. Er bewies, dass Feuerwehrmänner in einer schwierigen Situation gerade deshalb umkamen, weil sie meinten, einen immer rascher um sich greifenden Waldbrand nur dadurch aufhalten zu können, indem sie immer intensiver versuchten, die Flammen zu löschen. Wohl jeder von uns würde spontan fragen: Was sonst? Die Feuerwehrmänner handelten so, wie sie es gelernt und immer wieder trainiert hatten. SPO, das Programm in der Notaufnahme – Sie erinnern sich. Doch im analysierten Fall verleitete sie ihr automatisiertes Verhalten zu einer tragischen Fehlentscheidung. Das Programm sollte sich als falsch erweisen, um diese besondere Gefahr zu bewältigen.

Die Feuerwehrmänner hörten nicht – wollten nicht glauben und verstanden deshalb nicht –, was ein Kollege, der die Situation besser erfasste, von ihnen verlangte: nicht zu löschen, sondern im Gegenteil Feuer zu legen! Sie empfanden die Idee als völlig abwegig und ließen sich nicht davon abhalten, weiter mit ihren spärlichen Wasservorräten gegen die Feuersbrunst anzugehen. Mit all ihren Anstrengungen konnten sie jedoch das Inferno nicht stoppen. Das Feuer fraß sich immer weiter vor und die Feuerwehrmänner kamen in den Flammen elend um.

Die spätere Analyse zeigte: Sie hatten keine Chance, denn ihre Strategie war falsch! Ihre Überzeugung, nichts anderes tun zu können, ließ sie Warnungen ignorieren. Die einzige Möglichkeit, das Feuer aufzuhalten und zu überleben, wäre gewesen, einen Brand zu legen. Sie hätten Gebüsch abfackeln müssen, damit ein Streifen Brachland entsteht, eine Sicherheitszone, in der das anrückende Feuer kein Futter mehr gefunden hätte. Dann wäre der Brand von selbst erloschen. Die Verschaltungen im Hirn der bedauernswerten Feuerwehrleute verstellten ihnen jedoch den Zugang zu dieser lebensrettenden Strategie.

Emotionales Lernen

Das emotionale Lernen beginnt noch vor dem Spracherwerb. Emotionen konditionieren unser Verhalten, bevor wir Bewusstsein erlangen, dann, wenn wir beginnen, Beziehungen zu anderen aufzubauen. Durch das emotionale Lernen entstehen, »wortlose Blaupausen für das Gefühlsleben«, die unsere Wahrnehmung und unser Verhalten prägen, so der amerikanische Gehirnforscher Joseph LeDoux, Professor am Center for Neural Science an der New York University. Wir können unbewusst lernen, indem wir von Vorbildern abschauen, wie sie agieren, wann sie welche Gefühle zeigen, wie sie sich verhalten, welcher Reiz welche Reaktion auslöst. Über Gefühle, die sie geben oder vorenthalten, steuern Eltern, wie ihre Kinder sich verhalten. Das geht bereits über den Gesichtsausdruck. Lächeln Eltern ihre Kinder an, fühlen sie sich wohl und lächeln zurück. Schauen Eltern mit finsterer Miene, beginnen Kinder zu weinen, es geht ihnen schlecht. Über eigene Gefühle, nicht über Worte, beeinflussen Eltern, welche Gefühle ihre Kinder erwerben und wie ihre Kinder sich verhalten – nämlich so, dass sie von ihren Eltern möglichst viel angenehme Zuwendung bekommen und möglichst wenig Ablehnung erfahren. Was funktioniert und was nicht, speichern sie in ihrem emotionalen Gedächtnis, das wiederum ihr weiteres Empfinden und Verhalten steuert. Frühe Erfahrungen prägen uns, ohne dass wir uns ihrer bewusst werden.

Täglicher Stress schadet unserem Gehirn. Er reduziert die Dichte von Synapsen im Denk-Hirn (im ventromedialen präfrontalen Cortex, vmPFC). In der Amygdala im Emotions-Hirn, der Drehscheibe der Angst, geschieht genau das Gegenteil. Chronischer Stress vergrößert hier die Fähigkeit, Angst zu lernen. Dieses Lernprogramm speichert die Amygdala ab. Gleichzeitig sinkt die Fähigkeit des vmPFC, Angst zu reflektieren und zu kontrollieren. Dadurch entsteht leicht ein teuflischer Kreislauf: Wachsende Furcht führt zu noch mehr Stress, der weiter das System schwächt, das Furcht reguliert. Das ist eine Erklärung für die Dynamik von Stress, die bis in pathologische Zustände führen kann.

Bei Beendigung von Stress sind Veränderungen im vmPFC korrigierbar, in der Amygdala nicht. Das legt die Vermutung nahe, dass chronischer Stress zu dauerhaften Veränderungen der Schaltungen von Angstempfinden führen kann. Dokumentiert sind stressbedingte Veränderungen im Hippocampus als Schrumpfungen. Dadurch wird die Fähigkeit verringert, den Kontext einer Sache wahrzunehmen, also jene Informationen, die nötig sind, um eine Umgebung als sicher zu erkennen.

Wir werden konditioniert und konditionieren uns selbst. So lernen wir alle sehr viele Verhaltensweisen, die automatisch ablaufen, sobald unser emotionales Gedächtnis eine Situation mit einem früheren Erlebnis assoziiert. Der Neurowissenschaftler Antonio Damasio vermutet, dass unsere emotionalen Erfahrungen »somatische Marker« kreieren, eine körperliche Reaktion, die im Gedächtnis an die frühere Erfahrung gekoppelt ist und die gelernte Emotion hervorruft, wenn wir Situationen als ähnlich erleben. Viele Menschen haben Mühe, ihre Gefühle genau wahrzunehmen und zu identifizieren. Sie registrieren lediglich die körperlichen Signale. Diese können allerdings auf die richtige Spur führen, um Gefühle und die Ursachen ihrer Entstehung zu ergründen.

Spiegelwissen

Für die verschiedensten Situationen stellt uns das Gehirn die unterschiedlichsten Mittel bereit. Eines davon sind die sogenannten »Spiegelneuronen«. Dass es sie gibt, entdeckten italienische Wissenschaftler erst um die Jahrtausendwende. Spiegelneuronen spiegeln Hirnaktivität. Wenn wir Gestik, Mimik und Stimmlage anderer Menschen wahrnehmen oder sie bei einer bestimmten Handlung beobachten, aktiviert unser Gehirn genau die neuronalen Schaltkreise, welche die anderen bei ihrem Verhalten und Empfinden aktivieren. So können wir in den Gesichtern anderer Menschen »lesen«, wie es ihnen geht. Wenn uns jemand freundlich anlächelt, lächeln wir unwillkürlich zurück. Schaut uns jemand unwirsch an, verfinstert sich automatisch auch unsere Miene. Die Spiegelneuronen lösen diesen Reflex aus. Aber nicht nur das. Sie lassen in uns auch das dazugehörige Gefühl entstehen. Sie sorgen dafür, dass wir die Wünsche, Absichten und Ziele nachempfinden und kodieren, die hinter dem Verhalten anderer Menschen stecken. Erst dadurch können wir uns angemessen auf sie einlassen und uns entsprechend verhalten. Neurowissenschaftler erkennen in Spiegelneuronen deshalb einen Grundpfeiler des neuronalen Nervensystems, der uns soziales Verhalten ermöglicht, einen Schlüssel zum Verständnis, wie wir Geist und Gemüt anderer Menschen erreichen können. Dabei überlappen sich Spiegelneuronen im linken Teil des Cortex zu einem Großteil mit den Sprachealen im menschlichen Gehirn, wie Marco Iacobini, Hirnforscher an der University of California, Los Angeles, mit bildgebenden Verfahren zeigen konnte. So stellen Spiegelneuronen eine Verbindung zwischen Denk-Hirn und Arealen des Emotions-Hirns her und helfen uns, die Gefühle anderer nachzuempfinden und so erst zu verstehen, was wirklich in anderen vorgeht.

Gute Schauspieler führen uns eindrucksvoll vor, wie sie sich in Stimmungen hineinversetzen und sie ohne Sprache zum Ausdruck bringen können, mit sparsamer Mimik, einem

Blick, einer Geste. Wir verstehen sofort, welche Gefühle sie inszenieren. Wir können die Diskrepanz zwischen Sprache und Körpersprache erleben. Mit Sprache können wir vortäuschen, uns belügen, in die Irre schicken. Körpersprache ist dagegen immer ehrlich. Sie geschieht unbewusst und zielt auf Unbewusstes. In solchem Austausch ist – in der Kommunikation zwischen Sender und Empfänger – das Unbewusste zum Unbewussten irrtumsfrei. Gute Schauspieler treffen uns so unmittelbar, dass die von ihnen dargestellten Gefühle in uns ähnliche Gefühle auslösen und wir gar nicht mehr reflektieren, dass sie nur zur Schau gestellt wurden. Dass das guten Schauspielern so überzeugend gelingt, hat aber wohl damit zu tun, dass sie sich – mithilfe ihres emotionalen Gedächtnisses – wirklich in Stimmungen hineinversetzen können. Ihr Schauspiel wühlt dann selbst sie auf, und die Rückkehr in die Wirklichkeit erfordert unter Umständen erhebliche Anpassungsleistung – Korrekturen des Denk-Hirns, das den Kontext im Hier und Jetzt hinter der Bühne oder außerhalb des Sets gibt.

Spiegelneuronen dienen dazu, dass Menschen »Intersubjektivität« herstellen können und in der Lage sind, die Bedeutung, die sie Dingen, Vorgängen und Verhaltensweisen beimessen, ausdrücken und miteinander teilen können. Sie helfen uns, soziale Beziehungen aufzubauen, Gemeinsamkeiten zu entwickeln, eine gemeinsame Sprache und kulturellen Zusammenhalt zu schaffen. Autisten haben diese Fähigkeit übrigens nicht. Warum nicht? Weil ihre Spiegelneuronen, das zeigen neue fMRI-Studien, nicht richtig aktiv werden. Eine Gemeinschaft kann also helfen, Emotions-Management zu lernen, wie auch die Spiegelneuronen. Indem wir uns aufmerksam abschauen, was andere können, dienen sie uns als Vorbilder, von denen wir lernen.

Wenn wir systematisch überlegen und etwas analysieren, nutzen wir andere neuronale Netzwerke als bei intuitiven Entscheidungen. Aber in beiden Fällen brauchen wir Areale des Denk-Hirns. Bei der Intuition übernimmt der ACC eine besondere Funktion, die ein »In-sich-Hineinhören« ermöglicht und eine weitere Verschaltung zum Emotions-Hirn vornimmt. Das konnte (erst vor Kurzem) ein internationales Forscherteam um Wen-Jui Kuo von der Yang-Ming University in Taipeh mittels einer funktionalen Magnetresonanztomografie feststellen. Wir können Intuitionen folgen, aber wir können, wenn es uns geboten erscheint, vor allem, wenn es um etwas Wichtiges geht, auch Reflexionsareale bewusst zuschalten. Wir sind in der Lage, innezuhalten, Standardprogramme auszusetzen, die automatischen Entscheidungsmechanismen zu durchbrechen und so innerlich Abstand zu gewinnen und uns zu Beobachtern von uns selbst zu machen. Wir können die Lage neu bewerten, gewohnte Annahmen infrage stellen und uns eingestehen, dass unsere Prognosen über künftige Entwicklungen keine sicheren Aussagen sein können, sondern lediglich Hypothesen. Damit schaffen wir uns Offenheit, neue Informationen zur Kenntnis zu nehmen und auf ihre Relevanz hin zu überprüfen. Wir geben damit zu, dass vieles für uns nicht planbar ist, dass Pläne und Vorhersagen Sicherheit oft nur vortäuschen.

Mit unserem Denk-Hirn können wir reflektieren, was ist, wir können Alternativen abwägen, Pläne schmieden, uns fokussieren, ihre Ausführung in Gang setzen, die Durchführung überwachen. Wir können Pläne, wenn es uns zweckmäßig erscheint, korrigieren. Wir können große Ziele herunterbrechen und in Teilziele zerlegen. Teilziele geben uns Kontrolle und ermöglichen wiederum rechtzeitige Korrekturen, wenn wir offenbleiben für das Unvorhersehbare. Solche Prozesse steuert vornehmlich der präfrontale Cortex. Dort sitzen die Zentren des Verstands mit all ihren Kontrollinstanzen. Doch die funktionieren jedoch nur, wenn wir Denk-Hirn und Emotions-Hirn richtig verschalten.

Kleine Hirnkunde, Teil zwei

Von Bandwürmern und Maulwürfen können wir Menschen viel lernen, genauer: von ihrer Entwicklungsgeschichte. Sie beweisen, wie man aus Bequemlichkeit degeneriert. Mit der passenden Gebrauchsanweisung für unser Gehirn können wir dessen Fähigkeiten jedoch ständig erweitern. Das geht bis ins hohe Alter. Und es ist gar nicht so schwer.

Die Vorfahren der Bandwürmer waren einmal recht bewegliche Tierchen. Sie besaßen ein Nervensystem, das die Kontraktionen ihrer vielen Muskelzellen so koordinierte, dass sich der ganze Wurm fortbewegen konnte. Bis sie einen besonders angenehmen Lebensraum fanden – den Darm. Fortan hatten sie ohne jede Mühe reichlich zu essen, lebten unbeschwert und ohne Gefahr. Allmählich verloren sie ihre Beweglichkeit. Außen an ihrem Kopf entwickelte sich ein Hakenkranz, mit dem sie sich im Darm festhalten können. Ihr ohnehin nicht sehr großes Gehirn mussten sie nicht mehr benutzen. So schrumpfte es, bis es schließlich ganz verschwunden war. Die Geschichte verdanken wir dem Neurobiologen Gerald Hüther. Sein Fazit: »Wie den Bandwürmern ist es bisher allen anderen Parasiten gegangen. Zuerst benutzen sie ihr Hirn besonders schlau, um sich ein bequemes Leben zu machen, und wenn sie das schließlich geschafft haben, fangen sie an zu verblöden.«

Was können wir Menschen daraus lernen? Dass auch wir verblöden können, wenn wir unser Gehirn nicht benutzen. Dann nämlich sterben Nervenfasern ab, die Verbindungen zwischen den Nervenzellen werden schwächer. Jede Fähig-

zuvor erworbenes Wissen. Künstler zeigen es uns immer wieder. Die Sprachfähigkeit nimmt im Alter nicht ab, und Ältere verfügen oft über ein besseres semantisches Gedächtnis als Jüngere. Häufig haben sie zudem mehr Gelassenheit und sind weniger emotionalen Höhen und Tiefen ausgesetzt. Dadurch werden sie von Gefühlen nicht so leicht vereinnahmt. Weder von Pessimismus, der Energien blockiert, noch von übertriebenem Optimismus, der Risiken nicht wahrnimmt.

Auf ihre Erfahrungen bilden Ältere sich gern viel ein. Das kann sich allerdings als Manko erweisen. Sie verschanzen sich so schnell in der Vergangenheit. Menschen neigen sowieso dazu, vornehmlich wahrzunehmen, was sie schon kennen. So bilden sie sich leichtfertig ein, alles schon einmal erlebt zu haben und alles – irgendwie – schon zu wissen. Mit einer solchen Haltung verabschieden sie sich mental aus der Welt, die sich rascher und radikaler ändert als jemals zuvor und gewohnte Denk- und Verhaltensmuster erbarmungslos entwertet.

Jüngere verfügen über mehr Energie. Im Körper wie im Kopf. Sie können mehr Informationen aufnehmen, denken schneller und frischer. Ein zusätzlicher Vorteil: Auf ihnen lastet nicht so viel Erfahrung, die ihre Wahrnehmungsraster einengt. Deshalb können Jüngere leichter erfassen, was sich an Neuem um sie herum entwickelt. Globalisierung ist für sie kein Reizthema, das sie schrecken könnte. Sie genießen Globalität vielmehr als Surfer im World Wide Web. Sie bilden ihre globalen Netzwerke, virtuelle und reale, mit größter Selbstverständlichkeit.

Jüngere Menschen sind dem Tempo ständiger Veränderung besser gewachsen. Sie spüren sensibler neue Trends. Sie nutzen selbstverständlicher neue Technologie. Sie kommunizieren rasch. Ihre Kreativität ist – weniger beladen von tradierten Konventionen – hemmungsloser. Jüngere bleiben konzentrierter bei einer Sache. Dadurch können sie jedoch auch verbohrter sein und dann nicht mehr aufmerksam genug wahrnehmen, was sonst geschieht. Die Bereiche unseres Gehirns, die besonders wichtig sind für die strategische Zielsetzung, Planung und Kontrolle sowie den kognitiven Abgleich emotionaler Bewertung und moralische Urteile sind vor dem fünfundzwanzigsten Lebensjahr nicht voll entwickelt. Und auch darüber hinaus gilt: Wer weiß, wie das Denk-Hirn optimal zu nutzen ist, macht es immer besser, je mehr er/sie es nutzt. Auch das hat also mit Alter zu tun. Ältere Menschen können ihr Gehirn besser programmieren und nutzen.

Was schließen wir daraus? Dass Jüngere und Ältere viel mehr voneinander profitieren können, wenn sie sich ohne Vorurteile und Besserwisserei aufeinander einlassen. Jüngere können älteren Menschen helfen, besser mitzuhalten in einer sich rasant verändernden Welt. Sie können deren Neugier stimulieren. Jüngere mögen von Älteren lernen, was sie nicht alles neu erfinden müssen. Ältere bieten ihnen ein größeres Denk- und Handlungsrepertoire. Wenn sie offen durchs Leben gegangen sind, haben sie schon oft erlebt, dass vieles anders kommt, als man denkt – dass wir eingeschliffene Deutungsmuster immer wieder kritisch an der Realität überprüfen müssen, wir immer wieder etwas Unerwartetem begegnen und dafür offenbleiben müssen. Ältere wissen besser, wie langfristige Ziele zu erreichen sind, welche mentale Offenheit dies erfordert und wie viel Frustrationstoleranz. All das macht Lebensweisheit aus, die Jüngere nicht haben können. Sie beschleunigen und treiben dafür Denkprozesse voran. Sie liefern mehr Energie und frischere Ideen.

Ältere und Jüngere müssen gegenseitig ihre Stärken anerkennen und darauf achten, wann und wie sie jeweils am besten zur Geltung kommen und sich wechselseitig so gut wie möglich ergänzen. Gestehen sie sich ein, dass sie beide auch Schwächen haben, gelingt es ihnen, gemeinsam ihre Schwächen besser auszugleichen.

Neugier, der Drang, immer wieder Neues zu erleben, zu lernen, zu beherrschen, hält uns fit im Kopf. Neugier gibt uns Kraft und Schwung. Je neugieriger wir sind, umso mehr fordern und trainieren wir unser Gehirn. Hirn-Fitness entsteht jedoch nicht durch Gedächtnistraining. Denksportaufgaben, Kreuzworträtsel und »Hirn-Jogging« mögen ein netter Zeitvertreib sein, im besten Fall trainieren solche Aktivitäten aber das Arbeitsgedächtnis – mehr nicht. Ausbauen können wir die Kapazitäten unseres Gehirns nur durch komplexere Herausforderungen, durch Aufgaben, die von uns verlangen, in Zusammenhängen zu denken, Neues zu lernen, uns zu erinnern, zu planen und zu kontrollieren, ob wir mit dem, was wir durch unser Tun erreichen, verwirklichen, was wir uns vorgenommen haben. Das Gehirn muss prüfen, ob unsere Pläne realisierbar sind oder ob wir sie korrigieren müssen. Je fitter wir im Kopf sind, desto besser können wir Probleme lösen und kluge Entscheidungen treffen und umso besser begreifen wir, was um uns herum geschieht und welche Möglichkeiten die Welt uns bietet. Wenn wir uns von unseren Gewohnheiten gefangen nehmen lassen, stecken bleiben in einmal etablierten Gefühls-, Denk- und Verhaltensmustern, gelingt uns das nicht. Um unser Hirn fit zu halten und noch fitter zu machen, brauchen wir die richtige Einstellung und den Willen, das zu tun, was wir als richtig für uns erkannt haben. Das gelingt mit Gehirn-Kultur.

Der Erlanger Psychologe und Intelligenzforscher Siegfried Lehrl konnte in einer Untersuchung am Universitätsklinikum Heidelberg zeigen, dass Hirntrainingsprogramme Demenz verzögern und sogar die Intelligenz erhöhen. Er schickte Patienten im Alter von 50 bis 70 Jahren auf einen von ihm entworfenen mentalen Trimm-dich-Pfad und stellte bereits nach zwei Wochen fest, dass der IQ der Teilnehmer um durchschnittlich 14 Punkte angestiegen war. Das ist eine sehr beachtliche Leistungssteigerung, die demonstriert, welche neue Kraft wir unserem Gehirn selbst in fortgeschrittenem Alter geben können.

Schluss mit Multitasking

Kein Mensch könnte es aushalten, immer dasselbe zu tun. Wir würden uns zu Tode langweilen. Wir alle brauchen immer wieder Abwechslung, verschiedene Aufgaben, neue Herausforderungen. Wir wollen unsere Neugier nicht begraben. Allerdings tun wir uns keinen Gefallen, wenn wir versuchen, alles Mögliche gleichzeitig zu machen. Dafür ist unser Gehirn nämlich nur bedingt geeignet. Eingeübte Fertigkeiten können wir abspulen, ohne viel dabei denken zu müssen. Wir können durch einen Park joggen und über ein Projekt in unserer Arbeit nachdenken, am Tisch mit einer Gruppe von Freunden verschiedene Gespräche parallel verfolgen, E-Mails schreiben und Musik hören. Aber wenn wir unterschiedliche Informationen verarbeiten und entscheiden müssen, was wir daraus zu schließen und dann zu tun haben, geht das nicht gleichzeitig. Tatsächlich wechseln wir die Aufmerksamkeit. Das gelingt, wenn überhaupt, nur in einem gewissen Maß. Und immer gehen dabei Informationen verloren. Je vielfältiger und komplexer die Anforderungen sind, die wir *gleichzeitig* bewältigen wollen, je umfassender das Multitasking, umso mehr geht schief. Wir übersehen beim Joggen den Radfahrer, der von der Seite kommt, schnappen in Gesprächen nur noch Fetzen auf, ohne Zusammenhänge zu verstehen, hören die Musik nicht mehr oder achten auf den Text eines Songs und wissen nicht mehr, wie wir die E-Mail angefangen haben und was wir schreiben wollen.

Immer wieder erleben wir Multitasker, die stolz verkünden, wie viele Aufgaben sie gleichzeitig bewältigen könnten. Sie gehen mit dem Motto ans Werk: »Fang nicht zwei Dinge auf einmal an, wenn du es mit Fünfen tun kannst.« Ihre Begeisterung legt sich, wenn wir ihnen von einem simplen Versuch erzählen, den die Hirnforscher Marcel A. Just, Timothy A. Keller und Jacquelyn Cynkar von der Carnegie Mellon University in Pittsburgh veranstaltet haben.

Sie baten Versuchspersonen, zwei relativ einfache Tätigkeiten gleichzeitig auszuüben: mit einem Auto auf einer leicht gewundenen Straße fahren und gleichzeitig einfache Aussagen, die sie hören, als falsch oder richtig bewerten. Damit die Forscher sehen konnten, was dabei im Hirn passiert, veranstalteten sie das Experiment nicht auf offener Straße, sondern im

Center for Cognitive Brain Imaging und schoben die Testpersonen in ein fMRI-Gerät, das zeigt, welche Hirnareale in welchem Maß aktiviert sind. Die Autofahrt fand also virtuell statt. Fahrzeug und Straße sahen die Testpersonen auf einem Bildschirm, das Auto steuerten sie mit einer Hand durch die Bewegung einer Computermaus. Mit der anderen Hand drückten sie Knöpfe, um die gehörten Sätze als »richtig« oder »falsch« zu kennzeichnen. Zuerst konzentrierten sie sich ausschließlich auf das Fahren, anschließend stellten sie sich dem Multitasking.

Das Ergebnis: Ihre Fahrleistung verschlechterte sich drastisch – sie blieben öfter nicht in der Spur, gerieten auf die gegenüberliegende Fahrbahn oder fuhren in die Böschung. In den Hirnarealen, die für Fahrkunst verantwortlich sind, brach die Leistungsfähigkeit um 37 Prozent ein. Von diesem deutlichen Einbruch waren die Forscher überrascht, vor allem weil für die beiden Aufgaben unterschiedliche Areale und neuronale Schaltkreise des Gehirns gebraucht werden und jede Aufgabe für sich so einfach war, dass sie automatisch ablaufen konnte, ohne komplexe Überwachungsfunktionen im Denk-Hirn einschalten zu müssen.

Daraus können wir schließen: Die Ressourcen des Gehirns für Aufmerksamkeit sind offenbar biologisch begrenzt. Wir können Aufmerksamkeit nicht beliebig erhöhen, wir können sie nur anders aufteilen. Damit sinkt allerdings unsere Leistungsfähigkeit, wenn wir verschiedene Aufgaben gleichzeitig erledigen, selbst wenn jede für sich nicht viel Konzentration und Denkarbeit verlangt. Ein Auto durch unübersichtlichen Verkehr zu lenken und gleichzeitig mit dem Handy ein ernsthaftes Gespräch zu führen, schränkt die Fahrsicherheit noch mehr ein. Dabei ist es völlig gleich, ob wir mit einer Freisprechanlage telefonieren oder das Handy ans Ohr halten. Die nach einschlägigen Verkehrsgesetzen getroffene Unterscheidung, wie wir telefonieren, ist unsinnig, denn die abnehmende Sicherheit hat mentale und nicht motorische Ursachen.

Wenn wir komplexere Aufgaben erfüllen, führt Multitasking zu noch gröberen Leistungseinbrüchen. Einen Bericht schreiben, nebenbei E-Mails checken und telefonieren, die Bürotür offen halten, um für andere ständig erreichbar zu sein – das ist keine gute Idee. Bei jeder einzelnen dieser Denkarbeiten gebrauchen wir verschiedene Hirnfunktionen gleichzeitig. Das ist Multitasking genug. Das Jonglieren mit verschiedenen mentalen Elementen erledigen im Gehirn die sogenannten »Exekutivfunktionen« des Arbeitsgedächtnisses. Sie überwachen sozusagen das Betriebssystem. Sie aktualisieren das Kurzzeitgedächtnis, rufen Erinnerungen und Muster aus dem Langzeitspeicher ab und transportieren sie in den akuten Arbeitsbereich. Sie wählen die spezialisierten Systeme im präfrontalen Cortex aus, mit denen wir arbeiten, um Ziele zu erreichen und zu überwachen, wie uns dies gelingt. Die Exekutivfunktionen planen die Abfolge der Schritte und Aktivitäten. Sie verlagern den Brennpunkt der Aufmerksamkeit je nach Bedarf von der einen auf die andere Tätigkeit und sind wesentlich an Entscheidungen mit beteiligt.

Die »Exekutivinstanz« des menschlichen Gehirns (die Summe der verfügbaren »Exekutivfunktionen«) kann nur eine oder höchstens einige wenige Aufgaben zur selben Zeit erledigen. Bei mehreren Aufgaben gleichzeitig muss sie die Aufmerksamkeit immer wieder verlagern, von der einen auf die andere Aufgabe umschalten. Dabei entstehen erhebliche »Umschaltkosten«. Die einzelnen Aufgaben werden nicht mit der gleichen Effektivität erledigt, als wenn wir sie nacheinander angingen. Wenn wir aus einer Aufgabe aussteigen, müssen wir umrüsten, uns mental auf die andere Aufgabe einstellen. Bis wir dazu alle erforderlichen Hirnareale programmiert und neu synchronisiert haben, vergeht Zeit, in der wir nicht produktiv weiterarbeiten können. Wenn wir wieder zurückgehen auf die vorherige Aufgabe, fallen erneut Umschaltkosten an. Je häufiger wir zwischen verschiedenen Aufgaben hin- und herschalten, umso mehr Energie verbrauchen wir und umso mehr steigern wir die Kosten. Mit Multitasking laugen wir uns aus und bringen weniger zustande, als wir könnten.

Die US-amerikanische Forschungsfirma Basex untersuchte

in einer groß angelegten Studie mit 1000 Angestellten, dass Arbeitsabläufe durch Multitasking empfindlich gestört werden. Basex stellte fest, dass dadurch fast ein Drittel der Arbeitszeit verloren geht. Die Forscher rechneten die Zeit hoch auf alle, die mit Informationsverarbeitung zu tun haben, und berechneten die Kosten: Für die US-Wirtschaft insgesamt belaufen sie sich auf 588 Milliarden Dollar im Jahr.

Der Spaß an Abwechslung, daran, sich unterschiedliche Aufgaben vorzunehmen, mit Ideen zu jonglieren, verschiedene Projekte anzuschieben, mit unterschiedlichen Menschen in verschiedenen Teams zu arbeiten, sei jedem unbenommen. Neugier tut gut. Doch wer glaubt, mehrere Dinge gleichzeitig machen zu können – und das meinen jene, die Multitasking verklären –, stellt sich selbst Fallen auf. Er ist nicht nur unproduktiv, sondern schadet auch seiner Gesundheit. Irgendwann ist die Kapazität der Exekutivfunktionen im menschlichen Gehirn nämlich erschöpft. Dazu bemerkt der Hirnforscher Joseph LeDoux: »Wenn die Exekutivinstanz gleichzeitig auf mehrere nicht miteinander zusammenhängende Ziele hinarbeiten muss, beginnt das System aus den Fugen zu geraten.« Menschen mehrere Dinge gleichzeitig tun zu lassen, meint LeDoux, sei ein einfaches Mittel, sie unter Stress zu setzen. Wenn die Exekutivinstanz überlastet ist, leidet darunter tatsächlich nicht nur die Planung und Entscheidungsfindung – das ganze Gehirn gerät in Alarmzustand. Wenn dann die Anforderungen nicht wieder gesenkt werden, bricht das System zusammen. Mediziner und Psychologen registrieren bei immer mehr Menschen zunehmende Aufmerksamkeitsdefizite, Ungeduld, Irritierbarkeit, Impulsivität, eingeschränktes Denkvermögen, Schwierigkeiten, Prioritäten zu setzen, wachsende Ineffektivität und mangelnde Regenerationsfähigkeit. Oft machen sie sich Vorwürfe, »den Anforderungen« nicht gewachsen zu sein. Sie erleben es als persönliches Defizit und sehen nicht den systematischen Zusammenhang, sondern fühlen sich unzulänglich und schuldig. Wir nennen diesen Zustand »akutes Überlastungssyndrom«, in schweren Fällen »Burn-out«.

Durch Routinen beschleunigen und verbessern wir den Informationsfluss zwischen den Nervenzellen. Durch wiederholte Aktivierung dieses Informationsflusses stärken wir nämlich die Verbindungsstellen zwischen den Nervenzellen, die sogenannten Synapsen. Über Synapsen gibt das Gehirn Botenstoffe weiter, die Informationen transportieren. Neurowissenschaftler nennen diese Botenstoffe Neurotransmitter. Zu ihnen gehören der erregende Botenstoff Glutamat und die hemmende Gamma-Aminobuttersäure (GABA). Andere Transmitter sind Noradrenalin, Dopamin oder Serotonin. Die Informationsübertragung funktioniert im zentralen Nervensystem (ZNS) über biochemische und elektrische Prozesse. Die Synapsen sorgen für die Verschaltung von Neuronen (einzelnen Nervenzellen) zu einem neuronalen Netzwerk. Ein Neuron hat bis zu 10 000 Synapsen, das menschliche Hirn etwa eine Billiarde. Je stärker wir sie ausbauen, umso leichter fällt uns die neu erlernte Tätigkeit – ob es sich dabei um Golfspielen, analytisches Denken oder Emotions-Management handelt. Wir können durch ein verändertes Verhalten zwar nicht die genetisch bedingte Verschaltung im Gehirn beeinflussen, aber die Funktionsfähigkeit von Schaltkreisen. Dies geschieht, so fassen die Hirnforscher Earl K. Miller (Massachusetts Institute of Technology) und Jonathan D. Cohen (Princeton University) zusammen, durch die Modifikation bestehender Synapsen, die Bildung neue Synapsen und sogar neuer Nervenzellen.

Jeder Mensch besitzt ein einzigartiges Gehirn, das von Anfang an mit bestimmten Schwächen und Begabungen ausgestattet ist. Doch welche Verschaltungen in unserem Gehirn angelegt sind, vor allem, wie stark sie ausgebaut sind, wie gut sie funktionieren, hängt wesentlich davon ab, wie es gefordert wird. Unsere aktuellen Fähigkeiten sind also erheblich davon bestimmt, wie wir sie genutzt haben – unsere zukünftigen Fähigkeiten hängen davon ab, wie wir sie weiterhin gebrauchen. Und hier ist die Entwicklungsgeschichte des Maulwurfs außerordentlich lehrreich. Die Vorfahren des Maulwurfs waren Insektenfresser. Sie konnten einigermaßen gut sehen und umherspringen. Weil sie dabei jedoch ständig Gefahr liefen, von großen Tieren gefressen zu werden, lernten sie, sich einzugraben. Da sie auch unter der Erde etwas zu fressen fanden, suchten sie dort immer öfter Sicherheit. Sie entwickelten ihre Fähigkeit, Gänge zu graben und im Erdreich mehr Nahrung aufzuspüren. Ihre Nasen wurden länger und ihre Pfoten zu Grabschaufeln. Sie hatten immer seltener Lust, ans Tageslicht zu kommen. Weil sie nichts mehr sehen mussten, verkümmerten in ihrem Hirn die Verschaltungen, die sie zum Sehen befähigten. Dafür entwickelten sich jene Hirnareale, die sie zum Hören und Riechen brauchten. Der Neurobiologe Gerald Hüther schließt daraus: »Das ist das Schicksal aller Spezialisten. Erst benutzen sie all ihre Sinne und ihr ganzes Gehirn, um eine Nische zu finden, in der sich einigermaßen komfortabel leben lässt. Und wenn sie die endlich gefunden haben, passen sich ihr Gehirn und ihr ganzer Körperbau von Generation zu Generation immer besser an die dort herrschenden Bedingungen an. Je einseitiger diese Bedingungen sind und je besser dieser Anpassungsprozess gelingt, desto schwerer fällt es ihnen allerdings, später einmal wieder aus dieser Nische herauszukommen.«

Das gilt auch für die Spezialisten unter uns Menschen. Je größer ihr Spezialwissen ist, umso mehr schränken sie ihre Fähigkeit ein, wahrzunehmen und zu begreifen, was außerhalb ihres Gebiets in der Welt geschieht. Dafür sind sie blind wie Maulwürfe. Spezialisierungen verbessern nur Teilleistungen. Die Untersuchung von Taxifahrern in London zeigt uns zum Beispiel: Das Hirnareal, das zuständig ist für räumliche Orientierung, ist umso größer, je länger die Fahrer ihren Beruf ausüben. Dadurch werden sie bessere Taxifahrer. Was für Taxifahrer gilt, trifft in ähnlicher Weise auf alle anderen Spezialisten zu. Sowenig wir auf Taxifahrer als Analysten der politischen Lage hören sollten – obwohl gerade sie sich dazu gern und viel äußern –, so wenig sollten wir anderen Spezialisten trauen, wenn sie über etwas urteilen, von dem sie nicht die entfernteste Ahnung haben können.

Ein einseitig programmiertes Gehirn nutzt nicht sein tatsächliches Potenzial. Es verzichtet darauf, breite Kompetenzen zu entwickeln – intellektuell und sozial. Computerfreaks finden sich nur noch in der virtuellen Welt zurecht. Große Künstler weisen mitunter erschreckende soziale Defizite auf, ebenso geniale Denker oder Naturwissenschaftler. Davon berichten zum Beispiel die Biografien von Edward Hopper, Immanuel Kant oder Albert Einstein. Es ist ihnen mit sich selbst nicht gut gegangen. Wer genauer hinschaut, wollte nie sein wie sie. Wir tun statt dessen gut daran, auf Vielfalt zu achten und uns nicht zu sehr auf eine Sache zu beschränken. Sonst geht es uns wie Maulwürfen und anderen erblindenden Experten.

Indem wir unser Gehirn bewusst benutzen, bestimmen wir, wie und wer wir sind. Wir beeinflussen, wie wir wahrnehmen, fühlen, denken und handeln. Wir können dies in jeder Minute, unser gesamtes Leben hindurch. Dazu brauchen wir allerdings Ausdauer. Wir lernen nichts, wenn wir es nur manchmal tun. Wir können nur, was wir ausreichend trainieren und als neuronale Schaltkreise aufbauen.

Roderick Gilkey, Professor für Management, und Clint Kilts, Professor für Psychiatrie, argumentieren, dass Gesellschaftsspiele die Hirn-Fitness in hohem Maß fördern. Sie stimulieren unsere Vorstellungskraft und das Belohnungssystem unseres Gehirns, setzen neue Energie frei, fördern Erinnerungsvermögen und strategisches Denken. Auf diese Weise wachsen in den dafür zuständigen Hirnarealen neue Nervenzellen, und die Synapsen entwickeln sich vermehrt. Darüber hinaus haben Spiele natürlich eine wichtige soziale Komponente. Sie vermitteln, wie Anreize und Belohnungen im menschlichen Miteinander (und Gegeneinander) funktionieren. Wir lernen dabei Empfindungen besser kennen und verstehen genauer die Wirkung von Wettstreit und die dadurch in Beziehungen ausgelöste Dynamik. So können wir eine größere emotionale

Kontrolle lernen und erweiterte soziale Kompetenzen gewinnen. Wir könnten Spiele also bewusst als Mittel einsetzen, um uns emotional und kognitiv fitter zu machen. Spiele fordern zudem dazu heraus, Ziele zu bestimmen, dafür passende Strategien zu entwerfen, zwischen Sicherheitsbedürfnissen und Risiken abzuwägen, zu unterscheiden, was kurzfristige oder langfristige Gewinne sind und wozu welche Entscheidungen führen (ein Tipp: »Das Spiel des Lebens – Generation Now« ist dafür wunderbar geeignet und macht noch dazu viel Spaß).

Wir können unser Gehirn bereits durch Visualisierung programmieren, wenn wir uns immer wieder bildhaft vorstellen, wie wir etwas tun. Bereits die Vorstellung aktiviert die Schaltkreise, die wir auch in Gang setzen, wenn wir die Vorstellung in die Tat umsetzen. Viele Spitzensportler nutzen sie, indem sie ihr Training durch Visualisierung fortsetzen und sich so auf ihren Wettkampf vorbereiten. Golfer sehen, bevor sie abschlagen, die Flugbahn des Balles voraus, Sprinter sehen sich aus dem Startblock explodieren, Weltklasseschwimmer können ihr Rennen Zug um Zug im Kopf simulieren – exakt in der Zeit, die sie im realen Wettkampf schwimmen wollen. Aber Visualisierung kann jeder lernen und durch Training seine Leistung in allen möglichen Bereichen verbessern: als Redner vor Publikum ebenso wie Künstler auf der Bühne oder Sportler in der Arena.

Vielfalt, unterschiedliche Erfahrungen, Auseinandersetzung mit kontroversen Ansichten, das Erleben kultureller Verschiedenheit – all das fördert den komplexen Ausbau unseres Gehirns, die Fähigkeit, Muster zu differenzieren, ihre Untauglichkeit zu erkennen, neue Muster zu entwickeln und auch die wieder zu differenzieren oder beiseitezulegen, wenn sie uns nicht mehr dienlich sind. Es kommt darauf an, mehr von all dem wahrzunehmen, was uns die Welt zu bieten hat, tiefer und intensiver zu empfinden, sorgfältiger nachzudenken, einfühlsamer und bedachter zu bewerten.

Je eingeschränkter das Repertoire an Bewältigungsstrategien ist, das eine Person im Lauf ihres bisherigen Lebens erworben hat, umso eher wird sie neue Aufgaben als Überforderung und seelische Belastung erleben und daran scheitern. Wir sehen das in unflexiblen, rigiden Charakteren, die auf Herausforderungen leicht gereizt reagieren und sich autoritär oder aggressiv verhalten, besonders wenn sie mit neuen Erwartungen konfrontiert sind. Andere, die sich überfordert fühlen, ziehen sich verschreckt zurück. Wieder andere versuchen, ihre Unsicherheit mit Besserwisserei oder Angeberei zu überspielen.

Indem wir verstehen, wie unser Gehirn funktioniert, gewinnen wir persönliche Freiheit. Wir können unseren Willen geltend machen und überprüfen, wie unser Verstand arbeitet. Aber das Denk-Hirn kann noch viel mehr: Es kann einen Zugang zu den Intuitionen finden, nämlich der Fähigkeit, etwas, was wir gelernt haben, abzurufen, ohne dass wir es uns vornehmen müssten. Wir holen diese nicht aus dem Bewusstsein, sondern, wie der Hirnforscher Gerhard Roth es nennt, dem »Vorbewussten«. Das Vorbewusste umfasst alles, was uns einmal bewusst war, den Stoff, den wir einmal gelernt haben, der aktuell jedoch unbewusst ist. Durch Hinweisreize startet das Gehirn ein Suchprogramm, um aus dem vorbewusst vorhandenen Repertoire eine Lösung zu finden. Dies geschieht, ohne dass wir dazu einen Befehl geben müssten. Wenn dann ein solches Programm aufscheint, kommt es uns wie eine unverhoffte Eingebung vor. Wir begreifen es als Intuition. Die Forscherin Nancy C. Andreasen, Professorin an der University of Iowa und in der Hirnforschung weltweit eine Institution, entdeckte die selbstorganisierenden Fähigkeiten des menschlichen Gehirns, als sie die Kreativität untersuchte. Wir können uns nicht vornehmen, kreativ zu sein, ebenso wie wir uns nicht vornehmen können, »Intuitionen« abzurufen. Aber wir können verstehen, wie diese Prozesse ablaufen und unter welchen Bedingungen. Und darauf haben wir Einfluss.

Kreativität ist eine schöne Eigenschaft, die Neues und Originelles schaffen hilft. Kreative Menschen sind besonders offen und können Vieldeutigkeiten aushalten. Sie lassen sich überraschen, folgen nicht schlichten Wahrnehmungsmustern und suchen nicht nach einfachen Faustregeln. Sie denken in unterschiedliche Richtungen, fühlen sich wohl in einer Welt, die viele Fragen unbeantwortet lässt und oft vage – bis zu einem gewissen Grad sogar chaotisch – bleibt. Sie beobachten genau, sind achtsam, feinfühlig und neugierig. Kreative Menschen sind besonders fleißig, sie kümmern sich oft gar nicht um die Zeit, die verstreicht. Ihre Gedanken kreisen mit erhöhter Geschwindigkeit, Ideen und Lösungen kommen ihnen »blitzartig«. Das geschieht häufig, wenn sie nicht mehr bewusst nachdenken, eine Idee nicht mehr angestrengt weiterverfolgen, nicht mehr beharrlich nach einer Lösung suchen. Der Gedankenblitz schlägt oft nach einer Pause ein, auch nach einem kurzen Schlaf. Kreativität ist »kein vernünftiger, logischer Prozess«, erklärt Andreasen.

Sie entdeckte als Erste mithilfe von Untersuchungen mit einem »position emission tomography« (PET), einem Scanner, der uns Bilder von den Aktivitäten des Gehirns liefert, was passiert, wenn das Denk-Hirn nicht fokussiert an einer Aufgabe arbeitet. Für diesen Zustand kreierte Andreasen die Abkürzung REST – »random episodic silent thoughts«. Dabei kommt das Gehirn nur scheinbar zur Ruhe, es »denkt« weiter: beiläufige, episodische, stille Gedanken. Dabei erweist sich das Gehirn überraschenderweise als besonders schlau, denn besonders aktiv sind Areale im Cortex, die Assoziationen herstellen. Diese Areale interagieren miteinander, sie verschalten sich selbst, tauschen Informationen aus, bearbeiten, bewerten und können dabei neue, originelle Ideen produzieren.

Die wichtige Botschaft an alle, die sich immer wieder Stunden um Stunden quälen, um endlich die Lösung eines komplexen Problems zu erzwingen: Machen Sie eine Pause, machen Sie einen Spaziergang, ein Nickerchen. Und vertrauen Sie auf die Selbstorganisation Ihres Gehirns – es wird Sie nicht im Stich lassen!

Teamarbeit der Gefühle

Wenn wir uns von Gefühlen nicht vereinnahmen lassen wollen, müssen wir erkennen, welche Gefühle in welchen Lebenslagen welche Rolle spielen, wie sie beeinflussen, was wir wahrnehmen, wie wir interpretieren, was mit uns und um uns geschieht und wie wir uns verhalten. Gefühle treten immer zusammen mit anderen Gefühlen auf. Manche drängen sich besonders in den Vordergrund, andere halten sich eher bedeckt. Wir müssen herausfinden, wie sie sich aufstellen, miteinander kooperieren oder sich bekämpfen, um sie managen zu können.

Wir können Emotionen nicht unterdrücken und Gefühle nicht von unserem Denken entkoppeln – obwohl sich der westliche Rationalismus vehement gegen diese Erkenntnis wehrt. Für den Buddhismus ist diese Auffassung übrigens ganz selbstverständlich. Michel Rocard, promovierter Molekularbiologe, buddhistischer Mönch und ein Vertrauter des Dalai Lama, erklärt in seinem Buch *Glück*: »Emotionen koordinieren den Geist.« Er weist darauf hin, dass die buddhistischen Auffassungen sich decken »mit den Erkenntnissen über das Gehirn und die Emotionen«, die aus der modernen Neurowissenschaft stammen. Für westliche Rationalisten mag Rocards Erklärung eher abschreckend sein und als Bestätigung ihres Vorurteils dienen, dass nicht sein kann, was nicht sein darf. Doch ihr Paradigma von der Vernunft gerät zunehmend ins Wanken. Nicht durch den Buddhismus, sondern durch die Hirnforschung.

Es waren die amerikanischen Psychologen John D. Mayer und Peter Salovey, die mit ihrem Konzept von der »emotionalen Intelligenz« einige Anerkennung fanden (nicht der Journalist Daniel Goleman prägte den Begriff, er hat ihn nur popularisiert). Mayer und Salovey schlugen als Erste vor, Emotionen als Informationen zu betrachten, und Salovey entwickelte das Konzept gemeinsam mit David R. Caruso weiter. Sie plädieren dafür, Emotionen als Denkhilfe einzusetzen, und argumentieren: »Nur Entscheidungen, die Emotionen berücksichtigen, sind effektiv.«

Um Emotionen managen zu können, müssen wir Gefühle fassen und verstehen, in welcher ständigen *Wechselwirkung* Gefühle und Verstand stehen. Emotions-Management dient dazu, dass wir uns klare Ziele setzen, mit denen wir erreichen, was uns persönlich wichtig ist. Wir greifen bewusst in die Dynamik unserer Gefühle ein, lernen Gefühle, die uns vereinnahmen, zu kontrollieren und Gefühle, die uns aufbauen und intelligenter machen, zu stärken. Die Kunst besteht darin, eine für uns persönlich gute Balance herzustellen. Dazu benötigen wir das Denk-Hirn als Manager solcher Prozesse. Und so entwickeln wir ein neues Verhaltensrepertoire, mit dem wir besser erreichen, was uns persönlich guttut.

Gefühle treiben uns aus guten Gründen

Um Gefühle regulieren zu können, müssen wir zunächst lernen, ihre Signale zu erkennen. Die ersten Signale sendet unser Körper aus. Körperliche Symptome sind schnelle »Marker« für Gefühle, bevor wir diese kognitiv registrieren. Solche Marker sind zum Beispiel: erhöhter Puls, Enge in der Brust, Kribbeln im Magen, angespannte Muskulatur, Kurzatmigkeit, erhöhte Stimmlage, hängende Schultern, gespreizte Nasenflügel. Die Signale des Körpers kündigen ein tiefer gehendes Empfinden an und ein daran gekoppeltes Verhaltensmuster. Wenn wir solchen Zeichen gegenüber aufmerksam sind, sie als Information ernst nehmen, nicht einfach übergehen, sondern *innehalten*, unterbrechen wir bereits den automatischen Ablauf.

Wir können gegensteuern, indem wir bewusst auf eine ruhige und beruhigende Atmung schalten – eine Atmung, die tief in den Bauch strömt, nicht flach in der Brust klemmt. Wir können Muskeln, die sich verkrampfen, durch gezielte kurze Anspannung und darauf folgende Lockerung entspannen. Wir fühlen uns dadurch nicht mehr eingezwängt und unbehaglich in unserem eigenen Körper. Wir richten uns auf. Wir knicken nicht ein. Wir zeigen Statur. Das registriert auch unser Denk-Hirn. Es empfängt erste Signale, dass die Alarmstufe doch nicht tiefrot ist, wie wir zunächst meinten. Wenn wir so zu dem, was in uns abläuft, eine beobachtende Distanz herstellen, kann es uns gelingen, Gefühle, die sich stürmisch nähern, abebben oder vorbeiziehen zu lassen.

Dann können wir auch den automatischen Gedankenablauf stoppen, der Katastrophenszenarien aufbaut. Das Denk-Hirn kann überprüfen, ob die Interpretation der realen Situation angemessen ist. Es checkt zum Beispiel, ob Gefahren tatsächlich so bestehen, wie automatisch angenommen. Oder ob ein Verhalten anderer wirklich als Angriff auf uns beabsichtigt war. Wenn wir merken, das ist nicht der Fall, geben wir Entwarnung.

Um möglichst frühzeitig eingreifen zu können, müssen wir wahrnehmen, *wie* Gefühle sich ankündigen, *wann* sie auftreten, *wodurch* sie ausgelöst werden. Solche »*W*-Fragen« geben Orientierung. Mit der Frage nach dem Warum verheddern wir uns allerdings leicht, ohne eine schlüssige Antwort zu finden. Die Warum-Frage führt schnell in ein Grübeln, in dem uns die Affektivität der Logik gefangen nimmt – wir konservieren das (negative) Gefühl und suchen nach Gründen, warum es bestehen muss. Dabei geht es zunächst um etwas anderes als das Warum. Wir müssen lernen, Gefühle, die uns vehement überkommen, *auszuhalten*, ohne dass sie uns zu unserem antrainierten Verhaltensreflex treiben.

Wir müssen erleben, dass die Vehemenz nicht ewig dauert und wir ihr standhalten können. Das geht selbst bei scheinbar größter Bedrohung, etwa wenn bei ängstlichen Menschen bestimmte Situationen Panikattacken auslösen. In der übersteigerten Angstphantasie, die (akut) alle Gedanken beherrscht, scheint das Leben unmittelbar bedroht. Tatsächlich aber besteht keine Gefahr – der angeblich akute Herzinfarkt findet nicht statt. Nicht einmal eine Ohnmacht tritt ein. Durch eine solche Situation gecoacht zu werden, zu erfahren, dass die Angst schwindet, indem man lernt, sie auszuhalten, ist ein prägendes (und für Panikklienten notwendiges) Erlebnis.

Es ist nicht einfach und allein oder nur mithilfe wohlmeinender Laien besser nicht zu starten. Aus sehr vehementen Gefühlen auszusteigen, wenn sie gerade ihre ganze Kraft entfalten, kann ohne professionelle Unterstützung auf Anhieb nicht gelingen. Die eigenen automatischen Programme sind stärker – die Gefühle und die damit verkoppelten Gedanken. So versteht ein ängstlicher Mensch schon die akuten körperlichen Symptome falsch, etwa die Nervosität im Magen, den schnelleren Herzschlag, den leichten Schwindel. Er erlebt sie als eindeutige Hinweise auf eine wohlbegründete Angst. Er fixiert seine ganze Aufmerksamkeit auf solche Symptome, holt sich, indem er sie immer intensiver erlebt, die »Gewissheit«, dass gegen die Leiden nicht anzukommen ist. Diese Wahrnehmung verstärkt das Angstempfinden, das wiederum die Wahrnehmung der körperlichen Symptome intensiviert. Je öfter solche Situationen erlebt werden, umso sensibler werden die körperlichen Marker registriert, umso schneller rufen sie das Angstprogramm aus dem emotionalen Gedächtnis ab. Der Mechanismus beschleunigt die Angst vor der Angst. Deshalb muss in Situationen, in denen geübt wird, Angst auszuhalten, ein Coach dabei sein, der all das kennt, der ruhig und souverän bleibt und die Gewissheit ausstrahlt, dass nichts schiefgehen kann.

Leitgefühle schaffen Leitgedanken

Leitgefühle verschaffen sich besondere Geltung. Gekoppelt an bestimmte Gedankenkonstrukte, etablieren sie die Leitkonzepte unseres Denkens. Sie beeinflussen, welche Gedanken- und Interpretationsmuster vorherrschen. Beide Systeme entwickeln sich in wechselseitiger Abhängigkeit. Zugang zu uns selbst – zu unserem Selbst, dem Kern unserer Persönlichkeit – finden wir, wenn wir dieses Zusammenwirken verstehen.

Dabei machen wir, wenn wir uns in unser Inneres wagen, eine womöglich zuerst irritierende Entdeckung: Hier treffen nicht nur verschiedene Gefühle aufeinander, sondern auch unterschiedliche kognitive Konzepte, die wir nicht so ohne Weiteres miteinander vereinbaren können. Wir *fühlen* uns (mitunter) hin und her gerissen von unterschiedlichen Erwartungen oder Ansprüchen in uns. Wir *denken* (bisweilen) so entgegengesetzt, dass wir nicht mehr wissen, was wir denken und tun sollen. Wir können nicht bestimmen, was wirklich das Beste für uns wäre. Wir schwanken verwirrt zwischen verschiedenen, sich anscheinend wechselseitig ausschließenden Möglichkeiten und Entscheidungen hin und her. Für jede finden wir starke »Pros« und ebenso starke »Cons«. Wir möchten sowohl das eine als auch das andere. Doch beides gleichzeitig ist nicht zu haben.

Solche Zustände bezeichnen wir als Ambivalenz. Dabei spüren wir, wie Gefühle *und* Gedanken aufeinanderprallen. Ambivalenzen bringen uns ins Schleudern. Sie peinigen uns, weil sie uns entweder gar keine Entscheidung erlauben oder uns die getroffenen Entscheidungen sofort qualvoll bedauern lassen. Anstatt uns zu grämen, können wir Ambivalenzen auch als wichtige Informationen betrachten, denen wir nachspüren sollten, um neue Einsichten zu gewinnen, mit denen wir mehr innere Balance und Harmonie finden. Verschiedene Gefühle und die damit verkoppelten Gedanken können sich in uns bekämpfen oder verbünden, polarisieren und paralysieren, gegenseitig unterdrücken oder befreien. Wenn wir wissen, wie das geschieht, werden wir freier.

So geht es uns bei jedem inneren emotionalen Wettstreit. Der Wunsch nach Anerkennung kann kollidieren mit der Angst, sich darzustellen, die Hoffnung nach Nähe mit den Zweifeln an der eigenen Liebenswürdigkeit. Es scheint, als ob verschiedene »Ichs« oder unterschiedliche Teile unserer Persönlichkeit gegeneinanderprallten. Das entspricht unserer menschlichen Natur. Es ist kein Anzeichen einer psychischen Störung. Es ist weder schizophren noch die Krankheit einer multiplen Persönlichkeit. In der Uneindeutigkeit, was wir wollen, zeigt sich lediglich die normale »Multiplizität der Psyche«. Der italienische Psychiater Roberto Assagioli hat sie bereits beschrieben, Ansätze dazu finden wir schon bei dem berühmten Seelenarzt Carl Gustav Jung. Eric Bernie entwickelte ein ähnliches Konzept für die Transaktionsanalyse und Richard C. Schwartz für sein Modell der »inneren Familie«.

Es sind nicht allein die Gefühle, die sich in unserem Innern Geltung verschaffen, sondern auch die dazugehörigen Gedankenkonstrukte. Sie artikulieren sich als unterschiedliche Gedankenfetzen, als Gedankenketten. Wir entwickeln sie zu ausgewachsenen Argumentationen oder kompletten Theorien. Innere Dialoge führen wir ganz automatisch. Uns beschäftigen unsere unterschiedlichen Wünsche, Bedürfnisse, Befürchtungen und Ambitionen. In unseren inneren Dialog mischen sich bestimmte Gedanken besonders intensiv ein – je nachdem, worum es geht. Bei Themen, die für uns sehr grundsätzliche Bedeutung haben, dominieren unsere Leitgedanken, transportiert durch die Leitgefühle, mit ihren bevorzugten Interpretationsmuster. Aus den beiden Komponenten der Gefühlslogik – der Logik der Gefühle und der Emotionalität der Logik – bilden sich unsere inneren Stimmen. Leitgefühle und Leitgedanken, beide in ständiger Wechselwirkung, bestimmen die dominierenden Anteile unserer Persönlichkeit, die sich in unseren inneren Dialogen besonders eloquent bemerkbar machen. Sie übertönen leicht die leiseren, sich zurückhaltenden Stimmen und beeinflussen so, was wir vor allem denken und fühlen. Achten wir nur darauf, entgeht uns allerdings Wesentliches. Wir tun gut daran, auch auf die sich mehr zurückhaltenden Anteile unserer Persönlichkeit zu hören. Sie haben uns viel zu sagen. Wir sollen sie nicht einfach beiseiteschieben, sondern gerade ihnen besondere Aufmerksamkeit widmen.

Die Kraft der Bedürfnisse

Peter Tamm kam mit der Eigendiagnose »Burn-out« zu uns. Er fühlte sich innerlich leer und an der Grenze seiner Belastbarkeit. Er spürte, dass er zunehmend gereizt reagierte, sich von der Fülle seiner beruflichen Aufgaben getrieben und überfordert fühlte. Nachts schlief er schlecht, auch an Wochenenden konnte er sich nicht richtig erholen. Gut gemeinte Ratschläge, wie »treten Sie doch etwas kürzer«, nutzen in einem solchen Fall gar nichts. Peter Tamm sagt sich das selbst oft genug. Denn der gute Vorsatz ist meist schon vergessen, sobald er ihn ausgesprochen hat. Ihn schlicht zu erneuern oder therapeutisch zu verstärken, ist sinnlos. Es führt zu keiner dauerhaften Verhaltensänderung. Hilfreich war für ihn jedoch, auf die unterschiedlichen Anforderungen zu achten, die er sich selbst stellte – auf die verschiedenen Anteile seiner Persönlichkeit, von denen sich einige miteinander verbündeten, andere jedoch gegen sie Stellung bezogen, manche zaghaft, andere entschiedener. Wir schlugen Peter Tamm vor, diese unterschiedlichen Teile als Mitglieder seines inneren Teams zu betrachten, jeden zu Wort kommen zu lassen und ihnen, entsprechend ihrer Haltung, einen Namen zu geben. Ähnlich schlägt es der Hamburger Psychologe und Kommunikationswissenschaftler Friedemann Schulz von Thun vor.

»Du musst besser sein als die anderen«, hörte Peter Tamm einen Teil in sich sagen. Er entdeckte »den Antreiber«, der von ihm Leistung verlangte, und »den Perfektionisten«, der forderte, dass an seiner Arbeit nichts auszusetzen sein dürfte, damit sie Anerkennung finde. Er hörte »den Kritiker«, der seine Selbstzweifel nährte, und »den Bedürftigen«, der es, um ihn vor Kritik zu schützen, allen recht machen wollte, vor allem den Vorgesetzten. Die verschiedenen Teile sorgten gemeinsam dafür, dass ihm »der Beschützer«, der ihn nur zaghaft mahnte, auf die eigene Gesundheit zu achten, keine ausreichende Geltung verschaffen konnte. Andere Teile entdeckte Peter Tamm in sich erst mit einiger Anstrengung – »den Fürsorglichen«, der mehr für seine Kinder da sein wollte, »den Liebhaber«, den seine Frau attraktiv finden sollte. Indem er diesen Teilen genauer zuhörte, entdeckte er zunehmend Gefühle und Bedürfnisse, denen er zuvor Stimme und Einfluss verweigert hatte.

Peter Tamm *fühlte* nun, was er aufgab, wenn er ganz und gar in seinem Beruf aufging. Er behandelte seinen inneren Konflikt nicht mehr allein mit dem Verstand. Er spürte die Kraft seiner anderen *Bedürfnisse* und damit das *Verlangen*, weniger zu arbeiten, nicht immer alles perfekt zu erledigen. Er merkte, als er dann begann, Prioritäten zu verschieben, wie er durch mehr Zuwendung von seinen Kindern mehr Energie bekam, wie sie ihm das Gefühl, ja, die Gewissheit vermittelten, wichtig, unersetzlich zu sein, ohne dass er dafür etwas Besonderes leisten musste. Perfekt musste er nicht sein, um die Liebe seiner Kinder zu bekommen. Kinder sind großherzig! Peter Tamm wollte nun lernen, Nein sagen zu können, wenn sein Chef ihm eine zusätzliche Aufgabe geben wollte, was er bisher widerstandslos hatte geschehen lassen. Die mit der Vorstellung verbundenen positiven Gefühle, mehr Zeit für sich, seine Frau und seine Kinder zu haben, gewannen an Gewicht gegenüber den negativen Gefühlen, von seinem Chef womöglich weniger Anerkennung zu bekommen.

Es half Peter Tamm, Varianten des Neinsagens zu lernen, ohne sich dabei wie einer vorzukommen, der sich querlegt und unbeliebt macht (gegen übergriffige Chefs hilft oft schon, die Bereitschaft zu erklären, neue Aufgaben zu übernehmen, dies aber mit der Bitte zu verbinden, doch aus ihrer Sicht zu sagen, wie Prioritäten dann neu zu bestimmen seien – und welche Aufgaben bei neuen Prioritäten wegfallen sollten). Solche Tools, die ein guter Coach parat hat, erweitern die Verhaltensmöglichkeiten enorm. Allerdings kommt es mehr noch darauf an, die inneren Anteile der Persönlichkeit zu stärken, die letztlich entscheiden, ob es opportun ist, die Tools anzuwenden. Dazu bedarf es Mut. Den konnte Peter Tamm von seinem wiederentdeckten »Unbeugsamen« bekommen, der ihm das angenehme Gefühl von früher bestandenen Auseinandersetzungen zurückgab. Mit der Erinnerung daran begann »der Unbeugsame« zu erzählen, wie er Konflikten nicht ausgewichen war, sie hatte angehen und lösen können – und er sich anschließend viel besser fühlte.

Gefühle sollten uns zu denken geben. So erkennen wir ihre Logik und den Kontext, in dem sie sich geltend machen. Dann kann unser bewusstes Selbst eingreifen. Wir können erkennen, welche Anteile unserer Persönlichkeit in den Vordergrund drängen und beginnen, uns zu dominieren, wenn wir sie ungehindert gewähren lassen. Wir nehmen ihnen bereits einen erheblichen Teil ihrer Macht, wenn wir ihre Wirkungsweise begreifen, und wir können sie managen, wenn wir anderen Gefühlen und kognitiven Konzepten Raum geben. Das gelingt, indem wir unser Denk-Hirn nutzen, auf Bewusstsein schalten und jene Areale aktivieren, die wie der ventromediale, der orbitofrontale und der anteriore cingulare Cortex für Bewertung und Kontrolle von Absichten und Zielen zuständig sind.

Innere Dialoge

In aufmerksam geführten inneren Dialogen nehmen wir unsere Gefühle differenzierter und angemessener wahr. Wenn wir genauer hinhören und verstehen, was sie uns insgesamt zu sagen haben, können wir mit unterschiedlichen Bedürfnissen und Botschaften besser umgehen, sie zueinander in Beziehung setzen und gegeneinander abwägen. Was wir vorher ausgeblendet haben, hört ja nicht auf zu existieren. Es macht sich womöglich nur stärker geltend, ohne dass wir verstehen, was mit uns geschieht. Das ist der Fall, wenn wir von der Vehemenz unserer Gefühle plötzlich erwischt werden und ihnen hilflos ausgeliefert sind.

Durch den inneren Dialog der verschiedenen Anteile unserer Persönlichkeit werden wir stimmiger, komplexer, ausgeglichener und freier. Ein solcher Dialog lädt ein zur Kontemplation und zur Reflexion. Wir entdecken unbewusste oder unterdrückte Wünsche, verstehen verborgene Befürchtungen. Wir sprechen ihnen nicht länger ihre Daseinsberechtigung ab. Wir verurteilen sie nicht, sondern erkennen die Funktion, die sie für uns erfüllen. Wir begreifen besser, was uns nutzt und was uns schadet, was uns zwar in der einen Situation helfen mag, aber nicht in anderen, was vielleicht früher einmal nützlich für uns war, uns heute aber blockiert. Wir sind in der Lage, die Logik unserer Gefühle und unserer kognitiven Konzepte in ihrem realen Kontext zu begreifen. So können wir aus eingefahrenen Mustern aussteigen, neue entwerfen und auch die wieder korrigieren, wenn sie sich *für uns* als nicht förderlich erweisen. Im Management unserer Emotionen erweitern wir unser Selbstbewusstsein.

Wenn unsere emotionalen Reaktionen besonders heftig ausfallen, verweisen sie in aller Regel auf alte Verletzungen. Angst, Schuld und Scham können tiefe seelische Wunden schlagen, wenn sie durch wiederholte Erlebnisse immer wieder aufgerissen werden oder wenn sie aus einer schweren traumatischen Verletzung entstehen. Wenn diese Gefühle die Vorherrschaft ergreifen, wir ihnen nachgeben, halten wir die Wunde offen. Wir pflegen die Erinnerung an die Verletzung und konservieren so den Schmerz.

Es hilft nichts, sich schwere Verletzungen ständig zu vergegenwärtigen und uns so von der Vergangenheit gefangen nehmen zu lassen. So leben wir nicht in der Gegenwart und können die Zukunft nicht gestalten. Alte Verletzungen heilen nicht, indem wir sie neu durchleben. Sie heilen nur durch positive Gefühle, die wir uns nicht einreden, sondern aus uns holen, aus unseren eigenen Erfahrungen. Jeder Mensch hat seine eigenen Ressourcen. Selbst unter tragischen Umständen sind sie zu entdecken, bei Krankheit, in Kriegen, sogar unter Folter. Davon berichten glaubwürdig viele Opfer, die aus der lebendigen Erinnerung an ihre Ressourcen selbst unter schwersten Bedingungen die Kraft schöpften, sich vorzustellen, wie ihr zukünftiges Selbst sein könnte. Wir entdecken unsere selbst aufgestellten Gefühlsfallen, wenn wir uns fragen: Welche automatischen Verhaltensweisen machen mich unzufrieden? Wo schade ich mir? Wodurch werden sie ausgelöst? Welche Gefühle spielen vor allem eine Rolle, welche Teile meiner Persönlichkeit schicken sie in Aktion? Jeder Handlung liegt eine Entscheidung zugrunde, nicht unbedingt durchdacht, oft unbewusst geleitet von Ansichten, Überzeugungen, Annahmen, die automatisch da sind und uns selbstverständlich erscheinen. Mögliche Alternativen bedenken wir erst gar nicht, vor allem nicht, wenn wir unter Druck stehen.

Im inneren Dialog stellen wir Kontakt zu unseren Gefühlen her. Wir erleben ihre Vielfalt. Gleichzeitig halten wir zu den einzelnen Gefühlen eine gewisse Distanz. Wir verstehen ihre Komplexität, bedienen uns unterschiedlicher Informationen, nutzen die emotionale Energie aus ganz verschiedenen Quellen, lassen uns nicht mehr von Leitgefühlen dominieren oder uns von Ambivalenzen gefangenen nehmen. Wir können polarisierende Gefühle neu gewichten und die mit ihnen verwobenen kognitiven Konzepte neu ordnen. Wir können abwägen, in welchem Maß wir sowohl das eine als auch das andere haben können oder wo wir uns für das eine und gegen das andere entscheiden müssen. Dies allerdings tun wir dann mit dem klaren Bewusstsein und dem guten Gefühl, das wir dadurch insgesamt doch gewinnen.

Hartmut Dehner, ein deutscher Stahlhändler, war dabei, sich mit einem Kunden aus Indien zu überwerfen. Der Kunde hatte eine zum Teil falsche Sendung moniert und verlangte für die verzögerte Auslieferung der richtigen Ware einen Preisnachlass. Dehner war jedoch nicht bereit, der Forderung nachzukommen. Er erklärte, für den Fehler nicht verantwortlich zu sein. Außerdem, lamentierte er, habe der Kunde andauernd irgendetwas auszusetzen und fordere unter allen möglichen Vorwänden immer wieder Sonderrabatte. Das sei er nun leid. Er habe dem Mann in Mumbai schon eine geharnischte E-Mail geschrieben: dass er so nicht mit sich umspringen lasse. Die prompte Antwort aus Indien war auch schon eingetroffen: Dann solle er es doch, bitte schön, bleiben lassen.

Bei Dehners Verhalten hatte »der Beleidigte« die Regie übernommen, der sich immer in den Vordergrund drängt, wenn Dehner den Eindruck hat, nicht mit Respekt behandelt zu werden. Unterstützung hatte er vom »Controller« erhalten, der alles selbst im Griff haben will und zu schnellen Konsequenzen treibt, bevor andere ahnen, was mit ihnen geschieht. Der »Controller« sorgt dafür, dass Hartmut Dehner sich nicht hilflos und unterlegen fühlt. Als er aufmerksamer in sich hineinhörte, begegnete er jedoch auch ganz anderen Teilen seiner Persönlichkeit, dem »Kooperativen«, der von einer Konfrontation abriet und als verträglicher Partner geschätzt werden wollte. Außerdem trat der »Ängstliche« auf, der fürchtete, der Verlust eines wichtigen Kunden beeinträchtige zu sehr das gesamte Geschäft. Dehners »Manager« wandte ein, er lasse seinem Ärger zu sehr freien Lauf.

Als er in einer Übung die unterschiedlichen Teile als Partner in einem Dialog auftreten ließ, kam er nach aufmerksamer Anhörung zu einer neuen Betrachtung des Konflikts und zu einem für ihn ganz ungewöhnlichen Verhalten: Der »Kooperative« mahnte den »Beleidigten« zu sehen, wie er darauf zusteuerte, Geschäfte mit einem Kunden aufzugeben, der selbst an guten Beziehungen interessiert war und dafür auch Einiges tat. Zum Beispiel bezahlte er Lieferungen stets komplett vorab. Außerdem war er ein großer Kunde und noch ein junger Mann, der noch lange ein gewinnbringender Partner sein konnte. Der kühle »Manager« rechnete dem hitzigen »Controller« vor, dass er dazu drängte, einen Nachlass zu verweigern, der gemessen an den Profiten, welche die Verkäufe ihm brachten, sehr bescheiden war. Der »Ängstliche« assistierte, eine solche Geschäftsbeziehung dürfe nicht aufs Spiel gesetzt werden. Der »Beleidigte« konnte die Einwände gelten lassen und zugeben, dass er von seinem Kunden durchaus Respekt spürte und er nicht die Beziehung insgesamt infrage gestellt hatte, sondern Dehner. Der »Kooperative« konnte vorschlagen, die relativ bescheidene Abschlagsforderung einerseits als Signal zu sehen, dass der Partner nicht immer den Eindruck hatte, verlässlich genug behandelt zu werden, er aber trotzdem weiter zusammenarbeiten wollte. Hartmut Dehner musste also ein Zeichen setzen, zu einer symbolischen Geste fähig sein, um Wertschätzung für die Anliegen und Bedürfnisse seines indischen Geschäftspartners zu demonstrieren.

Nach Abwägung aller Positionen machte Dehner etwas, was er noch nie gemacht hatte: Er schrieb eine E-Mail, in der er sich für seine beleidigte (und beleidigende) Reaktion entschuldigte und sie für völlig unangemessen erklärte. Er bat um eine Vereinbarung für ein direktes Gespräch, um dabei von seinem Kunden zu hören, was für ihn wichtig sei, um die Beziehung wieder ins Lot zubringen. Der Geschäftsmann aus Mumbai schrieb noch am selben Tag zurück, dass auch ihm an einer Verständigung gelegen sei. In dem bald folgenden Gespräch glätteten beide rasch die Wogen und versicherten sich gegenseitig mehr Gelassenheit. Seither gibt es keine gravierenden Probleme mehr, und beide machen pro Jahr einen Umsatz von mehreren Million Euro.

Unseren inneren Anteilen nachzuspüren, sie als Informanten und Partner zu suchen und anzunehmen, ist immer sinnvoll, wenn es um wichtige Entscheidungen geht. Sonst überlassen wir den Gefühlen und Konzepten, die spontan den größeren Einfluss ausüben, zu viel Entscheidungsgewalt. Sie artikulieren ihre Wünsche, steuern unsere Wahrnehmungen, legen fest, wie wir die Umstände, in denen wir uns befinden, bewerten und was wir uns von Entscheidungen versprechen.

So können wir erklären, was Daniel Kahneman als »focusing illusion« beschreibt: dass wir an uns beherrschenden Hoffnungen oder Befürchtungen hängenbleiben und Prognosen abgeben, die sich später als falsch erweisen. Anders als Kahneman haben wir eine Erklärung, wie wir dagegen ankommen – indem wir einen achtsamen inneren Dialog führen und mit der größeren Vielfalt von Information besser einschätzen können, wie es uns wirklich gehen wird mit dem, was wir zu tun gedenken. Wie es sich *anfühlt*.

Wer sich auf sich selbst einlässt, erfährt mehr über sich, kann unterschiedliche Bedürfnisse und Befürchtungen besser ausbalancieren. In Einklang bringen können wir nämlich nur, was wir kennen. Inneneinsichten helfen uns, dass uns unser Leben besser gelingt. Um dorthin zu gelangen, brauchen wir allerdings auch die Sicht von anderen. Wir entwerfen mit Vorliebe Selbstbilder, in denen wir uns gut gefallen. Was uns nicht gefällt, blenden wir gern aus. Wir stellen Eigenschaften und Verhaltensweisen in den Vordergrund, von denen wir meinen, damit bei anderen besonders gut anzukommen. Doch häufig erkennen wir in unserer Selbstgefälligkeit nicht, wie wir tatsächlich auf andere wirken – nämlich nicht so geistreich, charmant, verständnisvoll, hilfreich und gut, wie wir es von uns glauben.

Die Bereitschaft, ja der Wunsch, von anderen zu erfahren, wie wir auf sie wirken, entsteht nur, wenn wir akzeptieren, dass wir tatsächlich blinde Flecken haben, dass andere uns darüber ehrlich Auskunft geben, wenn wir deren Ansichten ertragen können. Unsere inneren Zustände sind nicht identisch mit den Wirkungen, die wir mit ihnen bei anderen hervorrufen. Wir werden deshalb immer wieder auch anders verstanden, als wir verstanden werden möchten.

Mit Eigenschaften konfrontiert zu werden, die nicht in unser Selbstbild passen, ist oft schmerzhaft, selbst wenn andere ihre Bemerkungen wohlwollend meinen. Glauben wir ihnen das nicht, lassen wir, was sie uns sagen, nicht an uns heran. Wir sprechen ihnen ab, uns beurteilen zu können – dabei geht es in solchen »Rückmeldungen« gar nicht um die Beurteilung unseres Charakters, sondern um die *Wirkung*, die wir auf andere ausüben. Diese hat immer mit subjektivem Befinden und persönlicher Empfindlichkeit zu tun, die allerdings beeinflusst, welches Bild wir anderen von uns vermitteln, welche Gefühle wir in ihnen uns gegenüber hervorrufen, welches Verhältnis wir zu anderen Menschen herstellen. Wer das nicht wissen will, lebt allein in seiner eigenen Welt, versperrt sich bessere Selbsterkenntnis, kann weder die eigenen Emotionen managen noch die Emotionen anderer.

Stärken stärken

Mit dem Begriff »positives Denken« ist einiger Schindluder getrieben worden. In der trivialen amerikanischen Variante wollte er uns nahelegen, wir könnten uns durch Autosuggestion in eine gute Stimmung versetzen (»Lächeln Sie sich morgens im Spiegel an, und es wird ein guter Tag!«), mit der wir dann auch automatisch positiv denken und erfolgreich handeln würden. Das ist Unsinn. Niemand kann abheben, der nicht zuvor fliegen gelernt hat – und nicht über die Mittel zu fliegen verfügt. Positives Denken, wettert der Berliner Philosoph Wilhelm Schmid, führe dazu, Probleme partout nicht wahrhaben zu wollen. Er sieht im positiven Denken die Ursache für den Zusammenbruch der Finanzwirtschaft 2008. »Der Chef der Deutschen Bank verkündete jahrelang: Es ist alles bestens, es ist alles gesund, 25 Prozent Kapitalrendite sind vollkommen normal, und alle, die sagen, hier läuft etwas falsch, sind Miesmacher. Jetzt haben wir erkannt: Die Miesmacher hatten recht.«

Wir tun tatsächlich gut daran, das Negative nicht auszublenden, optimistische Annahmen kritisch zu hinterfragen, nach gegenteiligen Anzeichen Ausschau zu halten und zu überlegen, was die Folgen wären, wenn günstige Prognosen nicht eintreffen, und was das für uns bedeuten würde.

Das positive Denken, wie wir es verstehen, hat nichts damit zu tun, Illusionen zu pflegen und sich von ungehörigen positiven Gefühlen die Sicht auf die Wirklichkeit vernebeln zu lassen. Es geht nicht um ein naiv-idiotisches Mantra, dass wir alles erreichen könnten, wenn wir nur wollten. Es geht vielmehr darum, das Bewusstsein zu fördern, was wir persönlich tatsächlich schon erreicht haben, wo die eigenen echten Stärken liegen und wie sie, unterstützt durch die Belebung positiver Erfahrungen, am besten und mit begründeter Zuversicht anzuwenden sind. Viele Menschen, das erleben wir auch in Coachings, haben nämlich Mühe, sich daran zu erinnern. Sie sind nicht gewohnt, ihre Erfolge als Erfolge zu sehen. Sie bagatellisieren ihre Leistungen. Wir unterstützen sie dann, ihre Erfolge und Leistungen neu zu würdigen, anzuerkennen und zu feiern. So beginnen sie, sich ihrer Stärken zu vergewissern.

Da wir alle mehr Schwächen als Stärken haben, ist es besser, wenn wir uns mehr mit unseren Stärken beschäftigen und daraus Kraft und Zuversicht gewinnen. Gewiss, wir sollten auch an der einen oder anderen Schwäche arbeiten, wenn sie uns daran hindert, ein gelingendes Leben zu führen. Wenn wir uns aber zu sehr damit aufhalten, uns immerfort unsere »Defizite« vorzuführen, fördern wir nur eine pessimistische Haltung. Wer versucht, seine Schwächen in Stärken umzuwandeln, wird unglücklich. Wenn Sie in einem Beruf stecken, in dem Sie Tag für Tag gegen Schwächen ankämpfen, wechseln Sie lieber den Job. Wenn Sie in einer Beziehung leben, in der Sie immer nur hören, wo Sie versagen, steigen Sie aus. Es gelingt Ihnen, wenn Sie sich Ihrer Stärken bewusst werden.

So können wir positives Denken begründen und zuversichtlicher und optimistischer werden. Der amerikanische Psychologe Martin Seligman von der University of Pennsylvania konnte nachweisen, dass Versicherungsagenten, die optimistisch an ihren Job herangehen, weit erfolgreicher sind als Skeptiker. Studenten, die einer Prüfung hoffnungsvoll entgegenblicken, schneiden oft besser ab als Pessimisten. Ihre Einstellung scheint sogar der wichtigere Faktor für eine gute Note zu sein als ihre vorher gezeigten akademischen Leistungen. Optimismus fördert Erfolg, Erfolg stärkt das Selbstbewusstsein, Selbstbewusstsein steigert Optimismus, Optimismus begründet gesteigerten Erfolg. Die Psychologin Barbara Fredrickson nennt dieses Konzept »Broaden-and-built« – verbreitern und aufbauen. Und es wird erneut klar, wie hier Gefühle und Gedanken aufs Schönste miteinander arbeiten, wie unser Verstand vom Management der Emotionen profitiert.

Sich selbstbewusst führen

Jeder kann sein Schicksal in die eigene Hand nehmen. Wir sind weder Opfer unserer Gene noch unserer Vergangenheit oder akuter Umstände. Jeder kann ein Verhalten ändern, mit dem er sich selbst schadet, und sein Leben zum Besseren wenden. Wir müssen es nur wirklich wollen. Das geschieht, wenn wir spüren, dass es sich für uns lohnt.

Die Idee der Veränderung muss mit einer verlockenden Vision verbunden sein, sonst ist sie eine bloße Wunschvorstellung, und die besten Vorsätze bleiben auf der Strecke. Wie viele Menschen treiben keinen Sport, obwohl sie wissen, wie gut er ihnen tun würde? Wie viele schaffen keine Ordnung, obwohl sie im Chaos versinken, hängen an Partnerschaften, in denen sie sich eine Enttäuschung nach der anderen abholen, oder gehen in ihrem Beruf auf, obwohl sie merken, wie ihnen das sonstige Leben entgleitet?

Dass der Gewinn erst mit der Veränderung, also in der Zukunft eintritt, blockiert viele Menschen, überhaupt damit zu beginnen. Sie müssen Gewohnheiten, Bequemlichkeiten und womöglich Gratifikationen aufgeben. Das macht es zunächst schwer. Es ist wie mit dem Dessert vor der Nase: Es verführt unmittelbar, es lockt stärker als der Wunsch, ein paar Kilo abzunehmen. Wir greifen zu und sagen uns, morgen sei es auch noch früh genug, um zu fasten. Aber es gibt immer ein neues Morgen. Wir können Vorsätze wider besseres Wissen aufschieben, indem wir uns vormachen, doch an ihnen festzuhalten. So gönnen wir uns die greifbare Belohnung und die beruhigende Illusion, wir würden uns bloß einen kleinen Aufschub gewähren und schließlich doch »das Richtige« für uns tun.

Wir sind alle große Vermeider. Wir rücken uns mit moralinsauren Appellen zu Leibe, mit dem andauernden »Ich sollte«, nur um das, was wir für »richtig und wichtig« halten, doch nicht zu tun. Selbst ernannte Motivationsgurus versprechen, sie könnten das phlegmatische »Ich sollte« in ein dynamisches »Ich möchte« verwandeln. Sie mögen kurzzeitig begeistern, aber sie erzielen keine anhaltenden Veränderungen. Niemand kann andere Menschen dauerhaft dazu verleiten, etwas zu tun, was sie nicht *wollen*. Wer sich nicht bewegen *will*, der wird auch nicht *bewegt*, also nicht *motiviert*. Auf leichtfertige Versprechen der angeblichen Motivatoren fallen immer wieder viele Menschen herein, weil Gurus und Illustriertenratgeber so tun, als gäbe es schnelle und leichte Lösungen. Es klingt so bequem: sich motivieren lassen. Damit gibt man die Verantwortung ab und ist selbst nicht mehr zuständig. Wenn das nicht klappt: Pech gehabt. Dann ist halt nichts zu ändern. Ein trister Selbstbetrug.

Wir arbeiten als Coaches mit Spitzensportlern ebenso wie mit Topmanagern. Sie »funktionieren« völlig gleich: Sie strengen sich an, sie streben nach ambitionierten Zielen, nicht weil wir es ihnen gesagt hätten, sondern weil sie selbst diese Ziele erreichen wollen. Sie motiviert die Vision, die lebendige Vorstellung, wie sie sich fühlen, wenn sie dort ankommen, wo sie hinwollen. Dieses Hineinversetzen, das Vor-Erleben, gibt ihnen Kraft und Ausdauer. Sie halten es nicht mit dem ehemaligen Bundeskanzler Helmut Schmidt, der sagte: »Wer Visionen hat, muss zum Arzt.«

Erfolgreiche Sportler und Manager halten ihre Visionen lebendig. Sie rufen sie sich immer wieder ins Bewusstsein. Ihnen hilft es, große Ziele herunterzubrechen in Teilziele, die mit einer überschaubaren *Anstrengung* zu erreichen sind. Training oder Arbeit macht ihnen Spaß, wenn sie, Schritt für Schritt, mehr Können und mehr Ausdauer aufbauen. Sie befinden sich in einem Zustand der inneren Zufriedenheit, den der Psychologe Mihaly Cszikszentmihaly als »flow« bezeichnet und der *selbstmotivierend* ist. Mit dieser Mentalität gelingt es ihnen, Rückschläge und Niederlagen zu verkraften, nicht aufzugeben und aus Fehlern zu lernen, um ihre Ziele besser zu bestimmen und zu erreichen.

Neurowissenschaftler konnten in Untersuchungen nachweisen: Menschen sind zufriedener, wenn sie jene Areale ihres Gehirns aktivieren, die für Zielbestimmung und Zielkontrolle zuständig sind. Auch Spitzensportler und Topmanager vertrauen nicht allein ihrem Gefühl: Sie nutzen höchst aktiv ihr Denk-Hirn, indem sie ihre persönlichen Ziele definieren und Strategien entwickeln, über welche Teilziele sie dorthin gelangen. Sie nutzen ihr Denk-Hirn, um zu kontrollieren, ob sie gut unterwegs sind und dorthin gelangen, wohin sie wollen. Sie geben sich so ein Feedback, mit dem sie ihre Motive stärken.

Wenn wir etwas tun, dann nicht, weil es uns der Verstand sagt, sondern weil wir uns dabei gut *fühlen*. Wenn wir beharrlich etwas anderes machen, als wir uns sagen, dass wir es tun sollten, gilt es nüchtern festzustellen: Wir fühlen uns tatsächlich mit diesem anderen besser. Wir müssen uns also fragen: Welchen Vorteil erzielen wir dadurch? Der Vorteil mag sehr kurzfristig sein, wir machen ihn uns zumeist nicht bewusst. Wir handeln automatisch, weil uns der Automatismus Gratifikation beschert. Wir müssen identifizieren, welche Belohnung wir bekommen und auf welche mögliche Belohnung wir damit verzichten. Wir können zum Beispiel Bequemlichkeit vorziehen, auf Sport verzichten – und damit auf Fitness. Wir können Spürsinn entwickeln, was uns auf längere Sicht wirklich wichtiger ist. Veränderung ist anstrengend, diese Anstrengung muss sich lohnen, und die Belohnung müssen wir *spüren*. Sonst reden wir nur weiter daher, was wir alles tun sollten, und pflegen unser schlechtes Gewissen, dass wir unsere kraftlosen Vorsätze nie umsetzen. Nur wenn wir zu den Gefühlen vordringen, die uns sagen, was uns wahrlich besser tut, überwinden wir die Lähmung, uns zu ändern. Unseren Körper halten wir fit, wenn wir uns durch Fitness wirklich besser fühlen und dieses Wohlgefühl stärker ist, als die Gefühle, die andere Wünsche und Bedürfnisse in uns auslösen. Ist es umgekehrt, stehen wir vor unüberwindlichen Hürden.

Es gibt Menschen mit geringerem Drang, sich zu bewegen, und es gibt Hyperaktive. Wie sie sich verhalten, hängt jedoch nicht allein von unterschiedlichen natürlichen Veranlagungen ab, sondern auch davon, welche Vorbilder und welche Möglichkeiten zur Verfügung stehen. Wenn Eltern sich nicht bewegen, bleiben auch ihre Kinder eher passiv, besonders wenn sie nicht an anderen Orten attraktive Bewegungsangebote erleben – beim Toben und Spielen mit anderen Kindern im Kindergarten, bei Sport und Wettkampf in der Schule. Auch Coaches können Nachahmung stimulieren – im Sport wie im sonstigen Leben. Sie können Vorbild sein und die guten Gefühle vermitteln, die sie in sich haben, können helfen, visionäre Ziele so in Teilziele zu zerlegen, dass die großen Ambitionen nicht erdrückend wirken. Zu weit gesteckte Ambitionen wecken die (begründete) Furcht zu scheitern, sie türmt sich auf zu einer Angst, die Motivation raubt. Coaches können kleine Erfolge, die sie oft viel klarer sehen, beschreiben und so ermutigen. Sie können ihre Kraft spüren lassen und so Energie übertragen, Anstöße geben, den inneren Schweinehund an die Kette zu legen. Sie können das Denk-Hirn stimulieren und Reflexionen unterstützen, die rückmelden, wie sehr es vorangeht und gewünschte Ziele näher rücken. So fördern sie Durchhaltevermögen. Coaches können ihren Trainees aufzeigen, wo kurzfristige Annehmlichkeiten zu langfristigen Unannehmlichkeiten führen. Sie mögen sagen: »Nichts zu tun mag jetzt angenehmer sein, aber visualisiere dir die Folgen.« Den *Willen* freilich, den muss jeder selbst mitbringen. Nahrung erhält er nur aus dem inneren Gefühl, dass es sich lohnt.

Was wir wirklich wollen, kann uns in den Routinen des Alltags abhandenkommen, vor allem, wenn sie uns sehr beanspruchen und unter Druck setzen, wenn wir uns getrieben fühlen, gehetzt, gestresst. Dann denken wir nicht mehr klar, wir verengen den Fokus unserer Wahrnehmung und sehen nur noch, was als nächste Belastung auf uns zukommt. Im Lauf der Zeit nimmt unsere Hirnkapazität dadurch ab, schleichend, zunächst unmerklich. Schließlich werden Konzentrationsschwierigkeiten, Vergesslichkeit und Leistungseinbrüche offensichtlich.

Um herauszufinden, was wir wirklich wollen, ist es notwendig, sich von zu viel Stress zu befreien, sich bewusst auszuklinken und zu versuchen, ein neues Bewusstsein zu erlangen. Zur Besinnung bedarf es der Kontemplation, Meditation und Reflexion, der inneren Einkehr und der Stille. Erst dann können wir bergen, was in unserem Inneren verschüttet worden ist. Nur dann hören wir die Anteile in uns, die nur zaghaft und mit leiser Stimme sprechen.

Diese Stille auszuhalten gelingt vielen nicht. Lieber sind sie umtriebig unterwegs. Es muss einen starken Anreiz geben, aus den Gewohnheiten auszusteigen und sich solchen Mühen auszusetzen. Manche kommen zu einem Coach, weil sie von ihm erwarten, er möge ihnen sagen, was für sie gut sei. Doch das kann nicht gelingen. Keiner kann einem anderen sagen, was der wirklich will. Und da dies immer eine persönliche Angelegenheit ist, gibt es keine einfachen Standardrezepte. Aber von einem Coach gibt es: Hilfe und Orientierung.

Beziehungsdramen

Wenn es in Beziehungen nicht mehr gut läuft, liegt dies in aller Regel daran, dass beide Partner Muster wechselseitiger Vorwürfe entwickelt haben, wo ein Wort rasch das andere ergibt und sie in Windeseile über immer wieder dasselbe in Streit geraten – darüber, wer was im Haushalt macht, wer sich wie um die Kinder kümmert, Ordnung hält oder Unordnung verbreitet, wessen sexuelle Bedürfnisse zu kurz kommen, wer auf wen mehr oder weniger Rücksicht nimmt. Ungelöste Konflikte führen dazu, dass sich immer mehr negative Gefühle ansammeln, die Gereiztheit zunimmt und die Enttäuschung.

Damit wächst die Distanz untereinander. Sie baut sich rasch auf zu einer Polarisierung, in der die wechselseitigen Vorwürfe nur immer heftiger und gemeiner werden.

Vorwürfe sind verunglückte Wünsche. Je vehementer Vorwürfe werden, umso schwieriger wird es, miteinander angenehme Situationen zu erleben; leicht gehen Versuche daneben, durch etwas Besonderes – ein schönes Essen oder eine Reise – wieder mehr Zusammenhalt zu schaffen. Wenn die eigentlichen Konflikte nicht gelöst sind, werden solche Initiativen schnell mit zu vielen Erwartungen überfrachtet. Die Voraussetzungen, sie zu erfüllen, sind nicht gegeben. Und am Ende verbittert es, wenn wieder eine Hoffnung enttäuscht wurde.

Vereinbarungen, mit denen Probleme gelöst werden sollen, haben keinen Bestand, solange emotionale Bedürfnisse nicht in Einklang damit gebracht sind. Es kommt darauf an, zuerst die Gefühle zu verstehen, bevor man Problemlösungen diskutiert. Unterschiedliche Erwartungen scheitern, solange unterschiedliche Bedürfnisse nicht entdeckt worden sind.

Vorwürfe arten aus in Machtkämpfe, und dabei gibt es für Paare nichts zu gewinnen. Partnerschaft funktioniert nicht, wenn einer versucht, den anderen zu bevormunden oder gar zu beherrschen. Vernünftiger ist es, Verständnis und Respekt für unterschiedliche Gefühlslagen zu entwickeln. Anstatt sich gegenseitig anzuklagen, was nur zu Abwehrreaktionen führt, sollten Partner sich erzählen, welche Wünsche sie haben und was sie brauchen. Es reicht nicht, sich gegenseitig vorzuhalten, was man nicht will und nicht braucht. Das schafft keinen positiven Bezug. Distanzen sind nur durch Wertschätzung für die Bedürfnisse des jeweils anderen zu überwinden.

Mit Energien haushalten

Ein Treffen mit Volker Bartsch zu vereinbaren ist nahezu aussichtslos. Sein Terminkalender, erklärt er, sei zu dicht gedrängt. Bartsch, 46 Jahre, Leiter der Logistik in einem Metall verarbeitenden Betrieb, fühlt sich in seinem Beruf »die ganze Woche hindurch eingetaktet« durch die Fülle von Routinen, Projekten, Personalgesprächen, Kundenkontakten und endlosen Meetings. Sich mit einem Coach zu treffen, um über seinen Arbeitsstil und Möglichkeiten zu reden, im Job ausgeglichener und effektiver zu sein, erscheint ihm als zusätzlicher lästiger Termin, der ihm nur Zeit nimmt. »Was soll das schon bringen?«, fragt er widerwillig. Es war auch nicht seine Idee gewesen, sich mit uns zu treffen: Der Leiter der Abteilung »Human Resources« hatte ihm nahegelegt, doch einmal mit einem Coach zu sprechen. Bartsch hatte ihm in einem eher privaten Gespräch vorgestöhnt, dass er ständig neue Aufgaben dazubekomme und der Stress für ihn zunehme.

»Vielleicht könnten wir über Zeitmanagement sprechen«, räumt er schließlich ein. Im Coaching erhält Bartsch eine Reihe von Tipps, zum Beispiel, welche Aufgaben er delegieren, welche Checks er in größeren Abständen durchführen und mit welcher Art der Diskussionsführung er Meetings effektiver gestalten könnte. Der Begriff Zeitmanagement ist allerdings, auch für Bartsch, mit zu weitgehenden Erwartungen befrachtet: Er legt nahe, dass wir alle unsere Aufgaben nur clever genug eintakten müssen, um sie alle bewältigen zu können – aber das ist ein Irrtum. Er führt lediglich dazu, dass wir noch angestrengter durch den Tag hetzen, ängstlich darauf bedacht, nicht von unserer (wahrscheinlich ohnehin viel zu optimistischen) Planung abzuweichen. Und deswegen schlagen wir Volker Bartsch etwas völlig anderes vor, um Stress einzudämmen: Energie-Management.

Wenn wir mit unserer Energie nicht sorgsam umgehen, sind wir nicht so effektiv und effizient, wie wir sein könnten. Unsere Stimmung verschlechtert sich zunehmend und damit auch der Umgang mit anderen Menschen, die Beziehung zu ihnen, die Zusammenarbeit. Alle Faktoren verstärken sich gegenseitig negativ. Energie-Management ist somit ein Bestandteil von Emotions-Management. Es verfolgt drei Ziele. 1. sich den wichtigsten Aufgaben zu widmen, wenn die meiste Energie verfügbar ist. 2. Aufgaben, die weniger Hirnkapazität verlangen, zu erledigen, wenn der Energiespiegel absackt. 3. die eigenen Ressourcen geschickt zu erneuern, sodass in gleicher Zeit mehr zu leisten ist und man sich außerdem besser fühlt.

Vor allem jüngere karriereorientierte Menschen tendieren dazu, Aufgaben zu übernehmen, wie sie kommen, Prioritäten nicht mit verfügbarer Energie zu synchronisieren, zusätzliche Aufgaben bereitwillig zu akzeptieren und dafür in hohem Maß auch zusätzliche Stunden zu investieren. Sie glauben, Energie-Management nicht nötig zu haben. Menschen jenseits der vierzig spüren deutlicher, dass die Hauruckmethode zu Leistungsabfall führt; wer älter ist als fünfzig, merkt schon deutlich den Verschleiß. Wer die eigene Energie nicht intelligent managt, nutzt sein Potenzial nicht optimal, untergräbt schleichend seine Motivation und manövriert sich in die Insuffizienz. Die persönliche Unzufriedenheit wächst. In Unternehmen führt mangelndes Energie-Management zu enormen Verlusten, die oft gar nicht registriert werden.

Zu beachten sind einige Regeln: Nach einer gewissen Zeit lässt unsere Energie nach, was immer wir tun. Nach 90 bis 120 Minuten haben wir das Hoch der Leistungsfähigkeit überschritten und schlittern in einer Talsohle. Das entspricht unserem natürlichen Biorhythmus. Symptome wie körperliche Unruhe, Gähnen, Konzentrationsschwierigkeiten und Hunger weisen darauf hin. Wir müssen uns deshalb Pausen gönnen, die diesem Rhythmus entsprechen. Wenn in Meetings Teilnehmer beginnen, auf den Stühlen hin und her zu rutschen, alle paar Minuten jemand zur Toilette geht oder im milden Licht der Powerpoint-Präsentationen einnickt, ist es Zeit für eine erfrischende Unterbrechung oder Vertagung. Das Verlangen, doch »noch schnell etwas klären zu wollen«, weil ja die Zeit drängt, blockiert Lösungen eher, als dass es sie fördert. Oft kommt vordergründige Zustimmung allein aus dem Bedürfnis heraus, doch endlich aufzuhören. Ein Konsens ist so jedoch nicht erzielt. Das macht es schwerer, gute Resultate zu erreichen.

Pausen müssen nicht lang, aber erholsam sein. Nicht sofort nach dem Blackberry greifen, um E-Mails zu checken und zu beantworten, von einem Termin direkt in den nächsten zu hasten, sich nicht zurückzuziehen bei Aufgaben, die Konzentration verlangen, sondern sich von anderen immer wieder unterbrechen zu lassen – das ist Energieverschwendung und höchst unproduktiv. Jeder muss seinen Energiehaushalt kennen, nur so kann er das individuell optimale Energie-Management betreiben, Prioritäten verfolgen, wenn die Ressourcen am stärksten sind, auf Regeneration schalten, wenn es geboten ist, Raum und Zeit auch gegen andere verteidigen!

Dafür sollte jeder zunächst seine persönliche Chronobiologie diagnostizieren, also herausfinden, wie seine innere Uhr tickt. Sie geht nämlich nicht bei allen Menschen gleich, nicht für jeden ist der Tag genau 24 Stunden lang. Manche Menschen springen schon in aller Früh voller Tatendrang aus dem Bett, andere kommen morgens nur schwer in Gang. Verschieden sind auch die Intervalle von Topform und Tagestief. Die einen sind nicht leistungsfähiger als die anderen, ihre Leistungsfähigkeit variiert nur unterschiedlich über den Tag. Die persönliche Chronobiologie zu kennen hilft, sich Aufgaben besser einzuteilen, effektiver und zufriedener zu sein. Und jeder sollte zu einer ausreichenden Menge erholsamen Schlafs kommen. Entscheidender als die Länge des Schlafs ist sein Ablauf. Die »Schlafarchitektur« muss stimmen, das heißt der Rhythmus und die Dauer verschiedener Schlafphasen. Dazu gehören die Tiefschlaf- und die Traumphasen. Die Qualität des Schlafs ist heute mit einfachen Mitteln (zu Hause) objektiv zu überprüfen.

Wenn wir unsere Energiereserven nicht ständig auffrischen, lassen Konzentration und Leistungsfähigkeit nach, und das ist nicht durch größeres Zeitinvestment auszugleichen. Ab einem gewissen Punkt verschlechtern wir mit jeder Stunde fortgesetzter Arbeit das Verhältnis von Energieaufwand und Effektivität exponentiell.

Wer nicht richtig entspannen kann, verfeuert sinnlos Energie. Das Problem gerade für Hochleister ist: Sie merken nicht, wenn sie nicht mehr richtig ausspannen können. Sie halten ihr Leistungsniveau für normal und haben sich an ihre hohen Geschwindigkeiten und Umdrehungszahlen so sehr gewöhnt, dass sie nicht mehr spüren, wann sie Tempo rausnehmen müssen. Sie gehen mit ihren Autos sorgsamer um, warten sie pfleglicher als sich selbst. Gerade Führungskräfte managen ihre Energieressourcen nicht intelligent genug. Doch genau sie sollten auch dann professionell bleiben, wenn es um sie selbst geht – um ihre geistige und körperliche Fitness.

Volker Bartsch spürte rasch, wie er mit unseren Tipps mehr Energie, größere Effektivität und mehr Spaß bei der Arbeit (und in seiner Freizeit) gewann. Manche brauchen einen »objektiven« Beweis dafür, dass sie Raubbau an sich betreiben. So einer ist Helmut Ahlert. Er ist ein anerkannter Hochleister, bewundert von Kollegen, geschätzt von Chefs. Er gefiel sich als Turbo im Unternehmen, einer Versicherung. Ahlert ist Abteilungsleiter, zuständig für Gesundheitsvorsorge. Mit ihm hatten wir zu tun, als wir in der Firma ein »Energie-Management-Projekt« starteten. Er erklärte uns zunächst, er fühle sich »eigentlich toppfit«. Dann schränkte er zögerlich ein, er spüre bisweilen »einen unangenehmen Druck hinter den Augen«, so wie bei einer Verkühlung. Bei der Nachfrage, ob ihm sonstige Beeinträchtigungen einfielen, die er früher nicht bemerkt habe, berichtete Ahlert, beim Joggen sei er schneller erschöpft. Das sei wohl »altersbedingt«. Er ist 44 Jahre. Dann erwähnte er noch, dass er »gelegentlich« Schlafprobleme habe, erst spät ein- oder nicht durchschlafe oder früh aufwache. Nach eigener Einschätzung, die er erst nach weiterer Nachfrage vornahm, sagte er, das komme »vielleicht zwei- bis dreimal in der Woche« vor.

Als wir Helmut Ahlert unseren Eindruck vermittelten, dass er zu hochtourig laufe, wies er den Gedanken entschieden von sich. Er sei »gefordert, aber nicht überfordert«, erklärte er. Wir boten ihm an, in einem Zwei-Minuten-Check objektiv zu testen, ob das wirklich so ist. Der Gesundheitsvorsorger schaute ungläubig. Mit »Clue«, einem kleinen Gerät, das ein EKG erstellt, konnten wir innerhalb weniger Minuten objektive Daten über den organischen Zustand seines Herzens, die Funktionsweise des vegetativen Nervensystems und über psychische Belastungen erstellen, die oft fälschlicherweise als organische Krankheit interpretiert werden.

Die Herzfrequenz-Variabilität (HFV) gibt Auskunft über hohe und niedrige Frequenzen des Herzschlags. Niedrige Frequenzen zeigen Stress an – jede Art von Aufregung, Anspannung, Angst. Im vegetativen Nervensystem ist dies die Aktivität des Sympathikus. Der Stress muss als Stress nicht bewusst werden. Aber der Körper reagiert – in sehr unterschiedlichen Varianten, zum Beispiel, wie von Ahlert beschrieben, mit Druck hinter den Augen, Energieverlust und Schlafstörungen. Hohe Frequenzen geben Auskunft, wie sehr das vegetative Nervensystem gegensteuert und für Entspannung und Erholung sorgt. Dafür ist der Parasympathikus zuständig. Höchst bedenklich ist es, wenn keine Anpassung stattfindet, die der Situation angemessen wäre, wenn also die Aktivität des Parasympathikus auch gering ist, wenn kein akuter Stress besteht. Dann ist der Stress chronisch geworden und gefährlich.

Helmut Ahlert war erstaunt und irritiert. Die Messung zeigte, dass sein Herz in sehr kurzen Abständen schlug und sein vegetatives Nervensystem völlig aus der Balance geraten war. Obwohl Ahlert meinte, »ganz entspannt« zu sein, zeigte die Aufzeichnung, dass er seinen Turbo permanent zuschaltete und stets mit hohem Tempo und großem Energieverbrauch unterwegs war, auch wenn es die Situation gar nicht erforderte. Sein Herzschlag passte sich nicht mehr adäquat an, seine Herzvariabilität war zu gering. Er hatte sich an die hohe Geschwindigkeit so sehr gewöhnt, dass er sein Tempo für völlig normal hielt. So merkte er nicht, wie er seine Gesundheit ruinierte. Die objektiven Daten brachten ihn jedoch zu der Einsicht, sorgsamer mit sich umzugehen.

Zu viel Arbeit schlägt auf die Stimmung. Wir ermüden schneller und verlieren an Aufmerksamkeit, wir geraten eher unter Druck und werden leichter überwältigt von Ungeduld, Frust, Ärger, Melancholie. Ohne angemessene Erholungsphasen kippt die Stimmung schnell um: Wir sind leichter irritiert, gereizt, unsicher. Wir denken weniger klar, reflektieren nicht ausreichend, was mit uns geschieht. Durch die negativen Emotionen wird zusätzlich Energie verbrannt – und gleichzeitig die Beziehung zu den Menschen um uns herum belastet. Gerinnt schlechte Stimmung zu einem schlechten Klima, beginnt der Boden zu schwanken: Die Selbstzweifel wachsen, das Zutrauen schrumpft. Und kaum einer, der sich darin befindet, kann sich diesem Einfluss entziehen.

Der richtige Umgang mit der eigenen Energie erhöht die persönliche Leistungsfähigkeit und Zufriedenheit, und er schützt vor Verschleiß. Es wäre gescheit, wenn darauf nicht nur jeder für sich achten würde, sondern wenn dies auch Unternehmen täten.

Wie wir mit anderen gut zurechtkommen

Mit anderen kommen wir gut zurecht, wenn wir uns mit ihnen gut verstehen. Das geht nur über Verständigung. Die gelingt jedoch am wenigsten durch »sachliche« Gespräche. Hier irrte schon Goethe: Worte reichen nicht. Wir brauchen sie, um uns zu verständigen, ebenso wie einen wachen Verstand, aber ohne Mitgefühl begreifen wir nie, worum es anderen wirklich geht.

Christoph Murten steht im Büro seines Chefs. Zwanzig Minuten musste er bereits vor der Tür warten, bis die Sekretärin ihm bedeutet, er möge eintreten. Sein Vorgesetzter sitzt hinter dem Schreibtisch, starrt in seinen Computer und sagt kein Wort. Murten murmelt: »Da bin ich also«, er bleibt zögerlich in der Mitte des Zimmers stehen und zieht nervös die Ärmel seines Jacketts nach unten. Sein Chef beginnt auf seine Tastatur einzuhämmern und sagt immer noch kein Wort. Christoph Murten zupft weiter an den Ärmeln. »Ich freue mich, dass wir wieder einmal Gelegenheit haben, in Ruhe zu sprechen«, sagt irgendwann der Chef und schreibt dabei weiter, den Blick fest auf den Bildschirm gerichtet. Murten weiß nicht, ob er sich setzen soll. »Bin gleich so weit«, meint der Chef und lässt ihn stehen. Zwei, drei Minuten vergehen. Christoph Murten kommt es viel länger vor. Schließlich steht sein Vorgesetzter auf, kommt auf ihn zu, reicht ihm die Hand, sagt: »Setzen Sie sich«, dreht sich um und verlässt das Büro.

Christoph Murten wartet, die Beine abwechselnd übereinanderschlagend, die Hände ringend, an seiner Jacke zupfend.

»Bin gleich so weit«, sagt sein Chef, der wieder ins Büro rauscht und mit seinem Blackberry beschäftigt ist. »Sie wissen, dass ich Sie schätze. Also lassen Sie uns darüber reden, welches ihre Ziele für die nächsten zwölf Monate sind«, nuschelt er, während er offenbar E-Mails liest. »Was glauben Sie, haben Sie dem Unternehmen zu bieten?«, fragt er und tippt dabei mit einem Finger auf der Tastatur herum. Christoph Murten beschreibt einige Aufgaben, merkt, wie er sich dabei verhaspelt. Der Chef, der den Blackberry beiseitelegt, sagt: »Na, ist doch prima, ist doch alles klar. Ich denke, wir können es dabei belassen, ich bin schon auf dem Sprung zum nächsten Termin.« Er springt auf, reicht Murten die Hand, als wolle er ihn von seinem Stuhl hochziehen. Dem ist das peinlich, weil er kalten Schweiß in seiner Hand fühlt. Der Chef klopft ihm auf die Schulter und bringt ihn zur Tür. Als Christoph Murten draußen ist, schaut er auf die Uhr: Knapp 15 Minuten sind vergangen. Er zermartert sich den Kopf, was er von dieser Begegnung halten soll, was sein Chef wohl von ihm hält. Er kann sich gar nicht erinnern, was der eigentlich gesagt hat.

So gehen manche Chefs mit ihren Mitarbeitern um. Andere Vorgesetzte halten ihnen einen Vortrag und lassen sie selbst kaum zu Wort kommen. Manche lassen Dampf ab und werfen den Untergebenen lautstark vor, was sie angeblich alles nicht richtig machen. Gute Chefs dagegen gehen auf ihre Mitarbeiter ein, hören ihnen aufmerksam zu, zeigen Verständnis und Empathie und führen ein wirkliches Gespräch. Übrigens: Gute Eltern machen das genauso.

Mitteilsame Gefühle

Der Umgang miteinander bestimmt, welches Verhältnis zueinander entsteht. Und was gesagt wird, ist dabei oft gar nicht so wichtig. Entscheidend ist, welche Emotionen transportiert werden. Beziehungen verbessern wir nicht, indem wir über sie reden. Es ist ein verbreiteter (intellektueller) Irrtum zu glauben, Probleme, die wir miteinander haben, seien in einem »ruhigen, sachlichen Gespräch« zu klären. Vieles wird, wenn man darüber redet, nur schlimmer, selbst wenn es mit den besten Absichten geschieht. »Vor dem Gespräch war man vielleicht nur unterschiedlicher Meinung über irgendetwas, nach dem Gespräch ist man befremdet, entsetzt und verzagt über die Art und Weise, wie man sich vom anderen behandelt fühlt«, bemerkt der Psychologe Schulz von Thun.

Wer diese Erfahrung öfter gemacht hat, für den ist die Aufforderung »Lass uns darüber reden« eine Drohung! Gespräche, in denen die Beteiligten nicht begreifen, welche Bedürfnisse und Erwartungen verborgen unter ihren Sätzen liegen, vergrößern das Unverständnis, fördern das Befremden, lösen Argwohn und Aversion aus – und schaffen eine Distanz, die schwer zu überbrücken ist. Aber dem Irrtum über den Sinn dieser Gespräche sitzen wir seit Goethe auf. Wir haben den *Faust* gelesen und den Gelehrten zu seinem Schüler Wagner sagen hören: »Sei Er kein schellenlauter Tor!/ Es trägt Verstand und rechter Sinn/ Mit wenig Wort sich selber vor.« Klingt wunderbar, stimmt aber nicht.

Was Menschen sich sagen wollen, verstehen wir nämlich nicht über die Sätze, die sie sprechen, nicht mit einem über Sprache transportierten Verstand. Sprache, so meinen Kommunikationsforscher, vermittle allenfalls zehn Prozent dessen, worum es im Austausch untereinander geht.

Wir müssen, um gute, authentische Beziehungen untereinander herzustellen, begreifen, wie andere wahrnehmen, was sie mit dem, was sie uns und wie sie es sagen, über ihre wahren Gefühle, Bedürfnisse und Erwartungen mitteilen. Dabei hat jeder Mensch seine persönliche Gefühlslogik und eine ganz eigene Wahrnehmung und Wahrheit. Im Umgang mit anderen kann es deshalb nicht darum gehen, wer recht hat. Juristische Kategorien helfen hier nicht weiter. Verständigung und Miteinander gelingen nur, wenn wir uns darum bemühen, zu begreifen, wie wir verstehen – und wie unser Gegenüber etwas versteht. Sobald wir diesen Gedanken ernst nehmen, verzichten wir auf jede Rechthaberei. Wir machen anderen keine Vorhaltungen, wir rechnen nicht mit ihnen ab: Wir bemühen uns um Verständnis.

Wir sprechen mit jedem »Inhalt« immer auch über uns selbst, darüber, wie wir gesehen werden wollen. Damit sagen wir gleichzeitig etwas aus über unsere Beziehung zu dem, an den wir uns wenden. Wir definieren Rollen, verteilen Zuständigkeiten und Kompetenzen und tarieren Hierarchien aus. Mit dem, was wir sagen, verbinden wir – meist ohne es zu sagen – Erwartungen, was geschehen soll, was andere tun sollen, welches Verhältnis wir zu ihnen herstellen möchten. Das steht, so sagen wir gern, zwischen den Zeilen, es verbirgt sich in einem Subtext, es deutet sich an in Gesten, Mimik, Körperhaltung, Abstand, Augenkontakt, Tonlage, Lautstärke. Deshalb müssen wir uns auch immer wieder vergewissern, dass wir einander wirklich verstehen und klären, wie wir durch den Umgang miteinander unsere Beziehung gestalten wollen.

Aufmerksamkeit füreinander ist der Schlüssel zu einer guten Verständigung. Wenn wir unserem Gegenüber Aufmerksamkeit entgegenbringen, arbeiten unsere Spiegelneuronen, die uns nachempfinden lassen, was im anderen vorgeht. Wenn wir nicht mehr darauf vertrauen, dass Sprache sich selbst unmissverständlich mitteilt, können wir sie umso intelligenter nutzen, um Metaebenen aufzubauen, mit denen wir das Verständnis untereinander verbessern. Wir können in eigenen Worten wiederholen, was wir gehört haben, um uns beim anderen zu vergewissern, ob das, was er gesagt hat, bei uns auch so angekommen ist, wie er es meinte. Wir können fragen, was anderen wichtig ist. Entscheidend ist dabei ehrliche Wertschätzung. Wir zeigen sie durch Aufmerksamkeit, durch Augenkontakt, durch eine offene Körpersprache, durch Lächeln, ermunternde Worte und Gesten. So vermitteln wir positive Emotionen.

Daniel Goleman und Richard Boyatzis berichteten in der *Harvard Business Review* von einer Untersuchung darüber, wie Feedback nicht nur das Empfinden, sondern auch die Leistung beeinflusst. Eine Gruppe von Testpersonen wurde wegen »schlechter Leistung« kritisiert, erhielt jedoch zu kritischen Worten positive emotionale Signale. Für eine zweite Gruppe war es umgekehrt: Ihre Teilnehmer hörten Lob für ihre Leistung, begleitet jedoch von negativen emotionalen Signalen – zum Beispiel finsteren Blicken. Wem, glauben Sie, ging es anschließend besser? Besser fühlten sich diejenigen, die herbe Kritik, aber freundliche Signale vernommen hatten. Sie waren auch mit ihrer Leistung zufriedener als diejenigen, die gerade für ihre Leistung gelobt worden waren, allerdings mit unfreundlichen emotionalen Rückmeldungen. Bei ihnen war das Lob gar nicht richtig angekommen, weitaus größere Wirkung hatte die Emotion. Die Art und Weise, *wie* Feedback gegeben wird, bestimmt also, wie und was verstanden wird. Die Gefühle, die das Emotions-Hirn aufnimmt, beeinflussen die Informationsverarbeitung des Verstands unmittelbar.

Was die beiden Amerikaner für sich neu entdeckten, ist für diejenigen, die Bescheid wissen über die Logik der Gefühle und die Emotionalität der Logik, nicht neu. Wir arbeiten in Kommunikationsworkshops seit Jahren mit ähnlich widersprüchlichen Doppelaussagen, um den Unterschied zwischen verbalen und nonverbalen Botschaften zu zeigen. Dabei wird jedem schnell klar, dass die nonverbalen, die emotionalen Signale weit größere Bedeutung haben als die Inhalte oder Sachaussagen. Für rationale Denker ist dabei verblüffend, dass sie, von uns in Spielsituationen konfrontiert mit starken Emotionen, oft gar nicht rekonstruieren können, was wir ihnen gesagt haben. Es fällt ihnen noch schwerer, wenn wir abweisende Mimik, Gesten oder distanzierende Körperhaltung zusätzlich verstärken durch negative Emotionen in der Tonlage, zum Beispiel durch leisen Sarkasmus oder laute Wut.

Sätze wie »Ich freue mich, Sie zu sehen« vermitteln dann das genaue Gegenteil. »Ich helfe Ihnen gern« wirkt wie eine Drohung. »Das haben Sie aber gut gemacht« ist zu übersetzen mit »Sie Trottel kriegen aber auch gar nichts hin.« Jeder kann durch die Wirkung, die sein Verhalten hervorruft, ein Gespür dafür bekommen, was als eigentliche Botschaft beim Gegenüber ankommt. Oft werden solche doppelten Botschaften unkontrolliert losgeschickt, weil der Absender zwar einen guten Eindruck machen will, aber die eigenen Emotionen durchschlagen. Er kann anschließend leicht behaupten, es doch so gar nicht gesagt zu haben – und rein sachlich stimmt das sogar. Aber das Leben beweist uns Tag für Tag, dass es eine rein sachliche Kommunikation nicht gibt (Kinder reagieren auf solche Widersprüche übrigens noch empfindsamer als Erwachsene. Sie wissen dann oft nicht mehr, wie sie sich verhalten sollen).

Mangelnde Wertschätzung erweist sich auch in Arbeitsprozessen als folgenreich, Teams werden dadurch sehr unproduktiv. Menschen in Gruppen neigen nämlich dazu, vornehmlich über Dinge zu reden, zu denen jeder etwas sagen kann, ohne dass es Widerspruch erregt. Schon die Ahnung von Widerspruch löst im menschlichen Emotions-Hirn Alarm aus, die Amygdala feuert Warnsignale – und das ist keine Reaktion nur besonders ängstlicher Menschen, wie Hirnforscher in bildgebenden Verfahren nachwiesen, bei ihnen fällt sie nur heftiger aus. Viel öfter, als wir meinen, halten Menschen deswegen die eigenen Ansichten zurück, weil sie fürchten, dafür kritisiert, schlecht angesehen oder gering geschätzt zu werden.

In Arbeitsprozessen hat das einen sehr widersinnigen Effekt. Teams, die gerade deshalb produktiv sein sollen, weil sie unterschiedliches Wissen und kontroverse Ansichten zusammenbringen, einigen sich in Gruppendiskussionen leicht auf den kleinsten gemeinsamen Nenner. Denn dabei muss niemand aus seiner Deckung gehen. Es besteht also die *natürliche* Neigung, gerade das zurückzuhalten, was die besondere Stärke ausmachen soll – das Potenzial von Wissens- und Meinungsvielfalt. Teamleader müssen das wissen und genau darauf achten, dass jeder sich gut einbringen kann, gehört und verstanden wird und sich verstanden und akzeptiert *fühlt*. Das verlangt, ein Klima spürbarer Wertschätzung und der Anerkennung von Verschiedenheit zu schaffen. Die einfache Regel lautet: positive Emotionen zeigen, negative zurücknehmen.

Umfragen dokumentieren immer wieder, dass wir dazu neigen, uns für ehrlicher, moralischer und intelligenter als andere Menschen zu halten. Das ist mehr als harmlose Eitelkeit: Diese Neigung beeinflusst nämlich unsere Fähigkeit, mit anderen zurechtzukommen. Wenn wir uns für besser halten, müssen andere schlechter sein. Wenn sie schlechter sind als wir, ist ihnen weniger zu trauen. Arbeiten wir mit anderen zusammen, neigen wir dazu, uns größere Anteile am Erfolg gemeinsamer Projekte zuzuschreiben und anderen die größere Verantwortung für ein Scheitern. Max Bazerman hat dies bei seinen Studenten an der Harvard Business School bestätigt gefunden. Wenn sie einschätzen sollten, welchen Anteil sie an den Ergebnissen einer Arbeitsgruppe hatten, kamen sie in der Addition auf 139 Prozent. Die Bereitschaft, künftig mit anderen zusammenzuarbeiten, fällt aber umso niedriger aus, je mehr der eigene Anteil an der Gesamtleistung überschätzt wurde. Umso mehr werden nämlich die anderen als Bremser betrachtet. Wenn in Teams Animositäten wachsen, sie gar auseinanderbrechen, kann es genau daran liegen.

Wir müssen Kommunikation nicht als Gefühlsdebatte führen, wenn andere über ihre Gefühle nicht sprechen wollen. Wir können für uns selbst eine Checkliste aufstellen, um Anzeichen zu verstehen. Wenn wichtige Bedürfnisse erfüllt werden, fühlen wir uns (und andere sich) angeregt, belebt, beschwingt, engagiert, entspannt, fröhlich, gelassen, gerührt, geschützt, selbstsicher, unbeschwert, zufrieden und zuversichtlich. Werden wichtige Bedürfnisse nicht erfüllt, fühlen wir uns (und andere sich) ängstlich, ärgerlich, alarmiert, apathisch, ausgelaugt, bedrückt, bestürzt, deprimiert, durcheinander, elend, empört, frustriert, gehemmt, lustlos, müde, niedergeschlagen, ruhelos, traurig, streitlustig, unzufrieden, verzweifelt, zögerlich, zornig.

Derartige Gefühle können wir spüren, nachempfinden. Gründe für ihre Ursache erhalten wir, ohne in andere dringen zu müssen, wenn wir sie fragen, was ihnen wichtig ist. Wir können es, wenn wir die Logik der Gefühle verstehen, sogar aus Beschwerden, Anwürfen oder Kritik erspüren. Aus dieser Perspektive nehmen wir jemanden, der vor uns seinen Ärger ablädt, nicht mehr wahr als einen, der uns angreift, sondern als jemanden, der zeigt, dass ein für ihn wichtiges Bedürfnis nicht erfüllt ist. Es mag sich paradox anhören: Obwohl sich der Angriff gegen uns richtet, nehmen wir ihn nicht mehr persönlich, weil wir den Grund dafür nicht mehr bei uns suchen. Wir müssen uns also nicht verteidigen und nicht auf Abwehr schalten. Wir können ruhig durchatmen, innerlich einen Schritt zurücktreten und das, was uns widerfährt, vollkommen anders bewerten.

Werden wichtige Bedürfnisse ignoriert, fühlen wir uns als Person nicht anerkannt. Gibt es zu Hause Streit, weil die Zahnpastatube wieder nicht zugedreht ist, geht es (letztlich) um Respekt. Nehmen wir Aggression anderer als Information, können wir dahinterkommen, ob sie sich etwa aus Angst speist. Aggression sagt uns nämlich, was andere auf keinen Fall wollen, was sie in ihrer Identität erschüttert. Aggression ist (meist) ein Verteidigungsmechanismus. Aggressiven Menschen möglichst ruhig zu begegnen und ihnen Hilfe anzubieten, ist viel sinnvoller, als sie weiter zu reizen oder zum Gegenschlag auszuholen. Wie es nicht sein soll, beobachten wir leicht im Straßenverkehr, wo Hitzköpfe aggressiv Vorfahrten und Vorrechte reklamieren, sich gegenseitig beschimpfen und Schläge androhen.

Bisweilen ist Nachgeben aber auch die falsche Strategie. Indem wir Ärger zeigen, machen wir klar, wo wir Grenzen ziehen und uns vor Übergriffen schützen wollen. Das müssen andere dann auszuhalten lernen. Auch so managen wir Emotionen – indem wir eindeutig mitteilen, was uns wichtig und was mit uns nicht zu machen ist. Die Regel könnte lauten: sich nicht verantwortlich machen lassen, aber verantwortlich miteinander umgehen. Das bedeutet: andere nicht attackieren, nicht Ärger und Frust an ihnen auslassen, sondern sich um ein Verständnis ihrer Haltung bemühen, empathisch zuhören, andere Sichtweisen akzeptieren, Verantwortung für die eigenen Gefühle ausdrücken, eigene Bedürfnisse darlegen und für Bedürfnisse von anderen offen sein, eigene Bedürfnisse nicht auf Kosten anderer verfolgen, sie nicht ängstigen, beschämen, bloßstellen.

Eine solche Regel ist nützlich für den Umgang in der Familie, unter Freunden und ebenso am Arbeitsplatz. So arbeiten wir nicht nur reibungsloser mit Kollegen zusammen – indem wir anderen zeigen, dass wir sie verstehen, wecken wir in ihnen positive Gefühle, die sie uns sofort zurückgeben. Manche mögen mehr brauchen als wir oder auch mehr, als wir ihnen geben wollen. Doch auch das sollten wir nicht als Übergriff werten, sondern als Bedürftigkeit sehen. Wir müssen nicht jedem Bedürfnis nachgeben, aber es entspannt Beziehungen, wenn wir sie erkennen, bewusst entscheiden, wie sehr wir ihnen entgegenkommen und wo für uns Schluss ist. Wir werden so für andere berechenbar – ja, zuverlässig und damit vertrauenswürdig. Vertrauen entsteht nämlich nicht dadurch, dass wir immer tun, was andere von uns erwarten, oder für alles Verständnis haben, sondern indem wir klar sind, tun, was wir sagen, und sagen, was wir tun.

Hilfreiche Gelassenheit

Schwieriger ist es, mit einem Vorgesetzten richtig umzugehen, aber es gelten dieselben Regeln. Wie jeder Mensch wollen auch Vorgesetzte Respekt und Anerkennung. Falls sie Narzissten sind, machen sie anderen das Leben allerdings schwerer. Sie fordern ein Übermaß an Aufmerksamkeit und Wertschätzung, stellen sich dauernd in den Mittelpunkt, sind nur beschränkt kooperationsfähig und inszenieren ein Drama, wenn sie sich auf den Schlips getreten fühlen. Gegen cholerische Vehemenz ist nur schwer anzukommen, und tatsächlich haben Chefs ja eine ganze Reihe von Sanktionsmaßnahmen zur Verfügung, mit denen sie versuchen können, Mitarbeiter gefügig zu machen. Lob und Tadel sind die nur milderen Varianten, Strafarbeiten, Versetzung, Entlassung die schärferen.

Es hilft, sich vor Gesprächen mit dem Chef zu fragen: Wie wird es mir dabei gehen und wie wohl ihm? Welche vorhersehbaren Verhaltensweisen bringen mich leicht aus der Fassung? Wie reagiere ich dann? Wie will ich auf keinen Fall reagieren? Welche Ziele verfolge ich? Was will ich mindestens erreichen? Und: Was ist ihm wichtig? Was beschäftigt ihn gerade besonders? Hat er ein offenes Ohr für das, was ich möchte, oder ist er derart mit anderen Themen oder sich selbst beschäftigt, dass er nichts anderes aufnehmen kann? Dann weiß ich: Es liegt nicht an mir, wenn ich mich nicht vermitteln kann. Ich darf es nicht persönlich nehmen, wenn es mir nicht gelingt.

Wenn Menschen, mit denen wir zu tun haben, seien es Chefs, Kollegen, Freunde oder Lebenspartner, von eigenen Emotionen vereinnahmt werden, kommen wir dagegen unmittelbar nicht an. Falls wir sie mit größerer Vehemenz bedrängen, erhöhen wir nur die Abwehr. Was wir in solchen Situationen brauchen, ist Gelassenheit. Wir können sie gewinnen, wenn uns klar wird, dass wir akut gar keinen Einfluss nehmen können.

Wenn wir die Leitgefühle der Menschen erkennen, mit denen wir häufig zu tun haben, überrascht uns ihr Verhalten nicht mehr. Wie merken, welche Emotionsknöpfe wir besser nicht berühren. Wir können sagen, wie sie auf uns *wirken*, ohne damit Absichten zu unterstellen. Am besten tun wir dies mit klaren Ich-Botschaften: »Ich bin eingeschüchtert, wenn Sie laut werden.« Das ist eine Aussage, die ich über mich selbst mache, frei von einer Anklage. Als Vorwurf aufgefasst werden kann dagegen die Formulierung: »*Sie* schüchtern mich ein.« Die Botschaft »Sie sind immer so aufbrausend und einschüchternd« kommt nie gut an. Besonders nicht bei denen, die leicht aufbrausen. Zwar mag ein anderer die Einschüchterung auslösen, aber er muss sie nicht beabsichtigt haben, er hat sich womöglich nur nicht unter Kontrolle und bekommt gar nicht mit, wie er wirkt. Choleriker tun oft so, wenn sie sich wieder beruhigt haben, als sei doch gar nichts gewesen. Sie suchen bei ihren Opfern gern die Bestätigung, dass diese doch wüssten, es sei nicht so gemeint gewesen. Das ist oft die beste Entschuldigung, die sie hinkriegen, und bei dieser Gelegenheit ist ihre Wirkung besonders gut anzusprechen.

Plattitüden und versteckte Botschaften

Wir verwenden immer wieder Formulierungen, mit denen wir die Verantwortung für unsere Gefühle loswerden möchten, etwa unpersönliche Pronomen wie »*Es* macht mich sauer«, »*Das* geht mir total auf die Nerven«. Oder indem sogleich ein anderer zum Verursacher erklärt wird: »*Du* treibst mich auf die Palme«, »*Sie* enttäuschen mich.« Urteile über andere sind Hinweise auf eigene Bedürfnisse. »Du verstehst mich nicht« heißt rückübersetzt: »Ich brauche das Gefühl, verstanden zu werden.« Indem wir andere mit Vorwürfen attackieren, sabotieren wir unser eigenes Bedürfnis nach Mitgefühl. Wir tun uns also selbst einen Gefallen, wenn wir andere nicht angreifen, Gefühle zeigen und Bedürfnisse benennen. Dann kann unser Gegenüber viel einfühlsamer auf uns reagieren.

Negative Bewertungen lösen spontan negative Empfindungen aus. Das geschieht, wenn Aussagen oder Verhaltensweisen Attribute zugeschrieben werden wie: arrogant, besserwisserisch, cholerisch, dumm, demütigend, eitel, faul, gereizt, idiotisch, kleinlich, launisch, mittelmäßig, niederträchtig, peinlich, pingelig, rücksichtslos, schlampig, selbstsüchtig, tückisch, unverfroren, unorganisiert, verschlagen, zerstörerisch.

Folgende Sätze sind Bewertungen, nicht Beschreibungen: »Die Bemerkung ist arrogant.« – »Der Einwand ist dumm.« – »Sie sind faul.« – »Der Auftritt ist peinlich.« Solche Äußerungen sind inhaltslos und sagen nichts über das tatsächliche Verhalten des Adressaten aus. Sie werden – zu Recht! – als Angriff auf die Person empfunden.

Wir neigen dazu, anderen derartige Vorwürfe zu machen, wenn wir uns ärgern. Ärgern tun wir uns, wenn andere durch ihr Verhalten dazu beitragen, dass wir nicht das erreichen oder bekommen, was uns wichtig ist. Oft geht es um das Gefühl, mit dem eigenen Verhalten, den eigenen Fähigkeiten, Ansichten oder Werten nicht geschätzt zu werden. So kommt es bei uns an. Mit deftigen Gegenvorwürfen schlagen wir zurück. Bevor wir eine Bemerkung als »blöd« bezeichnen, sollten wir nachfragen, was der andere meint. Wir können ihn/sie ja missverstanden haben.

Mit anderen gut umzugehen bedeutet aber nicht, dass wir alles, was vom anderen kommt, akzeptieren und gutheißen müssen. Anstatt jemanden als faul zu degradieren, wenn wir etwa meinen, eine zu erwartende Leistung sei nicht erbracht worden, sollten wir unsere Erwartungen offenlegen oder gegebenenfalls auf Vereinbarungen verweisen – oder noch genauer: was wir als Vereinbarung verstanden haben. Auch darüber kann es nämlich unterschiedliche Ansichten geben.

Ungerecht sind Aussagen, die generalisieren. Sie offenbaren Wahrnehmungsmuster, die die Wirklichkeit nicht richtig abbilden. Generalisierungen teilen sich in kurzen Worten mit: Du bist *immer* so aufbrausend. Warum kannst du dich *nicht einmal* konzentrieren? *Nie* sind Sie richtig vorbereitet. Sie sind *viel zu* nachgiebig. Sie setzen *überhaupt keine* Prioritäten. *Jedes Mal* dasselbe!

Vorhaltungen verbunden mit Wörtern wie »immer«, »nie«, »dauernd« sind keine Beschreibungen, sondern Bewertungen, sie zielen nicht auf ein konkretes Verhalten. Wir sollten sie schlicht unterlassen. Wir müssen uns schon die Mühe machen, Sachverhalte konkret zu benennen, sagen, was »jetzt«, »dieses Mal« oder vielleicht schon »dreimal« geschehen ist, verbunden mit den entsprechenden Beispielen. »Immer«-Aussagen sind Aussagen über den Charakter einer Person. »Immer« heißt: So bist du und nicht anders. Mit Abstand betrachtet, sind solche Vorwürfe ungerecht, niemand ist »immer« so oder so.

Natürlich hat jeder Umgang miteinander eine sachliche Ebene. Wenn wir uns verständigen wollen, dürfen wir sie nicht vernachlässigen. Gefühl ist nicht alles, und nicht alles ist Gefühl. Wenn es zum Beispiel darum geht, einen Fehler, der aufgetreten ist, künftig zu vermeiden, müssen wir analysieren, wie er zustande gekommen ist. Das Verlangen hat nichts mit Befindlichkeit zu tun. Wenn wir nicht nur reden, sondern Resultate erzielen möchten, muss klar sein, wer was wann getan oder zu tun hat. Wir müssen wissen, ob Informationen korrekt und ausreichend sind, und unser Verstand muss dabei zur Hochform auflaufen. Wir dürfen jedoch nie vergessen, dass wir damit nur eine Dimension des Umgangs miteinander fassen. Auch Gefühle, mit denen wir Beziehungen herstellen, gehören immer dazu. Aber wir brauchen möglichst klare Vereinbarungen. Die gilt es zu formulieren.

Und es gibt ein untrügliches Indiz dafür, wenn auf dieser Ebene etwas nicht stimmt: Wenn sich eine Debatte »sachlich« im Kreis dreht, wenn in verschiedenen Varianten immer wieder dasselbe gesagt wird, ohne dass es zu Übereinstimmung, Vereinbarungen und echten Resultaten kommt, ist das ein Hinweis darauf, dass auf der Beziehungsebene etwas falsch läuft. Eine solche Störung muss behandelt werden, bevor es in der Sache weitergehen kann. Nur wenn wir das richtige Gespür dafür haben, welche Rolle Gefühle spielen, gelingt es uns, auf der sachlichen Ebene voranzukommen und tragfähige Vereinbarungen zu treffen – weil erst dann jeder darunter das Gleiche versteht, merkt, dass seine Bedürfnisse berücksichtigt werden, sich deshalb für Vereinbarungen engagiert und sich daran hält.

Wenn wir andere um etwas bitten, begegnen wir ihnen freundlich. Wenn wir aber etwas als Bitte ausweisen, was in Wahrheit eine Forderung ist, dann versuchen wir zu manipulieren. Denn bei einer Bitte lassen wir anderen die Möglichkeit, sie auszuschlagen, ohne dass sie deshalb mit einer ablehnenden Reaktion zu rechnen hätten. Beschwerden, Klagen, Meckereien sind vordergründig keine Bitten, wiewohl sich dahinter Bitten verstecken. Sie verweisen allesamt auf Bedürfnisse. Etwas geschieht nicht, so wie es gewünscht wird. Nach diesen Bedürfnissen zu fragen verringert die Klagen und schafft Offenheit für Lösungen. Deswegen müssen wir nicht jede Meckerei akzeptieren, aber solange wir nicht entdecken, was dahintersteckt, können wir sie vielleicht formell verbieten, aber nicht wirklich abstellen.

Mitgefühl ist echt, wenn wir uns in einen anderen Menschen hineinversetzen können, spüren, was ihm wichtig ist, was ihn bewegt, an sich zweifeln oder mit sich hadern lässt; was ihn bedrückt, ermutigt, ängstigt; was Hoffnung gibt, traurig stimmt oder Sicherheit und Selbstbewusstsein nährt. Das gelingt nur, wenn wir uns diesem anderen Menschen offen zuwenden, wenn wir präsent sind und ihm unsere ganze Aufmerksamkeit geben. Viele Verhaltensweisen, die wir mit den besten Vorsätzen anwenden, führen allerdings zum Gegenteil – zu Unverständnis und Distanz. Das geschieht zum Beispiel, wenn wir meinen, ein Problem schnell lösen zu müssen, und sofort mit Vorschlägen kommen, wie das passieren könnte. Wenn wir uns jedoch emotional noch gar nicht auf der gleichen Wellenlänge befinden, uns kein echtes Mitgefühl entgegenbringen und jeder noch mit seinen Gefühlen kämpft, kommen solche Vorschläge nicht an, sondern sind sogar unerwünscht.

Sagt einer: »Ich bin so blöd!«, kontert der andere: »Stimmt doch gar nicht.« Die Entgegnung, sicher freundlich gemeint, lässt den Hader gar nicht zu, den der andere mit seinem Ärger zum Ausdruck bringt. Nachfragen, was gemeint ist, woher der Selbstvorwurf kommt, fördert Verständnis. Das Bemühen, bei Enttäuschungen raschen Trost zu spenden, kann Gefühle abwürgen. »War doch nicht dein Fehler. Du hast dein Bestes gegeben.« Das kann ja sachlich richtig sein, trotzdem ist die Emotionalität, das persönliche Erleben anders. Und darum geht es eigentlich, zu signalisieren, dass genau das nachempfunden, also verstanden wird.

Wenig Mitgefühl zeigen wir, wenn wir andere als Stichwortgeber für eigene Geschichten sehen. »Das kenn ich. Bei mir war das nämlich so ...« Damit wird Aufmerksamkeit abgezogen. Drastischer noch, wenn das Gehörte als Bagatelle abgetan wird – womöglich aus dem Wunsch heraus, dem Erleben die Dramatik zu nehmen. »Was, dein Hund ist überfahren worden? Mir ist ja noch was viel Schlimmeres passiert …« Zuhören und mitfühlen und es durch Mimik, Gestik, Augenkontakt signalisieren – das sind die richtigen Mittel, um Beziehungen herzustellen. Sonst sind wir nicht nur aus dem Erleben des anderen ausgestiegen oder gar nicht erst eingestiegen, sondern schicken ihm auch noch die Botschaft, dass alle Aufregung doch übertrieben sei. Das wird als Zurückweisung erlebt. Schlimmer wird es durch »Aufmunterungen«, für die es keine emotionale Grundlage gibt: »Lach doch mal wieder.« Wer das von jemandem fordert, dem augenscheinlich nicht zum Lachen zumute ist, hält selbst die Bedrückung nicht aus und fühlt sich hilflos, wenn er daran nichts ändern kann.

»Lass dich nicht hängen« – diese Empfehlung kann ein echter Killer sein. Gut gemeint ist die Absicht, dem anderen zu helfen, sich einen Ruck zu geben und nicht in seelischem Elend zu versinken. Doch wer sich wirklich niedergeschlagen fühlt, der muss sich erst erholen, bevor er aufstehen kann und sich nicht mehr »hängen lassen« muss. Leidenden hilft es ebenso wenig, wenn andere ihre Geschichten korrigieren wollen. »Das siehst du doch ganz falsch.« Affektlogik funktioniert eben so, dass die (starke) Emotion bestimmt, was wahrgenommen wird. Wenn wir Emotionen anderer nicht verstehen, können wir ihre Wahrnehmung nicht korrigieren. Gefühle ändern sich auch nicht dadurch, dass ein anderer zum Besten gibt, was er in einer bestimmten Situation ganz anders gemacht hätte. »Also, ich hätte da doch …« Dadurch ist nichts zu verändern. Was geschehen ist, ist geschehen, die Folgen sind eingetreten, sie verursachen schlechte Gefühle. Nachtragsweisheiten, was alles anders hätte gemacht werden sollen, helfen in dieser Situation nicht, zu erkennen und zu verarbeiten, welche Fehler womöglich künftig zu vermeiden wären.

Wie's stattdessen geht? Wiederum gilt: Mitfühlen, sich auf das Elend des anderen einlassen, zuhören und, wenn es passt, ihn trösten. Und dann irgendwann gemeinsam überlegen, was da schiefgelaufen und wie der Schlamassel wieder zu reparieren ist.

Emotions-Management für Führungskräfte

Viele Menschen sehen sich nicht als Führungskräfte, obwohl sie es sind. Jeder, der dafür sorgt, dass eine Gruppe von Menschen gemeinsam etwas zustande bringt, übt eine solche Funktion aus – ob dies in einem Unternehmen, einem Verein, einer religiösen Gemeinschaft, einer gemeinnützigen oder einer politischen Organisation geschieht. Führungskräfte leiten andere an und unterstützen sie darin, ihre Fähigkeiten zur Geltung zu bringen, um ihre Ziele zu erreichen. Dazu müssen Führungskräfte besondere Kenntnis darüber haben, wie Menschen »ticken«, wie sie selbst auf andere wirken und was sie damit bewirken. Sie erfüllen ihre Aufgabe am besten, wenn sie sich authentisch und durchschaubar verhalten, andere wertschätzen, zuverlässig bleiben, Vertrauen aufbauen. Nur dann nämlich folgen diese ihnen mit Herz und Verstand, und sie erzielen gemeinsam die größten Erfolge.

Führungskräfte sind nicht nur die Topmanager, die gedeckte Anzüge tragen, ihre teuren Uhren dezent über dem Hemdsärmel hervorblinken lassen, perfekt Krawatten binden und in dunklen Limousinen vorfahren. Führungskräfte sind unserem Verständnis nach alle, die mehr als drei Mitarbeiter anleiten, damit die, in möglichst großer Eigenverantwortung, möglichst gut die Aufgaben erfüllen, für die sie zusammenkommen.

Führungskräfte sind sehr viele Menschen: Vorarbeiter und Meister in einem Betrieb, Abteilungs-, Bereichs-, Geschäftsleiter, Direktoren eines Kindergartens oder einer Schule, Professoren, die einen Lehrstuhl an einer Universität haben, Oberschwestern und leitende Ärzte in einem Krankenhaus, Kapellmeister, Oberkellner in einem größeren Restaurant, Reiseleiter, Besitzer eines Friseursalons, Projektleiter in einer Werbeagentur, Trainer einer Sportmannschaft, hauptamtliche und ehrenamtliche Verbandsfunktionäre, Zugführer der Freiwilligen Feuerwehr, Leiter jedweder Non-Profit-Organisation, Bürgermeister, Chorleiter, Dirigenten, Hauptwachtmeister, Unteroffiziere und alle übergeordneten Ränge. Für viele ist die Führungsaufgabe ihr Beruf, aber nicht für alle. Manche avancieren sozusagen nebenher zur Führungskraft, einige nur für eine gewisse Zeit oder besondere Situationen, bisweilen nur für ein bestimmtes Projekt. Auch wenn Sie eine große Familienfeier ausrichten, ein Laienstück auf die Bühne bringen oder eine Wohltätigkeitsveranstaltung organisieren, werden Sie zur Führungskraft, die sich im Umgang mit Menschen sehr gut auskennen muss.

Was sind die Eigenschaften guter Führungskräfte? Mit dieser Frage, resümierte die Zeitschrift *Harvard Business Review*, hätten sich schon über 1000 Studien geplagt, ohne darauf eine überzeugende Antwort zu finden. Die Wahrheit ist wohl einfach: Es gibt nicht die Charaktermerkmale, die eine gute Führungskraft ausmachen, es gibt nicht das Profil und nicht den richtigen Führungsstil. Dafür sind wir Menschen zu unterschiedlich, das gerade ist ja Individualität. Außerdem hängt es immer von der jeweiligen Aufgabe, den besonderen Umständen und den beteiligten Menschen ab, welche Führungsfähigkeiten besonders gefragt sind, sowohl was die Sachkompetenz als auch die persönlichen Eigenschaften und die Kompetenz, Emotionen zu managen, betrifft. Führungskräfte brauchen vor allem Menschenkenntnis. Zunächst müssen sie sich selbst kennen.

Authentische Menschen kennen ihre Stärken und Schwächen und ihre Motive. Sie haben ein gutes Gespür dafür, wie sie auf andere wirken, mit welcher Art des Umgangs sie welche Beziehungen herstellen. Sie sagen, was sie tun, und tun, was sie sagen. Authentisch kann nur sein, wer die Logik seiner

Gefühle durchschaut und die Affektivität seines Verstands, wer also versteht, wie Emotions-Management gelingt. Führungskräfte, die sich allein auf Fachkenntnisse verlassen, auf das Wissen über Märkte, Produkte und Prozesse, mögen viel wissen, aber sie leiden, wenn sie Emotions-Management nicht beherrschen, an einer erheblichen Teilleistungsschwäche, die oft den Ausschlag gibt über Erfolg oder Misserfolg.

Führungskräfte müssen gute Kommunikatoren sein und verstehen, dass Austausch zwischen Menschen nie nur sachlich ist, sondern stets emotionale Komponenten hat, sowohl bei dem, der eine Botschaft sendet, als auch bei dem, der sie empfängt. An Kommunikationskompetenz mangelt es jedoch den meisten Führungskräften in hohem Maß. Es reicht nicht, eloquent zu sein, Kommunikationskompetenz erwirbt man nicht, wie viele Führungskräfte meinen, in Rhetorikkursen oder beim Medientraining.

Kommunikation gelingt erst, wenn Mitteilungen richtig ankommen, wenn Verständnis, also Verständigung entsteht. Sonst gibt es keine klaren Vereinbarungen über Aufgaben und Prioritäten. Führungskräfte müssen sich mit Mitarbeitern verständigen, wie ihre Leistungen gemessen und bewertet werden, welche Maßstäbe für Erfolg gelten, wie Kommunikation und Kooperation innerhalb eines Arbeitsbereiches und über diesen hinaus funktioniert, wie mit Fehlern umzugehen ist, wie Konflikte behandelt werden, damit sie nicht weiter schwelen oder gar in Krisen ausarten.

Krisen und Notfälle

Wolfgang Norden ist aufgebracht. Er trommelt in aller Eile die Belegschaft zusammen, weil er in der Produktion Komponenten entdeckt hat, von denen er meint, dass sie nicht den geforderten Qualitätsstandards entsprächen. Norden, Leiter der Qualitätssicherung, schwingt mit erregter Geste ein Kunststoffteil in der Luft. Um ihn scharen sich, mit betretenem

Schweigen und gesenkten Blicken, die 21 Arbeiter der Fertigungsstraße TNC 01. Das Band steht still. Wolfgang Norden schnaubt vor Wut, mit hochrotem Kopf bläht er sich auf und lässt ein Donnerwetter los: »Dass ihr so etwas an einen Kunden liefern wollt, das ist unglaublich. Das ist unanständig. Das ist schlicht eine Sauerei. Wieso merkt keiner, dass das Teil nicht in Ordnung ist? Warum muss ich euch andauernd im Nacken sitzen? Wo ist euer Meister?« Seine Stimme wird immer lauter, bei den letzten Sätzen schreit er fast. Mehrere Arbeiter schwärmen aus, um den Meister Alfons Leibrecht zu suchen, der irgendwo in der Produktionshalle unterwegs ist. Als der kurz darauf an der TNC 01 erscheint, blafft Norden ihn an: »Sie kriegen wohl überhaupt keine Ordnung in Ihren Laden. Schauen Sie sich das wieder an: Das ist doch alles eine ungeheuerliche Schlamperei!« Norden streckt ihm das Kunststoffteil entgegen, in einer Ecke fehlt eine Öffnung, durch die bei der Montage eine Schraube gedreht werden muss. Es ist klar: Dieses Teil kann nicht verbaut werden.

Ein Produktionsfehler, keine Frage, und die sind in der Automobilindustrie unverzeihlich. Hersteller verlangen von ihren Zulieferern, dass unter einer Million produzierter Teile weniger als zwanzig (!) Ausschuss sind. Die erlaubte Fehlerquote ist in Verträgen fixiert – als die viel zitierten ppm-Raten, Fehler als »parts per million«. Norden hat Leibrecht schon wiederholt mit dem Vorwurf konfrontiert, dass Kunden sich über Unzulänglichkeiten beschwerten. Leibrecht meinte, sie bekämen die Probleme am Band langsam in den Griff, die nach der Umstellung der Fertigungsprozesse aufgetreten waren. Alle in der Produktion, davon war Leibrecht überzeugt, bemühten sich, die Fehlerquote zu verringern. »Schließlich geht es um unsere Jobs«, sagt er. Auf null ist sie freilich nicht zu drücken. Norden erwischt immer wieder Teile mit Mängeln. »Wir stehen dann immer da wie die Trottel«, meint der Meister. Welche ppm-Rate-Quote sie tatsächlich erreichen, weiß er nicht. Die Zahlen kennt nur Norden und der behauptet, sie lägen immer wieder über zwanzig.

Wolfgang Norden nimmt den jüngsten Vorfall zum Anlass für eine Mitteilung an die Geschäftsführung, er stelle »immer wieder fest, dass die Produktion nicht gewissenhaft arbeitet und Leibrecht nicht dafür sorgt, dass Qualitätsstandards eingehalten werden«. Er müsse deshalb darauf drängen, dass die Abteilung Qualitätssicherung »ab sofort in der Produktion eine Hundert-Prozent-Kontrolle durchführt«. Es drohten schwerer finanzieller Verlust und obendrein ein dramatischer Imageschaden. Die Geschäftsleitung gibt Nordens Drängen nach. Sechs Leute der Qualitätssicherung rücken in der Produktion an und kontrollieren jedes einzelne Teil, bevor sie die Ware für den Versand freigeben. Den Ausschuss stellen sie demonstrativ auf einem großen Tisch zu Schau und führen den Bandarbeitern am Ende jeder Schicht vor, welchen Murks sie fabriziert haben.

Seit die Kontrolle eingerichtet ist, scheint die Produktion jedoch nicht besser, sondern schlechter zu werden. Die Prüfer finden immer mehr Teile, die ihrer Meinung nach nicht qualitätsgerecht sind. Schon bei Kratzern auf der Oberfläche sortieren sie Produkte aus. Die Bandarbeiter maulen, »solche Kleinigkeiten jucken doch keinen Hund«, schließlich würden die Teile verbaut und seien dann im Auto gar nicht sichtbar. Die Prüfer kontern, ihnen würden die Kontrollen mit all dem Aufwand und Ärger »zum Hals raushängen«, sie hätten eigentlich Besseres zu tun und müssten sie plagen, »weil ihr es einfach nicht hinkriegt«. Die Stimmung wird immer gereizter.

Bei dieser Szene waren wir dabei, als Berater und unbefangene Beobachter von der Geschäftsleitung in den Betrieb gerufen wurden, um zu schauen, wo es im Unternehmen nicht stimmt. Der Konflikt zwischen Qualitätssicherung und Produktion eskalierte mit zunehmendem Tempo und führte zu Konfrontationen, die immer heftiger und verbitterter wurden. Das Problem wurde nicht mehr besonnen analysiert, Ursachenforschung fand nicht mehr statt, ausgetauscht wurden nur noch Vorwürfe. Das wechselseitige Misstrauen wuchs. Ruhig und sachlich konnten sie das Problem nicht bewältigen, ohne zu begreifen, was emotional abläuft. Die Controller richteten ihre Aufmerksamkeit, entsprechend ihrem Auftrag, auf Fehlersuche. Der professionelle Zugang beeinflusste ihre persönliche Haltung: Selbstbestätigung gewannen sie, wenn sie Fehler entdeckten – also wollten sie auch Fehler finden. Und sie wollten »Schuldige« identifizieren. So zogen sie aus zur Jagd. Dadurch fühlten sich die Beschäftigten in der Fertigung persönlich angegriffen und gefährdet. Zu Recht. Keiner wollte sich vom anderen mehr etwas sagen lassen. Das Klima verschlechterte sich dramatisch und so auch der Output. Aus Kollegen waren Gegner geworden. Gemeinsam steuerten sie Richtung Abgrund.

Unsere Rekonstruktion des Konfliktes ergab: Seit der Veränderung der Fertigungsprozesse, mit der alles effizienter laufen sollte, war es zu größeren Fehlerquoten gekommen. Die Arbeiter an den Bändern brauchten Zeit, um von alten Routinen in neue zu finden. Damit hatte keiner gerechnet. Die Umstellung erfolgte zu hastig und mit zu viel Personalwechsel. Mehr als 40 Prozent der Beschäftigten waren Zeitarbeiter mit hoher Fluktuation. Fehler auf persönliches Versagen zurückzuführen ist deshalb unter solchen Umständen unangebracht. Anstatt nach Schuldigen zu fahnden, sind die Gründe für Komplikationen im System zu verstehen. Wer nach Gründen im System fragt, trachtet nicht mehr danach, Einzelne vorzuführen, zu kritisieren und zu beschämen. Erst wenn Mitarbeiter sich nicht mehr beschuldigt und beschämt fühlen und fürchten müssen, persönlich abgestraft zu werden, sind sie bereit, Fehler zu benennen. Sonst haben sie allen Grund, Fehler zu verschweigen. Dann bleiben sie bestehen, werden fortgesetzt und führen womöglich zu weiteren Fehlern. Jedenfalls nicht zu deren Beseitigung.

Mithilfe des Controllings stellten wir fest, dass die Fehlerquote zuvor nicht dramatisch und nicht kontinuierlich über der zulässigen Grenze lag. Wolfgang Norden hatte sehr sensibel auf Überschreitungen reagiert, in der Gesamtdarstellung allerdings stark übertrieben. Er fürchtete, wenn er nicht einschritt, würden die Probleme zunehmen. Sein inneres Alarmsystem schlug heftig an. Er sah eine Katastrophe auf sich, seine Abteilung und die Fertigung zukommen. Er folgte nur der Logik seiner Gefühle. Dazu erklärte er, er habe für mehr Disziplin sorgen wollen. Nach den Ursachen für die Ausfälle suchte er jedoch nie, und mit seiner Haltung verschärfte er den Konflikt so sehr, dass er eine regelrechte Krise provozierte.

Wir haben allen Beteiligten dargelegt, wie sie durch einen falschen Umgang mit Fehlern gemeinsam dazu beitragen, dass ihre Probleme zunehmen. Eine angemessene Fehlerkultur zu schaffen erfordert Offenheit und Vertrauen, also immer wieder ein gezieltes Emotions-Management. Sie entsteht und festigt sich nur über eine gewisse Zeit hinweg. Zu lösen waren allerdings auch höchst akute Probleme. Deshalb haben wir eine Reihe von Maßnahmen vorgeschlagen, die sofort zu veranlassen waren und unmittelbar greifen konnten. Angefangen damit, den Arbeitern mehr Trainingszeit zu geben, jeden einzelnen Arbeitsschritt zu lernen, bis er sitzt, und erst dann den nächsten zu trainieren, damit sich zwischen den Schritten keine Fehler einschleichen. Dieses Prinzip kennen wir von Toyota, wo es sich immer wieder bewährt. Außerdem sollte der Anteil Festangestellter erhöht und so die Fluktuation reduziert werden. Darüber hinaus schlugen wir vor, mit der Qualitätskontrolle zuverlässige Bandarbeiter zu betrauen, weil die Prüfer mittlerweile als feindliche Besatzer wahrgenommen wurden, und die Produktion stärker Verantwortung übernehmen sollte. Wer Verantwortung übernimmt und bereit ist, die erforderlichen Kompetenzen zu erwerben, gewinnt Selbstsicherheit und Selbstbewusstsein. Alle unsere Vorschläge wurden umgesetzt, die Produktion bemühte sich eifrig, den Prüfern zu beweisen, dass sie in der Lage ist, die an sie gestellten Aufgaben zu erfüllen. Und es dauerte keine drei Wochen, bis es gelang.

Zum Knall kommt es in Unternehmen oft, weil Manager ein schwaches Nervenkostüm haben und nicht stressresistent genug sind. Sie empfinden schon kleine Pannen als große Irritation, machen daraus in ihrer Vorstellung schnell ein großes Problem und bauschen das dann zur Krise auf. Ihr Gefühlsleben bestimmt nicht nur, wie sie solche Situationen interpretieren, sondern auch, was sie von anderen erwarten: nämlich, dass diese ebenso alarmiert sind und all ihre Aufmerksamkeit auf den angeblichen Notfall konzentrieren. Doch das geht auf Kosten der Aufgaben, die sie sonst zu erfüllen haben, und so entsteht Chaos. Das können Manager vermeiden, wenn sie wissen, wie hoch ihre Stressanfälligkeit ist. Sie sollten sich im Klaren darüber sein, zu welchem Verhalten sie neigen, wenn sie sich gestresst fühlen, und wie sie sorgsamer mit ihren Energieressourcen umgehen können, damit sie nicht mit zu wenig Reserve ins Schleudern kommen. Sie sollten lernen, ihre Emotionen zu managen, und begreifen, wie sie Krisenprävention betreiben können.

Wer auf Krisen vorbereitet ist, weiß, was zu tun ist, und behält einen kühlen Kopf. Erinnern Sie sich an Notfallmediziner und Piloten, die gerade deshalb so souverän mit Notsituationen umgehen, weil sie darauf eingestellt sind, dass solche Situationen ständig eintreten können und sie dafür über ein Handlungsrepertoire verfügen müssen. Deshalb beschäftigen sie sich mit den wichtigsten und den wahrscheinlichsten Krisenszenarien, spielen sie in Simulationen durch, lernen, wie sie sich dann verhalten müssen, entwerfen Checklisten und schreiben Krisenhandbücher – zum Training und als Vorbereitung auf den Ernstfall. Tritt der ein, wird nicht mehr diskutiert, was von wem zu tun ist.

Eine Krise ist dabei alles, was das Potenzial hat, schweren Schaden anzurichten – für Mitarbeiter, ein Unternehmen, die Umwelt. Sie beginnt nicht erst, wenn sie voll ausbricht, und muss nicht einmal real sein. Oft genügt der Anschein einer Krise. Geht Führungskräften Glaubwürdigkeit und die Deutungshoheit über Ereignisse verloren, können Spekulationen oder Gerüchte schweren Schaden anrichten. Konkurrenten und Medien stürzen sich mit Vorliebe auf vermeintlich schlechte Nachrichten. Wer dann mit dem Rücken zur Wand steht, kommt aus der Anklageposition nur schwer wieder heraus.

Mitarbeiter und Führungskräfte, die in Unternehmen und Organisationen mit hohem Krisenpotenzial arbeiten, wissen oft sehr genau um die Risiken und vermeiden dennoch, Krisenprävention zu betreiben. Die Hoffnung, dass alles gut geht, ist stärker als die Einsicht, dass Gefahren tatsächlich schnell aufziehen können. Die Emotion blockiert den Verstand, der an den intellektuellen Einsichten zwar festhält, daraus aber keine Konsequenzen zieht. Hauptsächlich, so unsere Erfahrung, schalten Menschen auf derartige Verweigerungsstrategien, weil sie nicht merken, wie sie sich von ihren Leitgefühlen und Leitmotiven vereinnahmen lassen und weil ihnen deshalb ein Repertoire fehlt, dagegen anzugehen und Gefühle zu stärken, die sie aus dem Dilemma befreien und den Verstand zur Vernunft kommen lassen. Wir erleben dies immer wieder, zum Beispiel in Krankenhäusern, wenn wir dort Risiko- und Krisenberatung machen.

Jeder weiß, dass selbst kleine Fehler in Krankenhäusern für Patienten drastische Folgen haben können, die womöglich anhaltend ihre Gesundheit beeinträchtigen und in schlimmen Fällen sogar zum Tod führen können. Eine falsche Anästhesie, ein unachtsamer Mix von Medikamenten, Versäumnisse in der Hygiene, Übermüdung von operierenden Ärzten, mangelnde Abstimmung verschiedener Fachärzte, Informationsverlust beim Schichtwechsel – all das kann dramatische Konsequenzen haben, in erster Linie für Patienten, aber auch für das beteiligte Personal und die gesamte Krankenanstalt. Die EU-Kommission schätzt, dass in Europa jeder zehnte Patient Opfer eines Behandlungsfehlers oder einer Infektion wird. Fehler im Krankenhaus, diagnostiziert die Deutsche Gesellschaft für Chirurgie, zählen zu den zehn häufigsten Todesursachen; sie rangieren damit vor Aids, Brustkrebs oder Verkehrsunfällen. Und viele Ärzte verzeihen sich ihre Fehler oft nicht und leiden seelisch schwer darunter. Geben sie einen Fehler zu, verlieren sie womöglich ihren Versicherungsschutz und haften persönlich. Das kann sie obendrein in den finanziellen Ruin treiben. Krankenhäuser, in denen sogenannte »Kunstfehler« ruchbar werden, verlieren schnell ihren guten Ruf.

Die meisten Fehler könnten Ärzte, Pfleger und Verwaltungspersonal allerdings vermeiden, wenn sie achtsamer miteinander umgingen und besser miteinander kommunizieren würden. Solange sie vornehmlich nach Schuldigen suchen, allein Einzelne verantwortlich machen wollen, um die eigene Beteiligung zu kaschieren, tragen sie nur dazu bei, dass jeder den Kopf einzieht und seine Beteiligung kleinredet.

Zunächst stellen wir in unserer Beratung die »Null-Fehler-Mentalität« infrage, weil damit Fehler generell als persönliches Versagen bewertet und empfunden werden. Fehler geschehen immer, wenn Menschen handeln (oder nicht handeln). Jeder agiert immer in einem sozialen und organisatorischen Umfeld, und die realen Bedingungen beeinflussen, zu welchen Fehlern es kommt und wie Menschen mit Fehlern umgehen. In den meisten Krankenhäusern reden die Fachärzte der verschiedenen Disziplinen nicht ausreichend miteinander; sogenannte Belegärzte, die nicht zur Stammbelegschaft gehören und sich lediglich um Patienten kümmern, die sie ins Krankenhaus überwiesen haben, sind nicht eingebunden in Teams. Arbeiten immer wechselnde Mannschaften zusammen, erhöht sich die Fehlerwahrscheinlichkeit dramatisch. (Das gilt ebenso für Crews in Flugzeugen. Das US National Transportation Safty Board ermittelte, dass 73 Prozent aller Zwischenfälle auftreten, wenn Crews das erste Mal zusammen fliegen, sie also noch nicht lernen konnten, wie sie am besten als Team zusammenarbeiten.) Zeitdruck erhöht die Fehleranfälligkeit zusätzlich. Zu analysieren ist, wer wie belastet ist und wie zweckmäßig Abläufe organisiert sind. In den meisten Krankenhäusern beziehen Ärzte, wenn sie Risiken analysieren, Präventionsprogramme entwickeln oder mit Krisen fertig werden müssen, dass übrige Personal nicht mit ein. Dabei erkennen Krankenpfleger und Betreuer oft viel früher und genauer, wenn und warum Probleme auftreten. In offenen, von uns moderierten Runden, fördern wir dafür meist schnell konkrete Beispiele zutage und ermuntern dazu, Standesbarrieren beiseitezuschieben, denjenigen Anerkennung auszusprechen, die (intern) Fehler benennen und nach Lösungen streben. Betroffene wissen oft nicht, wie sie Fehler darstellen sollen. Aus Mangel an Kommunikationsfähigkeit schweigen sie lieber, weil sie fürchten, sich nicht richtig erklären und rechtfertigen zu können. Das gilt besonders, wenn sie sich in der Defensive fühlen – bei heftigem Patienten- oder Angehörigenprotest. Doch auch die Kommunikationskompetenz können wir im Coaching stärken.

Wenn wir zu Beratung über Krisenprävention gebeten werden, schlagen wir vor, zunächst sehr sorgfältig die jeweiligen Risiken zu identifizieren, die zu größeren Problemen werden könnten. Bei Fluglinien ist das Standard. Für Krankenhäuser sollte es in gleichem Maß gelten ebenso wie für alle anderen Unternehmen und Organisationen, bei denen bereits kleine Fehler große Schäden verursachen können, direkt an Menschen oder an der Umwelt. Je dramatischer mögliche Konsequenzen sind – auch wenn sie unwahrscheinlich erscheinen! –, desto sensibler ist vorzugehen. Denken Sie an Sicherheitsstandards für Öltanker, Chemieunternehmen, Medikamentenentwicklung, Atomkraftwerke. Nicht in allen Firmen steckt das gleiche Katastrophenpotenzial, jede hat ihre besondere Krisenanfälligkeit, die man identifizieren muss. Ein besonderes Thema können Arbeits- oder IT-Sicherheit sein, Umweltbelastungen, Mitarbeiterkriminalität, falscher Umgang mit sensiblen Informationen, Lieferengpässe, Betriebsspionage oder wirtschaftliche Entwicklungen mit all ihren tückischen Kettenreaktionen.

Die Identifikation von Risiken gehört zu den wesentlichen Aufgaben von Führungskräften. Davor dürfen sie nicht zurückschrecken, sie müssen bereit sein, aus signifikanten Fehlern zu lernen. Wer hochmütig meint, alles im Griff zu haben, und Abweichungen von der Normalität leugnet, kommt schnell zu Fall. Zu analysieren sind auch alle Erfahrungen, bei denen es noch einmal gut gegangen ist. Die Frage muss immer sein: Warum? Dadurch werden mögliche Gefahren deutlicher. Führungskräfte müssen unter ihren Mitarbeiter Vertrauen schaffen, dass diejenigen, die auf Probleme hinweisen, dafür belohnt und nicht bestraft werden. Oft jedoch geschieht genau das Gegenteil. Dann ticken die Zeitbomben weiter.

Den Sinn und die Aufmerksamkeit für mögliche Krisen schärft die Frage: Was sind die zehn schlimmsten Dinge, die passieren könnten? Und nicht: Was *ist* schon Dramatisches passiert? Die Erfahrung allein verengt zu leicht den Blick. Anschließend ist zu bestimmen, wer mit welchem Wissen und welchen Fähigkeiten gebraucht wird, um Negativeffekte zu neutralisieren, und daraus ergibt sich dann, wer einem Krisenteam angehören muss. Das Team muss stehen, bevor es zur Krise kommt – mit klarer Rollenzuteilung und Verantwortlichkeit für jeden Einzelnen. Krisenteams müssen Krisenbewältigung simulieren – so wie Piloten. Das Gute an der Krisenprävention ist: Sie bewirkt, dass das Unerwartete viel seltener eintritt. Denn die Ereignisse, die eine Krise ankündigen, entgehen dem Krisenteam nicht.

Wer wie mit Krisen umgeht, hängt jedoch auch von der eigenen Persönlichkeit ab. Was Persönlichkeit ausmacht, über welche Merkmale, Eigenschaften und Verhaltensweisen sie zu bestimmen wäre, darüber haben Psychologen lange gestritten und sich schließlich auf fünf Dimensionen geeinigt, die »Big Five«, mit denen wir grundlegende Dispositionen und Verhaltensneigungen beschreiben können: Offenheit, Gewissenhaftigkeit, Extraversion (ein nach außen orientiertes Verhalten), Verträglichkeit und Neurotizismus. Es gibt verschiedene Verfahren, die mit gewissen Variationen Persönlichkeitseigenschaften ermitteln, zum Beispiel »Myers/Briggs«, MasterManagement oder ein Zugang von Paul T. Costa und Robert R. McCrae, die das Big-Five-Modell zu einer Art Konsenskonzept zusammenfassten (http://de.autoservice.com/bigfive). Dabei stehen auf der anderen Seite der Skala Verschlossenheit, Unorganisiertheit, Introversion (Bezogenheit auf sich selbst) und Rücksichtslosigkeit. Den Begriff Neurose verwenden Psychologen heutzutage wenig, und sie verbinden damit nicht mehr die Bedeutung und Ursachenerklärung, die Sigmund Freud ihm gab. Als Merkmale des Neurotizismus gelten in der Persönlichkeitstheorie: übertriebene Sorge, Überachtsamkeit, innere Anspannung, Unsicherheit, Angst, Selbstmitleid, Stimmungsschwankungen. Dem gegenüber stehen Menschen, die sich wenig sorgen, ruhiger und ausgeglichener sind, innerlich entspannt, entschlossen, mutig und zufrieden mit sich selbst. Dabei markieren die jeweiligen Endpunkte auf der Skala Extreme, die in einer Person so selten vorkommen. Wir liegen meist irgendwo dazwischen und neigen lediglich mehr zu der einen oder anderen Seite.

Persönlichkeitstests helfen, über sich selbst Auskunft zu erhalten. Viele Firmen nutzen sie, um mehr über ihre Mitarbeiter zu erfahren, sie effektiver einzusetzen und Teams so bilden zu können, dass individuelle Stärken gut zur Geltung kommen und persönliche Schwächen kompensiert werden. Sollen Teams vor allem kreative Ideen entwickeln, müssen ihre Mitglieder ein großes Maß an Offenheit aufweisen. Müssen sie exakt Prozessabläufe bestimmen und Prozessgenauigkeit überprüfen, ist eher ein hohes Maß an Gewissenhaftigkeit gefordert. Testergebnisse sagen allerdings nicht, wie einzelne Personen sich in konkreten Situation wirklich verhalten. Sie geben nur Auskunft über deren Verhaltensneigung. Wie sie sich verhalten, hängt von der jeweiligen Verfassung, den weiteren Personen, vor allem den Teamleadern und den unmittelbaren Vorgesetzten, den besonderen Umständen und der Kultur (den herrschenden Normen, Regeln, Werten und Hierarchien) des jeweiligen Unternehmens oder der Organisation ab.

Krisen und Konflikte, jede Art von Stress und emotionaler Anspannung verstärkt vorhandene persönliche Neigungen, und die haben in solchen Situationen eine oftmals ganz andere Wirkung als in »normalen« Zeiten. Zu wissen, wie, ist sowohl für jeden Einzelnen als auch für Teams und Unternehmen ein Gewinn.

Krisen erschüttern viele Führungskräfte – je nach Persönlichkeitsprofil – in besonderer Weise. Eigenschaften und Neigungen, mit denen sie sonst erfolgreich sind, verwandeln sich in Krisen oftmals zu einer persönlichen Hypothek. Doch ihre Verhaltensmuster sind so eingeschliffen, dass sie es nicht merken. Sie erscheinen auch in verändertem Kontext als völlig normal und gehören zu ihrem Führungsstil.

Wer bislang mit Coolness reüssierte, als »kühler Kopf« souverän erschien und meint, dass er sich auch in Krisenzeiten stets distanziert, nüchtern und emotionslos verhalten solle, den empfinden Mitarbeiter nun oft als zu kalt und unglaubwürdig. Sie vermissen dann Verständnis und sozialen Rückhalt und verlieren Vertrauen.

Führungskräfte, die auf ihre Stärke setzen, Abläufe genau zu steuern und stetig zu verbessern, nehmen in Krisen – wo alles aus den Fugen gerät – nicht genügend wahr, was sich dramatisch ändert und nun nicht mehr gilt. Sie beharren auf ihren Standards und bilden sich ein, was bislang gut funktioniert habe, könne nicht falsch sein. Doch genau das ist oft der erste große Fehler.

Nachdenkliche und zögernde Menschen, die sonst im hektischen Tagesgeschäft ein gutes Gespür für unerwartete und außergewöhnliche Ereignisse haben und deshalb Probleme frühzeitiger erkennen, sehen in Krisen schnell nur noch Probleme und keine Lösungen mehr. Sie kommen aus dem Analysieren und Abwägen nicht heraus, lähmen sich im Bedenken aller möglichen strategischen Alternativen und treffen keine Entscheidungen, die aus der Krise herausführen könnten.

Auch chronische Optimisten, die sonst mit ihrer Haltung »Alles ist möglich« andere inspirieren, motivieren, mitreißen, bekommen in Krisenzeiten Schwierigkeiten. Sie erkennen nicht die Dimension einer gravierenden und lange anhaltenden Krise. Sie geben nicht so schnell auf wie Zauderer, fühlen sich allerdings oft zu raschen Entscheidungen gedrängt. Sie handeln nach dem Motto, lieber eine falsche Entscheidung als keine Entscheidung, erwägen nicht ausreichend die möglichen Konsequenzen, neigen zu übertrieben optimistischen Prognosen, machen sich etwas vor und anderen falsche Versprechungen. So verlieren sie an Glaubwürdigkeit, weil ihre frohgemut verkündeten Erwartungen eben nicht eintreffen. Wer jedoch über sich selbst Bescheid weiß und den Einfluss veränderter Umstände auf die eigene Person einschätzen kann, wird zum besseren Krisenmanager.

A-, B- oder C-Spieler

»Ein herber Verlust«, stöhnt Franz Hauck. Sein Vertriebschef Martin Terhagen wechselt für ihn überraschend zur Konkurrenz. In eine höhere Position, mit mehr Gehalt. Hauck kann nicht mitbieten. Terhagen gilt im Unternehmen als Star. Schon als Key Account glänzte er und genoss einen ausgezeichneten Ruf.

Hauck setzt Manfred Lierich, seit einigen Jahren der zweite Mann im Vertrieb, an die frei gewordene Position. Der hatte sich schon Hoffnungen gemacht, als die Stelle das letzte Mal zu besetzen war. Doch Lierich gilt bei seinem Chef als klassischer zweiter Mann und nicht ganz geeignet für die herausfordernden Aufgaben. Mangels Alternative macht er ihn so nur vorübergehend zum Vertriebsleiter. Zweifel bleiben. »Ist Lierich den Herausforderungen wirklich gewachsen?«

Nach drei Monaten zieht Hauck eine für ihn überraschende Zwischenbilanz: Lierich macht sich ausgezeichnet. Er agiert besonnen und kompetent und hat es geschafft, in der Abteilung mehr Effektivität zu erzielen und ein neues Wir-Gefühl herzustellen. Terhagen, stellt sich nun heraus, hatte den Vertrieb nicht wirklich im Griff. Die Zahlen waren zwar noch gut, aber viele Projekte, die er angeschoben hatte, trieben unbestimmt vor sich hin. Er war nicht in der Lage gewesen, gute Teams zu bilden und zu führen. Viele Mitarbeiter waren zunehmend unzufrieden geworden. Hauck hatte davon nichts bemerkt. Da Terhagen als Star im Unternehmen galt, dachten seine Mitarbeiter, er wisse schon, was er tue, und habe Rückhalt von oben.

So geht es vielen Unternehmen und Organisationen: Mitarbeiter werden von Vorgesetzten und Personalabteilungen in Leistungskategorien eingeteilt: hoch, durchschnittlich, niedrig – A-, B- oder C-Spieler. Die Kategorisierung beeinflusst die Haltung gegenüber und den Umgang mit den Mitarbeitern, und sie schafft besondere Probleme. A-Spieler bekommen generell zu viel Aufmerksamkeit. Ihre guten Leistungen überdecken in der allgemeinen Wahrnehmung ihre Schwächen, sogar aus der Sicht von Mitarbeitern. Vorgesetzte, die sich meist selbst für die stärksten A-Spieler halten, überschätzen das Gesamtpotenzial der A-Spieler. B-Spieler unterschätzen und vernachlässigen sie dagegen sträflich. Über die C-Spieler ärgern sie sich häufig, geraten mit ihnen aneinander oder ignorieren sie, anstatt sie zu den Leistungen zu führen, zu denen sie fähig wären. Das alles schafft – oft unterschwellig – schlechte Stimmung, die auf die Leistung insgesamt drückt.

A-Spieler reklamieren in Unternehmen und Organisationen Starstatus. Das Büro wird für sie zur Bühne, die anderen Mitarbeiter werden zu Kulissenschiebern und Claqueuren. Unter den C-Spielern dagegen gibt es viele Nörgler und Neider, die für ihre Defizite stets die Umstände verantwortlich machen und nie sich selbst.

Dabei sind diese beiden Gruppen in den Unternehmen die Minderheit; sie stellen jeweils zwischen 10 und 15 Prozent der Mitarbeiter. Den bei Weitem größten Anteil, rund drei Viertel einer Belegschaft, machen die B-Spieler aus. Sie sind die soliden, zuverlässigen Mitarbeiter. Sie stellen die geringsten Ansprüche und leisten für das Unternehmen das meiste. Sie sind das Rückgrat und zugleich Herz und Seele.

B-Spieler verlangen für sich weit weniger Aufmerksamkeit. Sie machen es Vorgesetzten leicht, über ihre Anliegen und Bedürfnisse hinwegzugehen. A-Spieler gelten als Vorbilder. Was sie auszeichnet: Sie verfügen über viel Energie, setzen sich ambitionierte Ziele, sind ergebnisorientiert, schließen Aufgaben zügig ab, haben ein hohes Arbeitstempo und viel Ausdauer. Von anderen erwarten sie jedoch, dass sie genauso »ticken« wie sie. Da das oft nicht der Fall ist, gibt es Reibereien, die zu heftigeren Konflikten und nur schwer überbrückbaren Gegensätzen führen können.

A-Spieler stellen besondere Ansprüche an ihre Arbeit: Sie hassen Routinen. Doch die gehören zu jedem Job. Wenn A-Spieler eine Aufgabe einmal beherrschen, verliert sie bald ihren Reiz. Bieten sich dann nicht neue Herausforderungen, beginnt für sie lähmende Langeweile. »Work« ist für sie weit wichtiger als »Life«. Das kommt Unternehmen (vordergründig) zugute. Doch A-Spieler geraten auch leichter aus der Balance. Sie erwarten immer ein direktes Feedback. Sie gieren nach Lob und werden anderen damit lästig. Sie stehlen ihnen Aufmerksamkeit und Konzentration für eigene Aufgaben und für andere Menschen, die weniger fordernd auftreten, aber ebenso Beachtung, Zuspruch und Unterstützung brauchen. Vorgesetzte vertun mit A-Spielern viel Zeit, die sie besser anders verwendet hätten.

A-Spieler brauchen Konkurrenz. Sie müssen sich stets mit anderen vergleichen und wollen immer besser sein als sie. Das kann stören. A-Spieler werden leicht ungeduldig, wenn irgendetwas oder irgendjemand sie aufhält. Sie erwarten Zuarbeit, in ihrem Tempo und nach ihrem Rhythmus, und verstehen schlecht, dass andere anders, damit jedoch noch lange nicht schlechter arbeiten als sie. A-Spieler heischen zwar dauernd nach Beifall, dennoch erwarten sie auch negatives Feedback. Sie sehen dies als Voraussetzung dafür, aus Fehlern lernen und sich weiter verbessern zu können. Auf diese Chance möchten sie nicht verzichten. Wer sie nur lobt, den nehmen sie nicht ernst.

A-Spieler tun sich schwer in Teams. Sie sind ausgeprägte Narzissten. Ihr Selbstbewusstsein hängt von Leistungsnachweisen ab. Können sie ihren eigenen Ansprüchen nicht genügen, stellen sie sich radikal infrage. Das mag schon passieren, wenn ihnen Kleinigkeiten misslingen. Für andere ist kaum nachvollziehbar, wie sehr das deren Laune vermiest. A-Spieler machen gern andere und »die Umstände« verantwortlich, weil sie eigene Unzulänglichkeit nicht aushalten. Kritik, auch wenn sie die hören wollen, schmerzt sie sehr. Selbst teilen sie hart aus.

Harsche Vorwürfe deklarieren sie als »professionelle« Kritik. Geeicht auf die eigenen Maßstäbe, schätzen sie letztlich nur Artgenossen. Da sind sie wie die Gorillas. Sie kämpfen dauernd um Positionen. Und müssen sich permanent schützen, weil ihre Kämpfe auch die eigene Position stets gefährden.

A-Spieler sind harte Gegner: Sie streben nach Dominanz, mit Rhetorik, offenem Schlagabtausch, süffisanter Kritik, bitterem Sarkasmus – in hässlicher Variante mit Informationsverweigerung, persönlichen Attacken, Denunziation, Intrigen. Konflikte stellen sie gern als »rein sachlich« dar, obwohl sie vorwiegend persönlich sind. Das »Sachargument« halten sie wie ein Schutzschild hoch, damit sie über die eigenen Ambitionen, Ängste und Konflikte nicht sprechen müssen.

A-Spieler bilanzieren erhebliche Führungsschwächen. Sie agieren ausgesprochen ich-zentriert. »Machen« ist ihnen wichtiger als führen. Damit machen sie zu viel und führen zu wenig. Als Coach oder Mentor zu agieren sehen sie nicht als ihre Aufgabe. In Chefpositionen empfinden sie schon Mitarbeitergespräche als Zumutung. Untergebene leiden, wenn sie darin ein abgeschmacktes Ritual erkennen, mit Worthülsen beschossen werden und erkennen, wie der Blick des Vorgesetzten in die Leere schweift.

B-Spieler haben nicht diesen Drang zu Selbstdarstellung und Dominanz. Ihre Leistung bleibt ohne besondere Aufmerksamkeit und in Teams konstanter. Sie definieren Erfolg nicht so sehr als individuellen Erfolg, sondern erkennen und schätzen auch die Leistungen anderer. Sie stellen persönliche Interessen eher hinter Unternehmens- oder Organisationsinteressen zurück. Sie missbrauchen ihre Funktion nicht, um sich zu inszenieren und eigene Interessen permanent an die erste Stelle zu rücken. Weil sie Unternehmen länger treu bleiben, verfügen sie über mehr Firmenwissen. Sie haben im Lauf der Jahre mehr erlebt, bleiben gelassener bei Störungen, geraten nicht so leicht in Krisenhysterie, die dramatisiert und alles nur schlimmer macht. Sie sorgen für Solidität und Beständigkeit. B-Spieler halten Teams zusammen: Sie respektieren eher die Wünsche anderer und spüren deren Befürchtungen. Sie sorgen verstärkt für einen Interessenausgleich. Sie sind eher bereit, neue Mitarbeiter zu integrieren und dafür Zeit aufzuwenden. B-Spieler schaffen die Grundlage, die C-Spieler trägt und A-Spieler aushält.

Dennoch werden die B-Spieler systematisch unterschätzt, weil sie um sich nicht so viel Aufhebens machen und die eigenen Karriereansprüche geduldiger zurückhalten. Dadurch bestärken sie die Vorurteile von A-Spielern, die meinen, B-Spielern nicht so viel zutrauen zu können, weil sie sich so bescheiden geben. A-Spielern, da sie selbst Aufschneider sind, gilt Aufschneiden als Hinweis auf Potenzial, Zurückhaltung dagegen als Zeichen von Unvermögen.

C-Spieler verfügen über weniger Potenzial und weniger Energie. Deshalb leisten sie auch weniger. Es fällt ihnen schwerer, Neues zu lernen und neue Aufgaben zu bewältigen. In gewohnten Routinen bleiben sie leicht stecken. Ihre Selbsteinschätzung mag jedoch ganz anders sein. Viele halten sich für genauso fähig und effektiv wie die B- oder A-Spieler um sie herum, und sie klagen darüber, dass ihnen ihre Chefs die Möglichkeit verweigern, dies unter Beweis zu stellen. Oder sie beschweren sich, dass ihre Leistung nicht ausreichend anerkannt wird. Es gibt die stillen, umgänglichen und wenig ambitionierten C-Spieler ebenso wie die unzufriedenen, lauten Nörgler und aggressiven Stänkerer, die sich stark überschätzen und sich stets für zu kurz gekommen halten. Von ihnen trennt man sich am besten so schnell wie möglich, denn sie sind beratungsresistent und bringen immer wieder den Zug aus dem Gleis. Und es gibt die, die sich durchaus weiterentwickeln möchten, dazu allerdings überschaubare Anforderungen brauchen, die wenig mehr von ihnen verlangen, als sie bereits können.

Die mangelnde Fähigkeit, Spielereigenschaften treffend unterscheiden zu können, erklärt gravierende Managementfehler: Vorgesetzte erkennen häufig nicht, welches Potenzial B-Spieler haben, und geben ihnen zu wenig Gelegenheit, sich (langsam) zu entwickeln. Das Jagdfieber im »Krieg um Talente« trübt zunehmend ihren Blick. A-Spieler sind immer große Selbstdarsteller, aber nicht immer große Könner. Oft sind sie Blender. Andere, die mehr können, lassen sie neben sich – instinktsicher – nicht hochkommen. Oft fällt das nicht auf, solange sie sich aus einem Job, dem sie nicht wirklich gewachsen sind, frühzeitig genug verabschieden – oft um weiter aufzusteigen, bis das Peter-Prinzip sie irgendwann doch erwischt. Der immer häufiger zu beobachtende Wechsel in oberen Führungspositionen hat auch damit zu tun. In einer Gesellschaft der Ich-AGs und den von Medien geschürten (und durch Aufmerksamkeit belohnten) Eitelkeiten gedeiht die Neigung zu übertriebener Selbstdarstellung und Blenderei.

Jack Welch, der legendäre CEO von General Electric, von *Fortune* zum »Manager des 20. Jahrhunderts« gekürt, pflegte eine brutale Methode: Er bestimmte Jahr für Jahr, wer im Management zu den unteren zehn Prozent der Leistungsträger gehörte, und entließ sie. So erzeugte er permanenten Druck. Dabei gehen pauschale Urteile schnell daneben. Deswegen macht es Sinn, Personen individuell zu beachten und Umstände zu berücksichtigen. Misserfolge können sowohl »objektiven« Bedingungen geschuldet sein als auch einer für die jeweilige Person falschen Aufgabenstellung oder unzweckmäßigen Teamkonstellation. C-Spieler sind keine Schnellstarter und Sprinter, mitunter jedoch passable Marathonläufer. Vorgesetzte sehen eher ihre Schwächen und unterschätzen ihre Stärken. All das ist bei einer Beurteilung von Leistung und Potenzial zu berücksichtigen. Dann werden Mitarbeiter nicht »in Schubladen geschoben«, aus denen sie nicht mehr herauskönnen.

C-Spieler brauchen klare Vorgaben, überschaubare Ziele und präzise Zielvereinbarungen. Dann kann angemessenes Mentoring, das Selbstmanagement fördert, ihnen enorm helfen. Unzulänglichkeiten, die im Vergleich mit A- und B-Spielern feststellbar sind, müssen Vorgesetzte aushalten. Denn diese Unterschiede wird es immer geben. Die »Methode Jack Welch« schafft große Verunsicherung. Sie führt bei manchen zur Leistungsstimulation, bei vielen jedoch zur Leistungsminderung.

Äußern Mitarbeiter Unzufriedenheit, sollten Vorgesetzte das als Chance sehen, daraus Veränderungen zu entwickeln, die zu mehr Engagement einladen. Wichtig ist es allerdings, sich konsequent von denen zu trennen, die durch Verweigerung und Intrigantentum den Zug aus dem Gleis zu werfen drohen. Davor scheuen jedoch die meisten Manager zurück. Auch wenn sie von sich etwas ganz anderes behaupten.

Wie werden Unternehmen und Organisationen besser? Wenn es vorrangige Aufgabe von Führungskräften ist, potenzielle Führungskräfte zu identifizieren und zu fördern. Wenn Karriereplanung für alle Mitarbeiter erfolgt, nicht nur für die »high potentials«. Wenn Mitarbeiter nicht vorschnell in fixe Kategorien sortiert werden. Wenn Unternehmen »stretch assignments« entwickeln, Aufgaben, bei denen sie sich anstrengen und Fähigkeiten entwickeln müssen, die von B nach A führen können – und von C nach B. Es müssen echte Herausforderungen sein, Aufgaben, die mehr beanspruchen, als bereits geleistet wurde. Aber sie sollten angegangen werden mit angemessener Unterstützung (mit Mentoring und Coaching), zusätzlicher Zeit und der Möglichkeit, Fehler zu machen und aus Fehlern zu lernen.

Wenn der Ärger übermächtig wird

»Den muss ich mir mal zur Brust nehmen«, sagt Herbert Nuck, wenn er einem seiner Mitarbeiter klarmachen will, dass er nicht tut, was Nuck von ihm erwartet, und dass er dies schleunigst zu ändern habe. Herbert Nuck ist Geschäftsführer und Besitzer einer Kunststofffabrik, die Teile für die Haushaltswarenindustrie herstellt, der Betrieb hat rund 600 Mitarbeiter. »Zur Brust« nimmt er sich öfter jemanden, auch Mitglieder der Geschäftsleitung. Nuck zitiert sie »zum Rapport«. Die Gespräche beginnt er oft mit Bemerkungen wie: »Ich hatte doch unmissverständlich gesagt ...«, »Wir hatten doch vereinbart ...«, »Es hätte doch klar sein müssen ...« Und dann folgt, meist in schärferer Tonlage, die Frage: »Und warum ist das nicht geschehen?« Für Nuck sind das »normale Rücksprachen«. Den Zweck definiert er so: »Damit auch getan wird, was vereinbart worden ist.« Wenn er keine Antwort bekommt, die ihn unmittelbar überzeugt, verliert er schnell die Geduld. Dann fallen Sätze wie: »Wenn nicht geschieht, was wir klipp und klar besprochen haben, dann will ich, verdammt noch mal, eine stichhaltige Erklärung dafür hören.«

Die Wirkung, die Herbert Nuck mit solchen Auftritten erzielt, ist allerdings oft nicht die, die er sich wünscht. Es ändert sich nämlich meist gar nichts. Bald schon stolpert er wieder über dasselbe Problem, für das er schon wiederholt und zunehmend heftiger eine Lösung verlangt hat.

Auch die Runde aus Führungskräften der ersten und zweiten Ebene, die Nuck regelmäßig zusammenruft, um gemeinsam zu entwickeln, wie das Management effektiver und das Unternehmen insgesamt innovativer werden könnte, gerät immer wieder aus den Fugen. Anfangs freute er sich über eine rege Beteiligung. Mittlerweile meint er jedoch, es sei »eine müde Runde« geworden. Wenn ihm dort einer widerspricht – was selten geschieht und allenfalls vorsichtig –, fährt Herbert Nuck schnell aus der Haut. Falls ein Vortrag seiner Auffassung gravierend widerspricht, lässt er es krachen und pflückt den Referenten vor versammelter Mannschaft Punkt für Punkt auseinander – mal lautstark, mal mit leisem Zynismus, meist allerdings lautstark.

All das beobachteten wir aus nächster Nähe, als Herbert Nuck uns als Berater ins Haus holte. Wir fragten ihn, was er glaube, wie er auf seine Mitarbeiter wirke? Er schaute uns irritiert an und verstand nicht, was die Frage sollte. Wie förderlich seine Art für eine offene Debatte sei, die er sich doch wünsche, hakten wir nach. Nuck zögerte. Wir erklärten, dass er auf uns bisweilen »recht vehement« wirke. Da begann Herbert Nuck zu verstehen, und er erläuterte uns, wie sinnvoll er es findet, sich einzelne Mitarbeiter immer mal wieder »zur Brust« zu nehmen.

Doch mit unseren beharrlichen Bitten, mehr auf seine Wirkung zu achten, auch das Schweigen und Vermeiden von Blickkontakt als Hinweis zu verstehen, dass Mitarbeiter sich fürchten, von ihm vorgeführt zu werden, ließ ihn zweifeln. Wir sagten ihm etwas, was keiner seiner Mitarbeiter zu sagen wagte. Langsam wurde ihm klar, dass er mit seinem Verhalten tatsächlich dazu beitrug, dass keiner sich wohlfühlte – und nicht so gut war, wie er sein könnte. Nuck entwickelte dafür ein feineres Gespür und begann einzusehen, welche kurzfristigen und langfristigen Folgen ungebremster Ärger hervorrufen kann und wie er damit sich selbst, seinen Mitarbeitern und seinem Unternehmen schadete. So war er für ein emotional smartes Management und Führungsverhalten zu gewinnen – er wollte sein Unternehmen ja erfolgreich führen, das war sein treibendes Motiv, sein Anreiz! Er erkannte: Führen kann er nur, wenn genügend Mitarbeiter im folgen – freiwillig, mit gutem Gefühl, nicht aus Zwang und Angst, von ihm abgestraft zu werden. Deshalb nahm Herbert Nuck schließlich die Empfehlung an zu lernen, wie er seinen Ärger managen kann. Dabei gingen wir mit unseren Empfehlungen ganz ähnlich vor wie bei Hermann Schramm, dem Justizvollzugsbeamten, der erst lernen musste, den sich ankündigenden

Ärger körperlich zu spüren, sich zu entspannen, Distanz zu schaffen, Perspektiven zu wechseln, sich in seine Mitmenschen hineinzuversetzen, Mitgefühl zu entwickeln, um sie zu verstehen, zu akzeptieren und nicht mehr für *seinen* Ärger verantwortlich zu machen. Nuck ließ sich sogar von einigen jungen und selbstbewussten Führungskräften, die er zu seinen Verbündeten machte, unterstützen. Sie wollten wie er mehr voranbringen und konnten es besser als die übrigen Mitarbeiter aushalten, wenn er ausrastete, sie durften ihm ein vereinbartes Zeichen geben, das ihm signalisierte: »Brems dich!« Sie konnten Pausen verlangen, wenn er in Meetings zu hitzig auffuhr und ihnen Abkühlung angeraten schien. So entstanden Debatten und Prozesse, die Veränderung möglich machen und Innovation fördern. Herbert Nuck war mit dem Ergebnis zufrieden.

Veränderung als Chance

Manche Menschen erleben Umbrüche als belebende Aufbrüche und sind engagiert dabei. Aber meist sind sie in der Minderheit. Die Mehrzahl reagiert aufgebracht, wenn sie sich ändern muss. Führungskräfte überschätzen oft, wie viel Veränderung Mitarbeiter mittragen können. Sie erwarten, dass jeder den Interessen des Unternehmens Vorrang einräume und eigene Interessen zurückstelle. Doch das ist eine Illusion. Denn Veränderungen verlangen neue Fähigkeiten und machen bisher gefragte überflüssig. Wer dadurch seine Position verliert, Status oder Einkommen einbüßt, dem schwindet das Gefühl, das eigene Schicksal im Griff zu halten. Und Kontrollverlust bereitet Angst. Zudem lösen neue Arbeitsabläufe gewohnte soziale Beziehungen auf. Für diejenigen, die sich sehr mit ihrer Arbeit identifizieren, kann das zu einer Identitätskrise oder einem bedrohlichen Verlust von Selbstachtung führen. Deswegen muss die Angst vor Veränderung ernst genommen und versucht werden, sie zu mildern: mit ausreichend

Angeboten für Weiterbildung und neue Karrieremöglichkeiten im Unternehmen.

Wer als Führungskraft meint, Veränderungen verordnen zu können, trifft vielfach auf Unverständnis, löst Unsicherheit und Angst aus, treibt Mitarbeiter in den inneren Widerstand. Wenn sie sehen können, was sich ändern muss, sind sie eher bereit mitzumachen. Bisweilen müssen die Führungskräfte es ihnen zeigen, weil es für Betroffene oft nicht so offensichtlich ist, wie ihre Chefs meinen. Bilder überzeugen mehr als Worte. Um vorzuführen, wie Pannen bei der Umrüstung von Maschinen den ganzen Betrieb aufhalten, haben wir mit einer Kamera beobachtet, wie lange es dauert, bis die Maschinen neue Teile fehlerfrei ausspucken und wie erfolglos Maschineneinrichter durch die Werkhalle irren, um im Bedarfsfall einen Kollegen von der Qualitätskontrolle zu finden, der ihnen ein Okay gibt, sodass die Produktion weiterlaufen kann. Das Filmmaterial ungeschnitten vorgeführt, löste bei allen Beteiligten Entsetzen aus und gab uns den Einstieg in eine sehr produktive Debatte, was zu verändern wäre, damit effektiver gearbeitet werden könne. Und die besten Ideen wurden dann umgesetzt.

Je komplexer und grundlegender Veränderungen sind, umso mehr Unsicherheit und Angst lösen sie bei einem Großteil der Betroffenen aus. Angst und Unsicherheit können Führungskräfte nicht mit rhetorischen Floskeln nehmen. Parolen wie »Wird schon nicht so schlimm« oder »Wir kriegen das schon hin« kommen gegen große Sorgen nicht an. Das gelingt nur, wenn diejenigen, die Veränderung zu bewältigen haben, das Gefühl bekommen, dass es sich für sie lohnt, Neues mit in Gang zu setzen. Sie brauchen Visionen, die in ihnen Wünsche wecken und für die ersten Schritte dorthin erkenntlich sind und als gehbar empfunden werden.

Lothar Kurz, Leiter der Abteilung Werkzeugbau, musste seinen Mitarbeitern eine solche Vision vermitteln. Die Abteilung bediente hauptsächlich den Bedarf des eigenen Unternehmens und baute für dessen Produktion Formen für den Guss von Kunststoffteilen. Weil jedoch die Nachfrage für diese Produkte sank und chinesische Hersteller ähnliche Werkzeuge sehr viel billiger anboten, drohte der Abteilung die Schließung. Wir schlugen Kurz vor, gemeinsam mit seinen Schichtmeistern herauszuarbeiten, was die besonderen Stärken der Abteilung sind. Wir kamen zu dem Ergebnis: sehr viel Erfahrung und außerordentlich hohe Qualität der Werkzeuge, die sich besonders bemerkbar macht, wenn Teile mit höchster Präzision herzustellen sind. Diese Stärke bestand fort. Darauf konnten sie stolz sein. Da diese Stärke aufgrund der billigen Fernostprodukte im eigenen Betrieb nicht mehr so gefragt war, galt es, neue Kunden außerhalb des Betriebs zu finden. Die Frage danach weckte Neugier. Sie gab weiterer Recherche Ziel und Energie. Und es gelang, wirklichen Bedarf zu orten. Dann entstand die Frage: Wie können wir potenzielle Kunden überzeugen, dass genau wir ihnen die für sie beste Lösung liefern? Die Abteilung brauchte ein Marketing. Darum hatte sich bisher niemand von ihnen kümmern müssen. Nun galt es zu überlegen, wer mitmachen könnte, ein Marketingkonzept zu entwickeln, und wer dann in den Verkauf ginge. Dazu mussten wir genauer persönliche Stärken analysieren – zum Beispiel Offenheit, die erforderlich ist im direkten Kundenkontakt –, um danach für die jeweiligen Aufgaben Teams so zusammenzustellen, dass individuelle Stärken sich optimal kombinierten. So entwickelte sich bei allen das Gefühl: Wir können etwas, was gebraucht wird, wir müssen uns nicht verstecken und schon gar nicht resignieren. Teamgeist förderte Zutrauen und Optimismus. So entstand die Haltung: Wir wagen es, uns auszuprobieren. Dann brauchten wir die Zustimmung der Geschäftsleitung. Mit einem durchdeklinierten Konzept und einem soliden Businessplan gelang uns auch das. Das Projekt konnte anlaufen, begleitet durch »Coaching on the job«, um denjenigen, die es tragen wollten, zusätzlichen Rückhalt zu geben. Mittlerweile ist die Abteilung zu einem eigenen Profitcenter geworden.

Zu kämpfen hatte in wirtschaftlich turbulenten Zeiten auch eine Werbeagentur. Die Aufträge gingen drastisch zurück. Die Event-Abteilung brach völlig ein, weil Unternehmen überall sparten und als Erstes auf Events verzichteten. Dagegen war nichts zu machen. Mitarbeiter mussten entlassen werden. Doch die Probleme gingen viel tiefer. Sie erwiesen sich als Dilemma der gesamten Branche: In Zeiten von vielen Fernsehsendern müssen mehr Spots geschaltet werden, um die Kunden zu erreichen, und die schauen noch dazu immer häufiger nicht hin. Es gilt also, spektakulär zu sein. Unsere Agentur musste ihre Ausrichtung ändern: Weniger Masse, mehr Klasse. Die Kreativen sollten sich mehr um originelle Entwürfe kümmern. Einfache Aufträge würden ausgelagert. Das erlebten die Kreativen als Befreiung. Gewöhnungsbedürftig für sie war dagegen, dass sie Kunden gegenüber weniger als Künstler auftreten durften und die Attitüde ablegen mussten, über ihr Schaffen könnten Geschäftsleute nicht urteilen. Die Agentur musste sich neue Expertisen beschaffen, um besser zu verstehen, was die Kunden ihrer Kunden wollen. Das jedoch geht bei neuen Produkten nicht mit »Kundenbefragungen«, weil Kunden über etwas, was es noch nicht gibt, nicht verbindlich sagen können, ob sie es wirklich wollen. Es musste vielmehr beobachtet werden, was Kunden brauchen, und das dann entwickelt und ihnen zu einem akzeptablen Preis angeboten werden. Für die Werbeagentur stellte sich die Herausforderung, sich stärker zu einer Marketingagentur zu entwickeln, die mit Kunden als strategischen Beratern zusammenarbeitet. Dazu mussten Leute ins Haus geholt werden, die das können, und andere mussten sich weiterqualifizieren. Das allerdings erweist sich für viele als Anreiz und Motivationsschub: etwas Neues lernen und sich selbst weiterentwickeln zu können. Dazu müssen sie nur einen Weg angeboten bekommen.

Für Veränderung braucht man einen langen Atem. In einer Organisation dauert sie Jahre, nicht Tage oder Monate. Dabei bleiben die Energie und der Wille auf der Strecke, wenn es keine starke Gruppe von Führungskräften gibt, die Veränderungen voranbringen und sich gegenseitig unterstützen. Eine gewisse Anzahl von Mitarbeiter ist jedoch meist nicht bereit, sich zu verändern. Sie meinen, dass sie zu viel zu verlieren und zu wenig zu gewinnen. Das bedeutet allerdings: Nur wenn auch Mitarbeiter ihre Position wechseln oder ersetzt werden, finden tief greifende Veränderungen statt.

Innovation ist ein kompliziertes Geschäft. Es verlangt starke Nerven, die Bereitschaft, die Angst vor dem Scheitern auszuhalten. Das ist sogar wichtiger als technischer Verstand. Oft dauert es Jahre, bis Projekte echte Resultate und wirkliche Innovation bescheren, und oft kommt dabei auch nichts Brauchbares heraus. 60 Prozent aller neu konzipierten Produkte bleiben in der Entwicklungsphase hängen und gelangen nie auf den Markt. Von den 40 Prozent, die es schaffen, erzielen wiederum 40 Prozent keinen Gewinn. Das heißt: Drei Viertel der Gelder, die Innovationen liefern sollen, werden in den Sand gesetzt.

Und auch dies ist bemerkenswert: In über 90 Prozent aller erfolgreichen Unternehmen führte nicht die ursprünglich festgelegte Strategie zum Ziel. Erfolg stellte sich meist erst ein, wenn nach einem ersten Scheitern genug Courage blieb, um eine neue Strategie anzuwenden, die erst aus den gemachten Fehlern entwickelt werden konnte. Mut ist dabei wichtiger als Geld. Die meisten schrecken zu früh davor zurück, weiter zu investieren und versagen sich so den Erfolg. Dabei ist ein Scheitern dafür oft die Voraussetzung. Erst wenn sich zeigt, dass eine zunächst plausible Idee nicht funktioniert, wird aus der Fehleranalyse deutlich, was gelingen könnte.

Innovationen entstehen nicht allein, weil Arbeitsgruppen, Unternehmen oder Organisationen über »kreative Köpfe« verfügen. Führungskräfte müssen dazu eine Kultur pflegen, die kreatives Denken und Handeln fördert. Das klingt selbstverständlicher, als es vielfach ist. Denn eine solche Kultur stellt traditionelle hierarchische Strukturen und starre Machtgefüge infrage. Sie definiert Ansehen und Status völlig neu: danach, wer zu welcher Aufgabe welchen Beitrag leisten kann und deshalb die Möglichkeiten erhalten muss, diesen Beitrag zu leisten, sich einzubringen und zu engagieren. Innovationskultur fordert von Organisationen – die naturgemäß ein hohes Maß an Konvention und Kontinuität brauchen – Flexibilität und Fähigkeit zur Improvisation. Bestand und Veränderung gleichzeitig zu garantieren, das ist eine beständige Herausforderung an Führungskräfte und Mitarbeiter. Es kann nicht ohne Konflikte geschehen.

Eine innovative Führung ermuntert jeden Mitarbeiter, Ideen zu entwickeln und einzubringen. Für die Diskussion von Ideen sollte es Foren geben, in denen sie kritisch gewürdigt und geprüft werden – von Mitarbeitern aus verschiedenen Bereichen und Ebenen, die eigene Erfahrungen und eigenes Wissen beisteuern. Deshalb müssen Chefs nicht selbst kreativ sein, sie dürfen Kreativität nur nicht unterdrücken, müssen ihr vielmehr Raum schaffen. Sie sollten ihre persönlichen Grenzen kennen und das kreative Potenzial anderer zur Geltung kommen lassen. Das verlangt von ihnen, für angemessene Prozesse zu sorgen und sich dann als Chefs zurückzunehmen. Kreativität braucht ein gemeinsames Ziel, um nicht ins Chaos abzugleiten –aber sie verträgt keine Hierarchie. Für viele Menschen ist das Tempo von Veränderung in der global vernetzten Welt beunruhigend, gar ängstigend. Allerdings ist Angst gerade unter Führungskräften ein Tabuthema. Es würde ihnen schaden, wenn sie stets unumwunden ihre Ängste offenlegten. Solange sie ihre Angst aber bunkern, wuchert sie weiter und untergräbt das Selbstbewusstsein. Mangelndes Selbstbewusstsein kaschieren viele, die sich bedrängt fühlen, durch Arroganz, herablassende Kritik, indem sie Ja-Sager um sich scharen. Sie lassen Ärger herausplatzen und behaupten dabei, zumeist in höchst erregtem Ton, vernünftig zu agieren. Ein guter Rat für ihre Mitarbeiter: Es hilft, hinter der emotionalen Aufwallung nach den tiefer liegenden Bedürfnissen der Vorgesetzten zu forschen und auf sie einzugehen. Das erfordert Geschick, ist aber möglich.

Wie die »Angst vor Veränderung«, so gehört, hat der Analytiker Fritz Riemann erkannt, auch die »Angst vor Endgültigkeit« zu den Grundformen der Angst. Menschen, die davon bestimmt sind, können Unternehmen in waghalsige Abenteuer stürzen. Sie beschreiben sich als flexibel und spontan, sind jedoch eher impulsiv. Sie wähnen in jeder Routine den Stillstand und können Organisationen mit rastloser Umtriebigkeit chaotisieren. Sie stehen gern im Mittelpunkt und brauchen ständige Spannung, sie können andere mit ihrer Energie, ihren Ideen und ihrem Tatendrang begeistern. Allerdings sind sie oft flüchtig und oberflächlich. Sie drängen eilig auf neue Veränderungen, auch wenn die gerade in Gang gebrachten noch gar nicht abgeschlossen oder richtig etabliert sind. Sie neigen zur Hysterie und suchen Risiken, um das eigene Bedürfnis nach Aufregung zu bedienen. Sie marschieren gern am Rande des Abgrunds.

Führungskräfte in Unternehmen und Organisationen beeinflussen Prozesse von Veränderung schon dadurch, dass sie ihre Notwendigkeit aus einer »Krise« erklären oder sie als »Chance« sehen. Das hängt auch von der realen Lage ab, in der sie sich befinden. Aber Vorsicht: Teams, die vor die Aufgabe gestellt werden, schnelle Veränderungen vorzuschlagen, weil die Konkurrenz plötzlich besser dasteht, verhalten sich anders als Teams, die es als ihre Aufgabe begreifen, neue »Chancen« zu identifizieren.

»Krisengruppen« richten ihre Aufmerksamkeit nämlich vor allem nach innen und suchen schier endlos (und erfolgreich) nach Problemen. Das treibt sie an, und daraus ziehen sie ihre Anerkennung. Sie neigen zu Übertreibung von Schwierigkeiten. Sie »katastrophisieren« gern, und sehen schon in kleineren Pannen die nächste Krise heraufziehen, geraten sodann in Alarmzustand und machen mit hysterischen Warnungen alle verrückt. Sie suchen stets nach Schuldigen, rücken schnell in die Rolle der Ankläger und drängen andere in Verteidigungspositionen. So erschweren sie die Zusammenarbeit und verschärfen das Klima. Ihr Fokus ist verengt, Lösungen, neue Produkte oder Dienstleistungen schlagen sie aus der Analyse eigener unmittelbarer Möglichkeiten vor, ohne sich außen umzuschauen und sich an Bedürfnissen von Kunden zu orientieren. Eine typische Nicht-Lösung, die dabei immer wieder entsteht, ist zum Beispiel der Vorschlag, in besseren Kundendienst zu investieren, statt die Produkte zu verbessern.

»Chancenteams« stellen dagegen eine bessere Verständigung und Zusammenarbeit verschiedener Experten und Abteilungen her. Sie bitten unbefangene Berater um ihre Eindrücke, Situationsanalysen, Ideen und Lösungsvorschläge. Chancenteams stimulieren Kreativität. Sie sehen, wo sich neue Gelegenheiten auftun, was sie Kunden Neues bieten können, welches ihrer unbefriedigten Bedürfnisse gestillt, welches ihrer akuten Probleme gelöst wird.

Deswegen gehören Investitionen in »human capital« zu den besonders gewinnträchtigen. Die University of Pennsylvania kommt nach einer Studie mit 3000 Firmen zu folgendem Ergebnis: Investitionen von zehn Prozent des Einkommens in Kapital führen zu einer Produktivitätssteigerung von durchschnittlich 3,9 Prozent. Investitionen in gleichem Umfang »in Menschen« führen dagegen zu einem Produktivitätsanstieg von 8,5 Prozent. Es lohnt sich, Mitarbeiter zu fördern. Und es erleichtert ihnen, sich auf Veränderungen einzulassen.

Führungsqualitäten

Wer führt, fordert andere heraus und macht sich selbst zur Zielscheibe von Widerstand. Aber eine wichtige Erkenntnis hilft, mit dieser Situation angemessen umzugehen: Wer führt, wird nicht als Person geliebt oder gehasst. Viele Menschen kennen die Person gar nicht, die Adressat ihrer Emotionen ist. Mit ihren Gefühlen zielen sie auf die Position, die Funktion, die eine Führungskraft ausfüllt. Wer als Führungskraft für sich diese Unterscheidung treffen kann, gewinnt Souveränität und Handlungsfreiheit – in der gewählten Rolle oder bei der Entscheidung, diese Rolle aufzugeben, wenn sie nicht mehr adäquat für die eigene Persönlichkeit ist. Dann hängt das Selbstwertgefühl nicht zwingend von der Rolle ab.

Allein sind Veränderungen allerdings nicht durchzusetzen.

Wir alle brauchen emotionale Unterstützung, Vertraute und Verbündete – und das ist nicht dasselbe. Verbündete teilen mit uns viele Ansichten und Werte, verfolgen teils gleiche Ziele. Ihre Absichten sind jedoch mit unseren nicht völlig deckungsgleich. Verbündete überbrücken Distanz, überschreiten Grenzen. Sie haben dabei aber ihre eigene Verankerung, und ihrem eigenen Umfeld gilt ihre besondere Loyalität. Sie können sich uns gegenüber deshalb nicht immer loyal verhalten. Wer aus dem Bedürfnis nach Rückhalt und Vertrauen nicht wahrnimmt, dass Verbündete eigene und ab einem gewissen Punkt womöglich konträre Interessen verfolgen, sieht sich irrtümlich im Stich gelassen, ist leicht enttäuscht, verletzt, schadet und beschädigt sich selbst. Vertraute dagegen haben keine konkurrierenden Ambitionen. Ihnen gegenüber können wir alles sagen, ohne damit rechnen zu müssen, dass dies irgendwann gegen uns verwendet wird. Wir können Emotionen zeigen, spontan, ungeordnet, unzensiert. Vertrauten ist wichtig, wie es uns als Person geht, nicht als Träger einer Funktion. Das Thema des Konflikts ist nachgeordnet. Entweder stimmen sie mit uns überein, oder es ist ihnen egal. Vertraute können uns Dinge sagen, die wir nicht hören wollen, die andere sich nicht zu sagen trauen. Ihnen gegenüber können wir uns öffnen, offenbaren, ohne dass es uns peinlich sein muss. Andererseits scheuen gerade Vertraute davor zurück, uns offen ihre Meinung zu sagen, weil dies ihr Harmoniebedürfnis gefährdet.

Um zu sehen, was um sie herum geschieht, brauchen Manager gerade in Umbruchsituationen inneren Abstand zum Geschehen. Da sie selbst tief in dem Veränderungsprozess stecken, müssen sie immer wieder Distanz suchen, die groß genug ist, um das gesamte Geschehen in den Blick nehmen zu können. Sie müssen sich immer wieder fragen:

- Wer sagt was und verhält sich wie?
- Was sagen Gesten, Mimik, Körpersprache?
- Was erregt Aufmerksamkeit, Zuspruch, Ablehnung?
- Welche Situationen sind emotional besonders aufgeladen?

- Welche Beziehungen/Koalitionen bilden sich wann?
- Auf welcher Grundlage, wie stabil, mit welchem Ziel?
- Wo sind potenzielle Verbündete?
- Von wem kommt Widerstand?
- Wer ist unentschieden?

Wer wirklich etwas verändern will, muss mit Widersachern genauso eng zusammenarbeiten wie mit Verbündeten, um ihnen Ängste zu nehmen *und* um berechtigte Kritik zu hören. Wer Widersacher als Gegner wahrnimmt, sieht bei ihnen schnell nur noch böse Absichten. Schon mit dem Begriff »Gegner« etablieren wir Freund-Feind-Denken und ein solches Empfinden. Wer sich aus eigener Verwundbarkeit Kritik entzieht und Opposition nicht aushält, kann nicht erfolgreich führen. Wer zu einer Organisation gehört, die sich verändern muss, ist immer auch Teil des Problems. Das gilt auch – und oft vor allem – für Führungskräfte. Wer das nicht zugibt, macht sich unglaubwürdig. Das Ziel heißt: Aus Menschen mit einem Problem werden Menschen mit einer Lösung.

Führungskräfte brauchen Nehmerqualität. Sie müssen den Ärger und den Widerstand so verkraften, dass ihre Initiative dadurch nicht beeinträchtigt wird. Oft stellt sich erst in Krisensituationen heraus, wer dazu die Persönlichkeit mitbringt. Und das ist wahrlich nicht jeder, der in einer Führungsposition sitzt und sie gut ausgefüllt hat, solange es um das normale Alltagsgeschäft ging. Wer gewieft und souverän Routinen managen kann, muss noch lange nicht in der Lage sein, durch Krisen zu steuern. Um persönlich nicht in die Defensive zu geraten, hilft die Devise: Verteidigung von Inhalten, nicht Verteidigung der Person.

Dabei stellt sich die Frage, ob die Veränderungen auch wirklich notwendig sind. Die Zeit, nach Lösungen zu suchen, ist nicht reif, wenn das Problem noch nicht richtig verstanden, gespürt, akzeptiert worden ist. Bisweilen ist es nötig, im Unternehmen zunächst für eine »kritische Masse« zu sorgen, die die Herausforderung versteht, annimmt, andere überzeugt oder zumindest mitzieht. Wichtige Fragen bei der Beurteilung, ob »eine kritische Masse« zu gewinnen ist:

Welche anderen Probleme beschäftigen diejenigen, die einbezogen werden müssen?

Wie sehr sind sie von diesen anderen Problemen vereinnahmt, emotional und intellektuell gebunden?

Was müssen sie über das Problem lernen, welches Wissen fehlt?

Wie stehen die Meinungsführer zu dem Thema, und wie ist ihre Haltung aus Antworten auf die drei vorherigen Fragen zu verstehen?

In jeder Organisation gibt es die üblichen Strategien, Veränderungen zu blockieren: indem Probleme geleugnet oder nicht zur Kenntnis genommen werden, man sich auf die Suche nach Sündenböcken macht, Kritiker persönlich angreift, Veränderungen rückgängig macht oder sie erst einmal an eine Arbeitsgruppe delegiert, die nie zu Ergebnissen kommt. Das dient dazu, Druck abzulassen, Stress zu reduzieren, so werden schwierige und herausfordernde Themen vermieden. Die Konfrontation mit der Frage, was jeder an sich selbst zu ändern hätte, bleibt aus.

Erfolg durch Engagement

Eine wichtige Aufgabe von Führungskräften ist es, eine gute Mischung aus erfahrenen und jungen, aufstrebenden Mitarbeitern herzustellen. Das klingt banal – ist es aber nicht! Denn die Erwartungen an den Arbeitsplatz, an das Unternehmen, haben sich in den vergangenen Jahren stark gewandelt. Jüngere Leute treffen heute ihre Berufswahl vor einem völlig anderen Hintergrund als ihre Eltern. Sie wissen, dass sie keine Anstellung auf Lebenszeit erwarten können, und machen daraus für sich eine Tugend. Jobs sollen ihnen die Chance bieten, neue Erfahrungen zu machen und neue Qualifikationen zu erwerben. Sie fordern individuelle Karrierewege. Von Vorgesetzten erwarten sie, nicht nur als Mitarbeiter gesehen, sondern als Person ernst genommen zu werden. Sie wollen keine Vorgesetzten, die den Chef herauskehren, sondern wünschen sich Beziehungen, in denen sie als Partner anerkannt werden. Das hat auch mit ihrer Sozialisation zu tun. Vor allem die, die in Patchworkfamilien groß geworden sind, haben zu ihren Eltern und Stiefeltern Beziehungen, die nicht mehr so strikt auf dem Autoritätsbonus der Älteren basieren, wie das in traditionellen Familien der Fall war. Wichtiger sind oft Beziehungen zu Geschwistern und Freunden, in denen Wertschätzung nicht mit hierarchischer Rangordnung gekoppelt ist. Daraus entwickeln sie Werte für den Umgang miteinander, die sie im Beruf nicht aussetzen möchten. Für eine Führung nach der Maxime »Kommando und Kontrolle« sind sie nicht mehr zu haben.

Und für ihre Zufriedenheit reicht es nicht, einen Job zu haben, die Anstellung allein beschert ihnen kein Glück. Sie stellen Bedingungen an ihren Beruf, möchten gestalten und etwas leisten und dabei nicht gegängelt und andauernd kontrolliert werden. Sie erwarten offenen Umgang, ehrliches Feedback. »Work-Life-Balance« ist für sie keine modische Wortschöpfung, sondern eine sehr konkrete Vorstellungen, wie Arbeitseinsatz, Arbeitseinteilung und Privatleben miteinander zu verbinden sind. Und dafür erwarten sie Verständnis.

Auch Teilzeitarbeit ist für viele kein Schrecken, sondern ein Bedürfnis. Flexible Arbeitsangebote werden für viele immer wichtiger, damit sie zufrieden sein können. Heute arbeitet ein Drittel der IBM-Beschäftigten in Amerika nicht mehr in traditionellen Büros. IBM fand heraus: Mitarbeiter, die von zu Hause aus arbeiten, haben die geringsten Probleme, sich zu motivieren, und sind am ehesten bereit, zusätzliche Anstrengungen in ihren Job zu stecken. Auf der Karriereleiter einige Stufen herunterzusteigen, »downshifting«, finden sie mitunter recht attraktiv. Werden ihre Erwartungen aber nicht erfüllt, schwindet die Loyalität gegenüber dem Unternehmen schnell.

Da Talente in den nächsten Jahren, wenn die Babyboomer aus dem Berufsleben aussteigen, rar werden, steigen für die Generationen X und Y die Möglichkeiten, ihren Erwartungen verstärkt Geltung zu verschaffen. Und Firmen, die sich nicht ausreichend um ihre Mitarbeiter kümmern, werden darüber in Schwierigkeiten geraten. Knapp ein Drittel der Führungskräfte in der Wirtschaft, berichtet die Boston Consulting Group, bekommt pro Jahr ein Angebot von anderen Firmen – von Unternehmen, in denen Mitarbeiter nicht als Kostenverursacher, sondern als Vermögensbildner verstanden werden.

Wer zufrieden mit seinem Job ist, schaut sich nicht nach Alternativen um. Deshalb müssen Unternehmen und ihre Führungskräfte, die qualifizierte, motivierte, leistungsfähige Mitarbeiter bekommen und halten wollen, für mehr Zufriedenheit sorgen. Moderne Firmen wie Audi oder Voestalpine definieren deshalb »Zufriedenheit« ausdrücklich als Unternehmensziel. Dahinter steckt ein wohlüberlegtes wirtschaftliches Kalkül. Sie fürchten nicht, dass Zufriedenheit in Selbstzufriedenheit umschlagen könnte, weil sie wissen, dass die meisten Menschen nur zufrieden sind, wenn sie Aufgaben haben, die sie fordern, an denen sie wachsen können, die sie in die Lage versetzen, sich noch größere Herausforderungen zu suchen. Die meisten Menschen wollen etwas leisten. Es lohnt sich, ein attraktiver Arbeitgeber zu sein und Zufriedenheit von Mitarbeitern zu einem Unternehmensziel zu machen. Unternehmen, die das tun, erzielen bessere Ergebnisse, berechnete Hewitt Consulting: Ihre Aktienrendite ist um 24 Prozent höher, die Mitarbeiterfluktuation um 15 Prozent niedriger. Sie weisen um 45 Prozent weniger Fehltage auf und erhalten viermal so viele Bewerbungen wie andere Unternehmen der Branche. Nur wer bestreitet, dass Menschen etwas leisten wollen, glaubt, sie antreiben und kontrollieren zu müssen.

»Wissensarbeiter«, wie der Managementtheoretiker Peter Drucker sie genannt hat, sind sowieso nicht zu kontrollieren, antreiben lassen sie sich auch nicht. Und immer mehr Menschen in Unternehmen und Organisationen sind »Wissensarbeiter«. Ihre Leistung basiert auf besonderer Kenntnis und Erfahrung. Sie wissen mehr als ihre Vorgesetzten. Gerade wegen ihres Wissens sind sie begehrt. Sie tragen ihr Kapital in sich. Sie geben es nur freiwillig und nicht etwa auf Kommando frei. Wie wichtig gute und zufriedene Mitarbeiter sind, unterstreicht dieser Satz von Bill Gates: »Die wichtigste Anlage unseres Unternehmens geht jeden Abend aus der Tür.« Es sind die Mitarbeiter, die immer wieder zurückgewonnen werden müssen. Sonst kehren sie nämlich nicht zurück, sondern gehen woanders hin. Zuerst gehen die Besten, bei guter Konjunktur unter Umständen sehr rasch. Daraus folgt als Aufgabe für das Management: Mitarbeitern zu helfen, ihren Job so gut wie möglich zu machen, sodass sie effektiv und zufrieden sind.

Der Erfolg von Unternehmen hängt ab vom Engagement seiner Mitarbeiter. Wie engagiert sie wirklich sind, ist aber nicht unmittelbar sichtbar. Freilich gibt es Aussagen, denen Mitarbeiter zustimmen sollten, wenn ihr Engagement gut ist. Gary Hamel, einer der renommiertesten Managementlehrer, nennt sie:

- Ich kümmere mich um die Zukunft meines Unternehmens.
- Ich bin stolz darauf, anderen zu erzählen, dass ich für mein Unternehmen arbeite.
- Ich spüre, dass ich in meiner Arbeit persönlich etwas erreichen kann.
- Ich würde mein Unternehmen auch Freunden empfehlen.
- Ich bekomme hier Anregungen und Möglichkeiten, mein Bestes zu geben.
- Ich verstehe, welchen Beitrag meine Abteilung für den Gesamterfolg des Unternehmens leistet.
- Ich verstehe, welche Rolle ich persönlich dabei spiele.
- Ich bin bereit, mehr Energie für den Erfolg des Unternehmens aufzubringen, als normalerweise erwartet wird.
- Ich bin persönlich motiviert, zum Unternehmenserfolg beizutragen

All diese positiven Aussagen, die von Initiative, Kreativität, Leidenschaft künden, sind nicht zu verordnen – das haben kluge Manager erkannt. So vertritt beispielsweise das Management von Toyota die Überzeugung, dass Arbeiter und Angestellte Probleme lösen können. Probleme werden nicht kaschiert, sondern benannt und gemeinsam gelöst. Toyota nennt es »das System der denkenden Menschen«, und allein im Jahr 2005 bekam das Unternehmen 540000 Verbesserungsvorschläge von seinen Mitarbeitern.

Bei Google gilt die Regel, dass jeder, der von Entscheidungen des Managements betroffen ist, an dem Entscheidungsprozess teilnehmen und widersprechen kann. Jeder Mitarbeiter kann 20 Prozent seiner Zeit für eigene Ideen und Projekte einsetzen, die nicht zu seinen Kernaufgaben gehören. Diese Zeit kann man auch bündeln und an einem Stück nehmen, womöglich über mehrere Wochen, und das Management verzichtet bewusst auf eine Kontrolle, ob Mitarbeiter ihre Zeiten korrekt verrechnen. Das hält man für zu bürokratisch und ineffizient und nimmt in Kauf, dass immer ein Teil der Mitarbeiter »außer Kontrolle« ist. Für das Unternehmen lohnt sich dieser zugestandene Freiraum: Die persönlichen Ideen nutzen nämlich letztlich dem Unternehmen, sie münden in Weiter- oder Neuentwicklung von Produkten. Mitunter wird so auch klar, welche Ideen nicht zu größeren Projekten führen sollen. Bleibt zu erwähnen, dass Google ein von seinen Mitarbeitern als großartig bewerteter Arbeitsplatz ist – »a great place to work«.

Gute Chefs, schlechte Chefs

Das lässt sich allerdings nicht über jedes Unternehmen sagen. Das Gallup-Institut fand in seiner Studie »Engagement Index 2008« heraus: 67 Prozent der Arbeitnehmer in Deutschland machen lediglich »Dienst nach Vorschrift« und 20 Prozent der Beschäftigten haben innerlich bereits gekündigt. Nur 13 Prozent der Angestellten sind hoch engagiert – ein alarmierendes

Ergebnis! Denn wenn Unternehmen keine Kultur schaffen, in der Zufriedenheit und Engagement entsteht, kommt sie das teuer zu stehen. Dann sinkt die Leistung von Arbeitnehmern. Ein Indiz ist in diesem Zusammenhang die Anzahl von Krankentagen. Beschäftigte, die nicht engagiert dabei sind und keine hohe emotionale Bindung zu ihrem Unternehmen haben, weisen doppelt so viele Fehltage auf wie engagierte Mitarbeiter. Gallup rechnet vor: »Einem Unternehmen mit 1000 Mitarbeitern entstehen auf diese Weise jährliche Mehrkosten von 485 000 Euro.« Die gesamte deutsche Volkswirtschaft kostet der Engagement-Verlust allein durch zusätzliche Fehltage rund 100 Milliarden Euro pro Jahr. Und der Verlust, der durch kontinuierliche Leistungsverweigerung im normalen Arbeitsalltag entsteht, ist damit noch gar nicht kalkuliert.

Der Grund für diesen Missstand sind nach der Erhebung von Gallup »Defizite in der Personalführung«. Viele Beschäftigte bemängeln, sie erhielten zu wenig Anerkennung, würden im Unternehmen nicht gehört, Vorgesetzte achteten nicht auf ihre Stärken und persönlichen Eigenschaften. Wobei die Führungskräfte sich ihrer Stärken und Schwächen meist selbst nicht bewusst seien.Vier von fünf Mitarbeitern kündigen, weil es ihnen an Anerkennung fehlt. Schuld daran ist meist der Vorgesetzte. 70 Prozent der Arbeitnehmer wechseln den Job, weil sie ihren Chef nicht leiden können. Weil Führungskräfte sich nicht so verhalten, wie die meisten Mitarbeiter es von ihnen erwarten – aufmerksam, fördernd, respektvoll, anerkennend. Unternehmen müssten solche Umfragewerte alarmieren. Denn Fluktuation ist eine teure Angelegenheit, es kostet ja Geld und Zeit, neue Mitarbeiter zu finden und einzuarbeiten. Und das umso mehr, je qualifizierter diejenigen sind, die ersetzt werden müssen. Je nach Qualifikation und Komplexität der Aufgaben kostet ein Mitarbeiterwechsel zwischen einem Drittel und dem Zweifachen eines Jahresgehalts.

Ohne Herz und ohne Gefühl funktioniert kein Miteinander, kein Unternehmen. Und das gilt im wahrsten Sinne des Wortes. Das Herz, so konnte der amerikanische Forscher Rollin

McCarty nachweisen, reagiert auf emotionale Reize schneller als das Hirn. Ärger, Frust, Angst führen unmittelbar zu Unregelmäßigkeiten im Herzrhythmus. Positive Gefühle, ausgelöst durch Zuwendung, Verständnis, Anerkennung bewirken einen regelmäßigeren Rhythmus. Sie beruhigen, reduzieren Angst, vermindern den Gehalt von schädlichem Kortisol im Körper und verbessern die hormonelle Balance. Sie erhöhen unsere Aufmerksamkeit und die Fähigkeit, Informationen wahrzunehmen und zu verarbeiten. Sie erhöhen die Leistung des Gedächtnisses und damit unsere Entscheidungsfähigkeit. Bei Anerkennung sendet das Herz Signale an das Hirn und stimuliert Areale im präfrontalen Cortex, dem Zentrum unseres Denk-Hirns, zuständig für Analyse, Zielsetzung, Planung. Dort findet auch die Kontrolle statt, wie wir Ziele angehen und verfolgen, ob wir gut unterwegs sind, um wirklich zu erreichen, was wir uns vorgenommen haben. Anerkennung sorgt also nicht allein für ein gutes Gefühl, sondern stärkt unsere Leistungsfähigkeit und ist daher von wirtschaftlichem Nutzen.

Menschen können untereinander sogar gleiche »Wellenlängen« entstehen lassen und so eine bessere Verständigung und mehr Verständnis bewirken. Auch das konnte der Herzspezialist McCarty wissenschaftlich nachweisen. Der Herzrhythmus einer Person kann, bei Nähe und Zuwendung, den Rhythmus einer anderen beeinflussen. Ein ruhiger Rhythmus kann beruhigen und die Rhythmen synchronisieren mit all den beschriebenen positiven Effekten: tieferer Bewusstheit, Sensibilität, größerem Mitgefühl und Verständnis, besserer Verständigung.

Dafür ist es wichtig, den anderen in seiner ganzen Individualität zu erfassen. Manche Menschen sind eher nach außen, andere nach innen gekehrt. Die einen denken eher in Zusammenhängen, andere widmen sich mehr den Details. Menschen unterscheiden sich in ihrem Energielevel. Sie bilden leichter oder schwerer Vertrauen. Sie unterscheiden sich in ihrem Sicherheitsbedürfnis und ihrer Risikofreudigkeit. Die jeweiligen Stärken genauer herauszufinden ermöglicht, besser kooperierende und effektivere Teams zu bilden. Toyota North American Parts Center unterzog seine Beschäftigten einem Test, um Stärken zu ermitteln, und erreichte anschließend eine Produktivitätssteigerung von sechs Prozent – im Vergleich zu einem Prozent in den drei Jahren zuvor.

Neurotische Strukturen

Immer wieder treffen wir auf komplizierte Gemengelagen, denn Unternehmen, Organisationen, Vereine sind keine homogenen Gebilde. Es ist eine Erfahrung des Alltags, dass wir in jedem Zusammenhang auf höchst unterschiedliche Menschen treffen, von denen die einen integre, empathische Persönlichkeiten sind, die anderen dagegen nicht. Was bedeutet das für das Gefüge als Ganzes?

Es sind die Chefs, die Organisationen besonders prägen. In Chefetagen walten oft nicht gestandene, authentische in sich ruhende Menschen, sondern Neurotiker, narzisstisch Gestörte, Paranoide, Zwanghafte und Depressive, die den Umgang in der Firma bestimmen. Wir coachen immer wieder Menschen, die es mit solchen Chefs aufnehmen müssen. Da sie das Sagen haben, bilden neurotische Chefs neurotische Organisationen, wie Manfred Kets de Vries, Managementlehrer an der Wirtschaftsuniversität INSEAD in Fontainbleau, sie nennt. Sie stellen die Normen auf und bestimmen die Werte, nach denen sich jeder zu verhalten hat. Sie finden in aller Regel genug Freiwillige, die das System mit konstruieren. Denn neurotische Organisationen ziehen Neurotiker an. Pech für alle anderen. Haben sie eine Chance, seelisch gesund zu bleiben? Können sie in einem solchen Unternehmen zufrieden werden?

Das kommt ganz darauf an, ob der Stil das ganze Unternehmen prägt oder nur einzelne Bereiche, Teile der Organisation. Ist es der Chef einer Institution oder eines Unternehmens oder nur der Leiter eines Bereichs oder einer Abteilung, der sich schlecht aufführt. In größeren Organisationen und Unternehmen gibt es in den meisten Fällen unterschiedliches Führungsverhalten, und man kann sich in andere Bereiche bewerben. Denn das steht fest: Mitarbeiter können gestörte Chefs nicht ändern. Da haben selbst professionelle Therapeuten ihre Mühe. Und auch die haben nur eine Chance, wenn es bei diesen Chefs ein Quantum Einsicht gibt und ein echtes Bedürfnis nach Veränderung. Und sei es nur, weil sie merken, dass sie auf Widerstände treffen und nicht erreichen, was sie sich vorgenommen haben. Sonst sind sie beratungsresistent und verkünden trotzig: »Ich bin nicht dort, wo ich bin, weil ich auf andere gehört hätte.« Da ist nichts zu machen.

Kein Mitarbeiter kann solche Vorgesetzten managen. Es hilft nicht, ihnen die Meinung zu sagen. Sie sehen nichts ein und neigen zur Rachsucht. Man kann sie nur aushalten und sich klarmachen, was in solchen Chefs abläuft, welches Spiel sie spielen, welchen Part andere als Mitspieler übernehmen und warum sie das tun. Sich von der Vorstellung zu befreien, diese Chefs und ihr Umfeld ändern zu können, kann schon eine wesentliche Erleichterung sein. Man kennt die Spielregeln, kann dann tatsächlich nach ihnen *spielen* und muss sich nicht dafür verantwortlich fühlen.

Anerkennung muss man sich woanders holen und nicht beharrlich versuchen, sie von denen zu bekommen, von denen sie nicht zu haben ist. Viele Kollegen sind anders. Von ihnen ist mehr zu erwarten. Oder von Kunden. Wir haben lange mit Karl Bertolt, dem Vizepräsidenten einer bekannten Beratungsfirma gearbeitet, in der die Neurotiker das Ruder übernommen hatten. Intrigen waren an der Tagesordnung, Grabenkämpfe tobten. Die Organisationsstruktur legte Verantwortlichkeiten oft nur diffus fest, erklärte verschiedene Abteilungen und Hierarchien zuständig für ein und dieselbe Angelegenheit, sodass viele Mitarbeiter für etwas zur Rechenschaft gezogen werden konnten, auf das sie keinen Einfluss hatten. Bertolt, bei Kunden ein hoch geschätzter Experte, suchte sich die fachliche und persönliche Anerkennung dort und lernte, die Abläufe im eigenen Unternehmen mit »ethnologischer Neugier« zu betrachten. Er begann zu sehen, was geschah, und sich dafür nicht verantwortlich zu fühlen. Er verlangt nun von sich nicht mehr, an den Verhältnissen grundlegend etwas ändern zu müssen, und lässt sich von den neurotischen Inszenierungen seiner Vorgesetzten nicht mehr allzu stark berühren. Er schaut sich nach einem anderen Job um, aber er hat es damit nicht so eilig, weil er unter den aktuellen Gegebenheiten nicht mehr so leidet. »Wenn sich die Gelegenheit ergibt«, meint er. Er möchte nicht hastig flüchten, sondern sorgfältig prüfen, welche echten Alternativen sich ihm bieten. Um nicht vom Regen in die Traufe zu geraten.

Neurotische Strukturen sind besonders häufig in Familienunternehmen. Das hat damit zu tun, dass immer eine Reihe von Familienmitgliedern mit entscheidet, was im Unternehmen geschieht, ohne dass sie selbst im Unternehmen sind und ihre persönlichen Interessen vornehmlich Unternehmensinteressen wären. Da geht es zum Beispiel darum, wer aus der Familie, weil er dort einen bestimmten Rang beansprucht, im Unternehmen eine Position bekommt, auch wenn er oder sie dafür nicht qualifiziert ist. Als Mitglied der Chef-Familie ist er/sie aber häufig jeder Kritik enthoben. Vonseiten der Mitarbeiter, weil sie sich nicht mit Besitzern anlegen wollen. Vonseiten der Familie, weil die Familienharmonie nicht gestört werden soll.

So kann ein Ängstlicher in einer Führungsposition, ohne dass es zum Thema würde, Entscheidungen blockieren, bis Chancen verpasst sind. Unbedarfte geben dagegen Geld für Projekte aus, die sie nicht überschauen und von denen sie nicht sagen können, was sie bringen. Maniker stellen alles auf den Kopf, weil keiner mit dem Chef aneinandergeraten will. Dramatiker ändern andauernd irgendwas und desorganisieren notwendige Abläufe. Zu optimistische Menschen ignorieren Risiken und treiben ein Unternehmen in den Abgrund. Depressive grübeln endlos vor sich hin und bringen nichts mehr voran. Vielen Besitzern fällt es zudem schwer abzutreten. Sie mögen formell die Nachfolge regeln, aber dann geht es zu wie in der englischen Königsfamilie: Nur der Tod bringt den Thronfolger auf den Thron, und manche Söhne oder Töchter bleiben die ewigen Thronfolger. Sie mögen bereits jahrelang im Betrieb sein, aber der Alte schwingt unbeeindruckt das Zepter und entscheidet mit Federstrich oder Donnerwetter, dass Entscheidungen der Jüngeren nicht gelten. Mitarbeiter geraten in Loyalitätskonflikte. Sie können kaum vermeiden, es sich mit dem einen oder anderen zu verderben – mit dem, der jetzt das Sagen hat, oder mit dem, der womöglich bald bestimmt, wo es langgeht.

Gibt es ein richtiges Leben im falschen? Theodor Adorno, wie wir wissen, verneinte die Frage. Aber das möchten wir so nicht gelten lassen. Natürlich können einzelne die Normen und Werte einer Organisation, ihre Kultur nicht außer Kraft setzen. Sie können »das Falsche« nicht grundsätzlich ändern. Aber sie können es durchschauen und innerlich Distanz dazu einnehmen. Sie müssen nicht gegen Windmühlen reiten, müssen das System nicht bekämpfen und können zu Mitarbeitern in ihrem Umfeld andere Beziehungen herstellen und in beschränktem, aber wirkungsvollem Maß durch ihr Verhalten zu Bedingungen beitragen, unter denen mehr Zufriedenheit möglich ist. Sie können gute Kollegen und in Abteilungen oder Bereichen gute Chefs sein. Sie ändern nicht das System, aber sie schaffen Subsysteme, in denen andere Spielregeln gelten, wo sie sich authentisch und durchschaubar verhalten, andere als Person wahrnehmen, zuverlässig bleiben, Vertrauen aufbauen, anderen Verantwortung lassen. Nicht in die allfällige Klage einzustimmen, was alles so schlimm ist in der Firma und was nicht zu ändern, sondern zu erkennen, was doch verändert werden kann – das ist trotz allem eine wunderbare Chance.

Glücksfaktoren

Man sagt, Glück sei das höchste der Gefühle. Doch macht es Sinn, nach Glück zu streben? Dauerhaft zu finden ist es nicht in aufregenden Ereignissen. Wir können es nicht festhalten, wenn es uns per Zufall begegnet. Glückliche Momente bescheren uns kein Lebensglück. Doch gerade das erhoffen sich viele von uns. Glücksforscher geben uns eine Orientierung, wo Glück zu finden ist und wo wir es vergeblich suchen. Geld, entdecken sie nun, ist viel wichtiger fürs Glück, als die Forschung bisher meinte. Manche Heilsbotschaften locken uns allerdings in einen Hinterhalt. Um wahrhaft glücklich zu sein, brauchen wir die Intelligenz unserer Gefühle und einen klaren Verstand. Emotions-Management hilft, Wege und Irrwege zum Glücklichsein zu erkennen.

»I am loving it« – dieser Slogan ist Luke Pittard in Fleisch und Blut übergegangen. In der Lotterie hat der sechsundzwanzigjährige Waliser 1,3 Millionen Pfund gewonnen, und trotzdem flippt er weiter voller Begeisterung Hamburger, frittiert Pommes Frites und verkauft Big Macs. Für 6,82 Euro pro Stunde. Ohne den Job bei McDonalds wäre dem jungen Mann langweilig. Er braucht die Arbeit zum Glück.

Als reicher Mann, hatte Pittard gedacht, würde Arbeit ihn nur daran hindern, das Leben zu genießen. Also probierte er es ohne Job. Nach dem unverhofften Geldsegen kündigte er bei der Burgerkette, heiratete eine Kollegin, kaufte sich ein Haus, machte mit ihr eine luxuriöse Hochzeitsreise und startete die große Sause. Doch dann wurde ihm langweilig, er wusste nichts mit sich anzufangen und vermisste seine Arbeit und die Kollegen. Also fragte er zur großen Überraschung des Filialleiters an, ob er in seinen Job zurückkehren könnte. McDonalds, als Fast-Food-Unternehmen mit vielen schwergewichtigen Kunden von der Presse und Vertretern gesunder Ernährung nicht immer wohlwollend behandelt, erkannte sofort die Gelegenheit zu einem PR-Coup und holte den Burger-Fan zurück. Sein Frau Emma durfte neugierigen Journalisten ausrichten: »Luke hat sich immer so auf seine Arbeit gefreut.« Jetzt scheint er wieder zufrieden zu sein.

»Geld allein macht nicht glücklich«, sagt der Volksmund – aber wer von uns hätte etwas gegen einen Lottogewinn von ein paar Millionen einzuwenden? Allerdings: Plötzlicher Reichtum lässt die Illusion zerplatzen, mit genügend Geld sei alles zu haben, ein Leben in Saus und Braus, voller Aufregung, im Zustand permanenter Euphorie, frei von allen Sorgen. Schon bald holt die Gewinner das eigene Leben ein, mit all seinen Unzulänglichkeiten und Defiziten. Rasch macht sich Ernüchterung breit, die sogar zu herber Enttäuschung führen kann. Der Verlust von Illusionen schmerzt. Wir lesen solche Geschichten immer wieder in der Boulevardpresse. Selbst besonnene Menschen stürzen über das überraschende Hoch der Gefühle und landen mit ihren Emotionen schließlich dort, wo sie vor dem großen Cashflow waren.

In einer berühmten Studie kamen die Wissenschaftler Philip Brickman, Dan Coates und Ronnie Janoff-Bulman Ende der Siebzigerjahre zu dem Ergebnis, dass Lottogewinner einige Zeit nach dem ersehnten Reichtum kaum glücklicher waren als Menschen, die nichts gewonnen hatten. Die Glücksquotienten geben die Forscher – auf der Skala von 1 bis 5 – für die Gewinner mit 4.0 an und für die Nichtgewinner mit 3.8. Sobald ein gewisses Einkommensniveau erreicht sei, trage Geld nicht mehr entscheidend zum Wohlbefinden bei, behauptet auch John Layard, Professor an der London School of Economics. Die Summe, meint der Ökonom, sei, gemessen an dem durchschnittlichen Verdienst in Industriestaaten, sogar relativ bescheiden: Ab einem Jahreseinkommen von rund

20000 Dollar, so Layard, führe Geld nicht mehr zu größerer Zufriedenheit.

In seiner Argumentation stützt er sich auf einen anderen bekannten Ökonomen, den US-Amerikaner Richard Easterlin, der über viele Jahre hinweg untersuchte, ob Wirtschaftswachstum auch das Glück gedeihen lässt. Easterlin bestätigte mit immer neuen Untersuchungen seine ernüchternde These: Obwohl es den Menschen in den westlichen Industriestaaten die letzten Jahrzehnte immer besser ging, sie mehr verdienten und weniger arbeiteten, seien sie nicht glücklicher geworden. Easterlin konstatierte, dass die Menschen überall auf der Welt Geld, Gesundheit und Familie als entscheidende Faktoren für ein gutes Leben betrachten. Allerdings, so seine Diagnose, gewöhnten sie sich schnell an ihr gestiegenes Einkommen und freuten sich dann nicht mehr über den Zugewinn. Seine Schlussfolgerung: Vornehmlich das Wirtschaftswachstum zu fördern diene nicht dem besten Interesse einer Gesellschaft. Und Layard geht in seinem Argwohn noch weiter. Wachsendes Einkommen rufe sogar negative Effekte hervor, meint er. Für uns sei nämlich nicht so wichtig, wie viel wir absolut verdienten – wichtiger sei den meisten Menschen, dass sie mehr bekämen als andere.

Doch Betsey Stevenson und Justin Wolfers von der Wharton Business School/University of Pennsylvania haben jüngst Untersuchungen angestellt, die dem sogenannten »Easterlin-Paradox« widersprechen und erklären: »Es gibt überzeugende Belege, dass in einer Gesellschaft diejenigen mit mehr Einkommen glücklicher sind.« Sie führen an, das »Easterlin-Paradox« sei nicht mit einer ausreichenden Datenmenge begründet. Sich selbst halten sie zugute, über einen weit größeren Datenpool zu verfügen, aus einer viel größeren Zahl von Ländern, so aus der Gallup Welt-Umfrage 2006, durchgeführt in 132 Ländern. Hier sei die Korrelation von Einkommen, persönlichem Wohlbefinden und Glück klarer definiert und besser statistisch ausgewertet. Das Ergebnis: Es gibt »eine sehr starke Beziehung zwischen persönlichem Wohlbefinden und

Einkommen, das gilt sowohl für arme als auch für reiche Länder«. Absolute Steigerungen seien bedeutender als relative. Das heißt: Mehr Einkommen schafft mehr Zufriedenheit. Außerdem gebe es keine Einkommensgrenze, ab der dies nicht mehr der Fall wäre. Mehr Geld = mehr Glück! So lautet die neue Formel. Und das gelte grundsätzlich. Für alle Menschen. Auch für die, die schon viel haben.

Unbestritten ist, dass eine wirtschaftliche Entwicklung, die viele Menschen abhängt, Leid verursacht. Arbeit zu haben, einen befriedigenden Beruf, ist für fast alle Menschen der wichtigste Faktor für ein zufriedenes Leben. Arbeitslosigkeit wird als Unglück empfunden. Allein zu sehen, wie viele davon betroffen sind, mindert die Lebensqualität auch arbeitender Menschen. Längere Arbeitslosigkeit führt sogar dazu, dass Wohlbefinden dauerhaft sinkt. Das fanden Richard Lucas und seine Kollegen der Psychologischen Fakultät der Michigan State University in einer Langzeitstudie heraus. Sie konnten Daten auswerten, die über 15 Jahre von 24000 Menschen in Deutschland erhoben worden waren. Die Zufriedenheit mit dem eigenen Leben bleibt nach längerer Arbeitslosigkeit über Jahre hinweg deutlich niedriger – selbst wenn bereits ein neuer Job gefunden worden ist. Hinweise, dass es mit dem persönlichen Wohlbefinden irgendwann wieder erheblich nach oben gehen könnte, haben die Forscher nicht gefunden.

Und: Wer einmal arbeitslos war, wird durch erneute Arbeitslosigkeit nicht weniger erschüttert, die Erfahrung härtet nicht ab. Bereits die Vorahnung, so zeigt die Untersuchung, lässt den Glückspegel sinken. Die zunehmende Unübersichtlichkeit der globalen Wirtschaft, die Beschleunigung von Arbeitsprozessen, die rasche Veränderung innerbetrieblicher Abläufe verunsichert große Teile der Bevölkerung. Wandel erleben viele eher als Bedrohung denn als Herausforderung. Der Lauf der Wirtschaft bringt persönliche Gefahren: der Verlust von Job und/oder Status, die Angst, neuen Aufgaben nicht gewachsen zu sein, die Auflösung sozialer Netzwerke.

Lucas und seine Kollegen konnten mit ihren Daten auch belegen: Menschen, die besser verdienen als andere, äußern sich konstant zufriedener als ihre weniger verdienenden Kollegen. Wenn sie eine Zeit lang arbeitslos gewesen sind, ist auch ihr Glücksempfinden danach anhaltend beeinträchtigt, allerdings nicht so sehr wie das von Menschen, die lediglich schlechter verdienten. Die Höhe des Einkommens macht offensichtlich einen entscheidenden Unterschied. Robert H. Frank, Professor für Wirtschaft und Management an der Cornell University, bringt es auf den Punkt: »Wenn wir Durchschnittswerte von Glück – erhoben innerhalb eines Landes, zur selben Zeit ... in ein Verhältnis zu genau bestimmten Personengruppen setzen, sehen wir: Reiche Leute sind tatsächlich sehr viel glücklicher als arme Menschen. Der Unterschied ist sogar sehr groß. Es gibt keinen anderen Faktor auf der Glücksskala, der das Leben in gleicher Weise verbessern würde, als von den unteren fünf Prozent der Einkommensskala in die oberen fünf Prozent aufzusteigen.«

Glück ist praktisch

»Glück«, sagt der Kabarettist Joseph Hader, sei »ein unnatürlicher Zustand.« Glück ist flüchtig, weiß der Volksmund, und es ist offenbar weder durch »glückliche Umstände« zu halten noch durch Besitz. Trachten, wie Gustave Flaubert wähnte, nur die Dummen nach dem Glück? Weil die Intelligenten erkannt hätten, was George Bernhard Shaw formulierte? »Ein Leben voller Glück – das könnte keiner aushalten«, schauderte ihm: »Es wäre die Hölle auf Erden.«

Unglück wünscht sich niemand. Glücksforscher unterrichten uns, dass Menschen, die unglücklich sind, schneller krank werden und früher sterben. Glückliche Menschen erfreuen sich besserer Beziehungen, sie sind neugieriger und kreativer. Sie lösen eher Probleme und Konflikte und erreichen leichter, was sie für erstrebenswert halten, als unglückliche Menschen. Auch ihr Einkommen ist höher. Glück beschert uns also viele

Vorteile. Glück ist sozusagen praktisch. Es lohnt sich, dass wir uns um Glück bemühen, uns mit intelligenten Gefühlen und klaren Einsichten aufmachen, anstatt uns mit wirren Gefühlen und irrem Verstand den Weg dorthin zu versperren.

Sheldon Cohen, Professor an der Carnegie Mellon University of Pittsburgh, liefert uns einen handfesten Beweis. Gegen gute Bezahlung wurden Testpersonen in einem Hotel isoliert. Zuvor wurden sie gründlich untersucht, ob sie gesund und ob sie eher zufrieden oder unzufrieden waren, ob sie eine eher positive oder eher negative Haltung zum Leben hatten.

Dann wurden sie mit »Rhinovirus 39«, einem Erkältungsvirus infiziert. Anschließend konnten sie es sich in ihrem Zimmer bequem machen, Fernsehen schauen, telefonieren, lesen – und warten, bis die Krankheit sich langsam in ihrem Körper ausbreitete. Sie durften den Raum nicht verlassen. Sie durften keinen Besuch empfangen. Ihnen war nicht einmal der Kontakt untereinander gestattet. Zu essen bekamen sie nur Mahlzeiten, die für sie vorbereitet waren. Die Testpersonen wurden sorgfältig medizinisch überwacht. Jeden Tag untersuchten Ärzte Nase, Hals, Ohren und Rachen. Sie nahmen täglich Blut ab und untersuchten den Urin. Mit einer Checkliste fragten sie alle relevanten Symptome einer Erkrankung ab. Das Ergebnis der Untersuchung: Wem es gut geht, der verfügt über mehr Abwehrkräfte. Die Testpersonen, die zufriedener waren, dem Leben positiver gegenüberstanden, steckten sich nicht so leicht an, zeigten weniger und weniger schwere Symptome – sie wurden nicht so leicht krank wie Menschen, die eher mit ihrem Leben haderten und eine pessimistische Haltung hatten.

Wer Emotionen managen und mit guten Gefühlen durchs Leben gehen kann, lebt zudem länger. Das konnten Deborah Danner und Kollegen von der University of Kentucky nachweisen. Und der Glücksforscher Ed Diener zeigte, dass solche Menschen auch besser verdienen als diejenigen, die eher verdrießlich sind. Ihr Einkommen ist um rund ein Drittel höher. Diener weist darauf hin, dass zufriedenere Menschen besser organisiert, ideenreicher und kreativer sind, effektiver Entscheidungen treffen, mit anderen besser zurechtkommen und in ihrer Leistung von ihrem Umfeld insgesamt besser beurteilt werden.

Die Elemente des Glücks

Wir tun uns so leicht und so schwer damit, über Glück zu reden, weil jeder darunter etwas anderes versteht. Jeder hegt seine persönlichen Phantasien, vielversprechend und diffus. Deshalb fällt uns das Verständnis so schwer: Persönliches Glück machen wir fest an einzelnen Elementen. Mit ihnen beschreiben wir, was Glück für uns sein soll. Und doch ist es mehr als das und gleichzeitig etwas ganz anderes. Glück wird für uns greifbar, wenn wir etwas darüber wissen.

»Sind Leute, die im Anzug zur Arbeit gehen, glücklicher und erfüllter als die, die Monteursanzüge tragen? Geht es denen besser, die auf es der Sozialleiter höher hinauf geschafft haben?« Diese Frage stellten sich die Psychologen David Lykken und Auke Tellegen von der University of Minnesota. Sie führten eine berühmte Studie mit mehreren Tausend eineiigen Zwillingen durch, um dem Phänomen auf die Spur zu kommen, was die einen Menschen glücklich und die anderen unglücklich oder zumindest weniger glücklich macht. Ihren zusammenfassenden Aufsatz, der zu den Klassikern der Fachliteratur zählt, betitelten sie provokant: »Happiness is a stochastic phenomenon«! Glück ist ein zufälliges Phänomen, abhängig sozusagen von der Gen-Lotterie. Am Ende schreiben sie: »Zu versuchen, glücklicher zu werden, ist genauso sinnlos wie der Versuch, (als erwachsener Mensch) größer zu werden. Es ist einfach unsinnig.«

Wie kamen sie zu diesem Ergebnis? Das Minnesota Twin Registry gab den Forschern Auskunft über Schulabschluss, Familienstand, Familieneinkommen und berufliches Fortkommen von eineiigen Zwillingen. Die Zwillingspaare unterschieden sich in all diesen Faktoren erheblich. Manche haben keinen Schulabschluss, andere ein Doktorat. Manche leben auf dem Land oder in kleinen Städten, andere in großen Städten, die einen verdienen viel, die anderen wenig.

Lykken und Tellegen befragten mehrere Tausend Zwillinge, wie glücklich sie seien. Die Bewertung erfolgte nach der »Well-Being Scale of the Multidimensional Personality Questionaire«. Die Ergebnisse glichen die Forscher ab mit den sozialen Daten aus der Behördenregistratur und stellten fest: Bildung scheint nur einen geringen Einfluss auf das persönliche Glücksempfinden zu haben, bei Frauen zwei, bei Männern ein Prozent. Der sozioökonomische Status (SES) macht ebenfalls nur einen Unterschied von zwei Prozent aus, ebenso das Einkommen. Dagegen gab es einen großen Zusammenhang zwischen Genen und Wohlbefinden. Etwa die Hälfte der eineiigen Zwillinge erzielte die gleichen Werte. Demnach lautet ihr Resümee: »Die Unterschiede im Glücksempfinden hängen in gleicher Weise (zu jeweils 50 Prozent) von genetischen Faktoren wie von persönlichen Erfahrungen und Lebensumständen ab.« Mit dieser Zusammenfassung widersprechen Lykken und Tellegen allerdings ihren zentralen Thesen, mit denen sie so viel Aufmerksamkeit erzielten. Wenn der genetische Einfluss bei 50 Prozent liegt, können wir ja mit unserer Lebensführung noch erheblichen Einfluss darauf nehmen, wie es uns geht. Gene spielen sicher eine Rolle dabei, wie wir uns dem Leben stellen und mit seinen Herausforderungen fertig werden. Wie groß ihr Einfluss tatsächlich ist, wird von Genforschern sehr unterschiedlich bewertet. Dänische Forscher präsentierten eine Untersuchung, mit der sie begründeten, nur etwa ein Viertel des persönlichen Wohlbefindens sei direkt auf genetische Faktoren zurückzuführen. Außerdem: Gene repräsentieren zwar Potenziale, aber diese Potenziale entfalten sich nicht automatisch. Das erklären uns Molekularbiologen wie Joachim Bauer und Hirnforscher wie Eric Kandel. Gene müssen aktiviert werden. Ob oder wie dies geschieht, hängt sehr wohl von Lebensumständen und der persönlichen Lebensführung ab. Stress zum Beispiel hat dafür eine besondere Bedeutung. Vor der »Macht der Gene«, wie sie der österreichische Medizinprofessor Markus Hengstschläger beschwört, müssen wir uns nicht so fürchten, wie uns die lautstarke Warnung glauben machen will. Völlig falsch ist außerdem die Behauptung, weil Gene unsere Dispositionen beeinflussen, könnten wir keinen Einfluss auf uns und unser Leben nehmen, Glück sei zufällig und der Versuch, es zu beeinflussen, ebenso unsinnig wie das Unterfangen, die Körpergröße zu verändern. Lykken überwand sich übrigens kurz vor seinem Tod im Jahr 2006 und gab in einem Interview zu, das dies »eine dumme Bemerkung« gewesen sei.

Es gibt neben den oben genannten eine ganze Anzahl von Faktoren, die für die meisten Menschen wesentlich zum Glücklichsein beitragen. Dazu gehören: eine stabile Partnerschaft, Lebensgemeinschaft, nicht notwendigerweise als Ehe, enge familiäre Bindungen, tiefe Freundschaften mit einer Handvoll Leuten sowie lockere Beziehungen zu einer größeren Gruppe von Menschen. Kinder bringen seltener das Glück, das Eltern sich erhoffen. Sobald der erste Nachwuchs auf der Welt ist, bricht bei vielen zunächst hoffnungsfrohen Elternpaaren die Zufriedenheit ein. Mit jedem weiteren Kind nimmt, zumindest bei den meisten Eltern, die Unzufriedenheit zu. Das, glauben wir, liegt jedoch nicht daran, dass Kinder an sich Erwachsenen das Beziehungsglück rauben, sondern daran, dass die Erwachsenen sich nicht klar genug überlegen, welche Erwartungen sie mit Kindern verbinden und welche Verpflichtungen auf sie zukommen. Mütter und Väter teilen Aufgaben und Verantwortung nicht angemessen untereinander auf. Darüber haben wir in unserem Buch *Seelennahrung* ausführlicher geschrieben.

Soziale Beziehungen tragen zum Wohlbefinden bei und bieten Einzelnen zudem Schutz vor Übergriffen anderer, durch soziale Anteilnahme und Kontrolle. Auch deshalb gibt es in intakten Gemeinschaften weniger Bedrohung, Missbrauch und Gewalt.

Verheiratete Menschen sind – durch alle Altersstufen, Gehaltsklassen und ethnischen Unterschiede hindurch – glücklicher als unverheiratete. Allerdings: Am unglücklichsten sind Menschen, die eingekeilt sind in einer unglücklichen Ehe. Moral, die bestimmt, dass eine Ehe nicht geschieden werden darf, kann tiefem Unglück den Weg bereiten. Ehepartner tun sich selbst nichts Gutes – und auch nicht ihren Kindern, denn die leiden mit: hin und her gerissen zwischen Vater und Mutter.

Bewegungsfaule hören es nicht gern: Sport ist gut gegen schlechte Stimmung, lindert Depression, reduziert Angst, steigert die Leistungsfähigkeit des Gehirns, verbessert Geschwindigkeit und Genauigkeit bei der Arbeit, erhöht den Sinn für eigene Wirksamkeit, bringt, unbestreitbar, in jedem Alter gesundheitliche Vorteile, verringert Stress, baut zum Beispiel (das in größeren Mengen toxische) Stresshormon Kortisol ab, vermindert die Risiken von Herz-Kreislauf-Erkrankungen und Krebs und trägt insgesamt zu längerem Leben bei.

Auch gesellschaftliche Glücksfaktoren sind nicht zu unterschätzen: Demokratie, Freiheit (von Willkür und Unterdrückung), größere soziale Gleichheit, effektive öffentliche Institutionen. Darauf weist der niederländische Glücksforscher Ruut Veenhoven eindringlich hin und belegt dies mit einer Vielzahl von Studien, obwohl wir immer wieder auch auf Menschen treffen, denen es gelingt, unter elenden Verhältnissen glücklich zu sein.

Intelligenz, gemessen als IQ, steht in keinem nachweisbaren Zusammenhang zum Glück. Allerdings hat Glück damit zu tun, wie wir unser Denk-Hirn nutzen. Wer sich Ziele setzt und sie verfolgt und dabei in der Lage ist zu kontrollieren, wie gut er vorankommt, ob Anpassungen oder Korrekturen notwendig sind, dem geht es besser. Menschen, die eine höhere Aktivierung des linken präfrontalen Cortex (PFC) zeigen, sind zufriedener als Menschen mit geringerer Aktivierung. Sie reagieren intensiver auf positive emotionale Reize und können besser negative Erfahrungen regulieren und Rückschläge wegstecken. Woran das liegt? Der linke PFC ist zuständig für strategische Planung, Festlegung von Zielen. Wer ziellos umhertreibt und hofft, es werde sich schon alles richten, ist unglücklicher. So bestätigt die Neurowissenschaft, dass Glück nicht nur ein Zustand ist, sondern die Bereitschaft verlangt, sich Herausforderungen zu suchen, an denen man wachsen kann.

Allerdings müssen die angesteuerten Ziele die für uns richtigen Ziele sein. Um diese Beurteilung vornehmen zu können, braucht das Denk-Hirn die Bewertungen des Emotions-Hirns. Wenn wir wissen, welche Faktoren zum Glück beitragen, erhalten wir Orientierung. Doch wir müssen immer noch für uns persönlich bestimmen, wie wichtig einzelne Faktoren sind, wo unsere Prioritäten liegen, welche Elemente für *unser* Glück zusammengehören. Wahres Lebensglück erfordert deshalb Emotions-Management – die Integration von Gefühl und Verstand, mit der jeder für sich erspüren, empfinden, bedenken kann, wie das eigene Leben am besten gelingt.

Macht Arbeit glücklich?

Wie Luke Pittard, der junge Mann aus Wales, der in der Lotterie 1,3 Millionen Pfund gewann und dennoch wieder arbeiten wollte, können sich die meisten Menschen ein sinnvolles Leben ohne *Arbeit* nicht vorstellen und somit auch kein glückliches. Allerdings zeigen Umfragen, dass der Prozentsatz derjenigen, die den *Beruf* über alles stellen, in den vergangenen Jahren stetig abgenommen hat. Nach einer Studie von »Fessel GfK« in Österreich von 84 auf 58 Prozent. Immer weniger Menschen sind demnach bereit, für berufliches Fortkommen private Opfer zu bringen. »Work« ist wichtig, »life« aber nicht weniger. Allerdings muss zwischen beiden Bereichen kein Gegensatz bestehen.

Das trifft nicht nur auf Karriereorientierte zu. Viele Menschen verschaffen sich gerade durch ihre Arbeit gute Gefühle. Sie freuen sich über anspruchsvolle Aufgaben, wo sie in besonderer Weise sich selbst und anderen beweisen, dass sie kompetent sind und etwas voranbringen. Solche Aufgaben sind eben besonders in Berufen zu finden. Arbeit bringt nicht nur Einkommen, sie bietet die Möglichkeit Selbstbestätigung und Sinn zu finden. Nach einer Studie des Deutschen Gewerkschaftsbundes wünschen sich dies 77 Prozent aller Menschen gerade durch ihre Arbeit. Fast ebenso wichtig ist ihnen Kollegialität, also sozialer Zusammenhang, der ihnen Anerkennung und Respekt verschafft. Das eben geht nur in Gemeinschaft. Persönliches Glück entsteht nur dort.

Damit wir uns mit anderen wohlfühlen, so sagen wir, muss die Chemie stimmen. Klar, die Biochemie im Hirn. Wir brauchen Aufmerksamkeit füreinander und Mitgefühl. So spiegeln und synchronisieren wir unser Fühlen und Denken, so erst schaffen wir Verständnis füreinander und untereinander. Je besser wir nachempfinden können, was in anderen vorgeht, was sie brauchen und was für sie wichtig ist, je besser wir also kommunizieren können, desto intakter und erfüllender ist Gemeinschaft.

Topmanager geben sich bisweilen als eine eigene Kategorie von Arbeitstieren, die sich deutlich von Menschen auf unteren (Führungs-)Ebenen abhebt. Manche bekennen sich gern als Workaholic und halten den Begriff von der »Work-Life-Balance« für eine Erfindung der Berater- und Wellnessindustrie. Sie argwöhnen, man versuche Menschen, die im Beruf besonders engagiert sind, ein schlechtes Gewissen zu bereiten und daraus dann Gewinn zu ziehen. So berichtet es etwa das Wirtschaftsmagazin *trend*. Jedem sei seine Koketterie belassen. Wenn allerdings Arbeit zum (fast) einzigen Vergnügen wird und die einzige Quelle von Anerkennung und Selbstbestätigung, degeneriert Arbeit zur Arbeitssucht.

Doch nicht nur für Topmanager hat Arbeit eine besondere Bedeutung. Viele Selbstständige, gerade wenn sie kleine Unternehmen betreiben, oft sogar als One-Man- oder One-Woman-Show, investieren ebenso viel Zeit und Energie in ihr Geschäft. Manche träumen dabei von Reichtum, aber noch mehr engagieren sie sich derart für ihr Unternehmen, weil es eben *ihr* Unternehmen ist. Es ist für sie oft das wichtigste Lebensprojekt. Selbst-ständig sein heißt für sie: selbst bestimmen zu können. Sie wollen ein gutes Auskommen, aber nicht unbedingt möglichst viel Geld verdienen.

Eine große Anzahl von Menschen in Führungspositionen, von Selbstständigen und Dienstleistern jeglicher Kategorie findet große Freude daran, 70, 80 oder noch mehr Stunden pro Woche in den Job zu investieren. Der Spaß sei ihnen unbenommen, wenn in ihrer Arbeit nicht andere vitale Bedürfnisse begraben werden und sie nicht mehr spüren, was sie sonst noch wollen und brauchen. Doch gerade ehrgeizige zielfixierte Menschen erliegen dieser Gefahr. Sie schauen nur geradeaus und sehen nicht nach rechts oder links. Sie nehmen nicht mehr wahr, welche Bedürfnisse sie sonst haben. Ihr inneres Team stellen sie kalt. Sie entwerfen stringente Strategien, peitschen sich voran und spüren den Schmerz nicht, dem sie sich selbst aussetzen. Schmerz, der nicht empfunden wird? Wenn nichts wehtut, warum etwas Unangenehmes spüren wollen? Weil (seelische) Verletzungen auch entstehen, wenn der Schmerz *akut* nicht gespürt wird.

Ein hohes Maß an Arbeit führt zwar nicht, wie manche Wellness-Ratgeber predigen, geradewegs ins »Burn-out«. Dahein schlittern nur Menschen mit einer besonderen persönlichen Disposition – Perfektionisten, die mit höchstem Dauereinsatz das Unerreichbare schaffen wollen; Menschen mit einem extremen Bedürfnis nach Anerkennung; diejenigen, die es immer allen recht machen möchten, nicht Nein sagen und sich nicht abgrenzen können. Doch viele Führungskräfte, Selbstständige, Dienstleister – dazu gehören Abteilungsleiter, Ärzte, Architekten, Gastwirte, Handwerksmeister, Hochschullehrer, Journalisten, Juristen, Werbe- und Marketingberater – sind tatsächlich Höchstleister mit viel Kraft und Ausdauer. Für viele von ihnen ist ihr Beruf mit seinen immer neuen Herausforderungen in Kombination mit sozialen Kontakten, Anerkennung, Verdienst und Status so spannend, so wichtig und befriedigend, dass sie, ohne es zu merken, ihre

Partnerschaft, Kinder, Freunde und sonstige Interessen vernachlässigen. Bis Beziehungen in die Brüche gehen. Dann tut es weh. Erst der nicht mehr zu ignorierende Schmerz veranlasst die Korrektur. Wenn es nicht euphorisierende Gegenmittel gibt. Die Hierarchen unter den »Profis« berauschen sich an ihrer Macht – ohne zu erkennen, wie sehr sie sich daran klammern und wie sehr sie der Gedanke ängstigt, dass diese Macht nicht ihnen als Person zusteht, sondern ihnen mit ihrer Funktion nur zeitweilig geliehen ist. Anderen reicht zur Berauschung der Rausch. Oder Medikamente. Darüber wird in Unternehmen so gut wie nie offen gesprochen. Doch die Probleme nehmen zu. Krankenkassen registrieren es genau.

Zutrauen zu sich selbst, das Gefühl, die eigene Karriere beeinflussen, berufliche Ziele selbst setzen und erreichen zu können, geht einher mit Erfolg und Zufriedenheit mit beruflichen Anstrengungen und Entscheidungen. Leistung ist vor allem dann hoch, wenn Beschäftigte klare Ziele haben. Das führt zu mehr persönlicher Befriedigung und stärkt den Sinn, etwas erreichen zu können.

Glück als Lebensprinzip

Für die Glücksforscher ist Glück eine ernste Angelegenheit. Das scheint gegen sie zu sprechen, aber es scheint eben nur so. Denn Glück ist den meisten Menschen wichtig, und sie haben Anspruch auf seriöse Forschung. Also widmen sich Mihalyi Csikszentmihalyi, Ed Diener, Nico Frijada, Daniel Kahneman, Martin Seligman und Ruut Veenhoven schon Jahrzehnte ihrer Wissenschaft, und ihnen ist das Lachen dabei nicht vergangen. Tatsächlich sind sie alle lebenslustige Menschen mit einer guten Portion Humor. Sie machen sich nur nicht die Unbekümmertheit zu eigenen, mit der selbst ernannte Experten in Illustrierten Glücksrezepte und 08/15-Ratschläge austeilen. Sie bestätigen: Es gibt keinen Glücksformel, und Glück fällt nicht vom Himmel. Zwar gibt es das Zufallsglück, und wir begegnen ihm leichter, wenn wir offen für Zufälle sind, aber wahres Lebensglück entsteht nicht aus der Summe glücklicher Momente. Lebensglück wächst aus einer positiven Lebenseinstellung und aus eigener Anstrengung. Glück hat mehr damit zu tun, was wir tun, als was wir haben. Das heißt also: Wir müssen selbst dafür sorgen.

Dazu passt das Konzept von »Flow«, das Mihalyi Csikszentmihalyi entwickelt hat. Flow ist der Zustand der Erfüllung, der Genugtuung, der nur erreicht wird, wenn wir gefordert sind. Dazu brauchen wir Aufgaben, die uns fordern, uns Fähigkeiten und Fertigkeiten abverlangen, Aufgaben, auf die wir uns einlassen und konzentrieren müssen, wo uns Ziele klar sind, wir Abläufe kontrollieren, Fehler bemerken und korrigieren, wo wir erkennen und spüren, wie wir vorankommen. In solchen Aufgaben gehen wir auf. Wir beklagen uns dann nicht über Mühen und scheuen keine Anstrengung. Wir sind mit ganzem Herzen dabei und merken nicht, wie schnell die Zeit vergeht: Das ist Flow.

Und das Gefühl ist dabei wichtiger als das Ergebnis. Das mag paradox klingen, denn natürlich wollen wir am Ende Resultate in den Händen halten. Aber nur um Resultate geht es eben nicht. Wenn nicht zählt, wie wir es erreichen, wenn es uns nicht gelingt, ein gutes Gefühl dabei zu haben, bleibt das Glück auf der Strecke. Erfolg ist deshalb eine fragwürdige Kategorie. Was für den einen Erfolg ist, kann für den anderen völlig unbedeutend sein. Geld, Karriere, Ruhm, Macht – all die äußeren Anzeichen, die nach der vorherrschenden Meinung nach für Erfolg stehen, sagen gar nichts über innere Zufriedenheit. Als alleinstehende Faktoren können solche Erfolge nie glücklich machen.

Wir brauchen zum Glück, für ein erfülltes Leben, ein ausreichendes Maß an innerer Unabhängigkeit. Die erreichen wir nur, wenn wir wissen, was uns auf Dauer wohltut und was uns schadet. Wenn wir uns treiben lassen von Leitgefühlen und -motiven, zu schnell akuten Verlockungen und kleinen Vergnügungen nachgeben, schaffen wir nichts, das uns nachhaltigen Gewinn bringen könnte. Um glücklich zu sein, müssen wir eigene Interessen – also Eigeninteressen – verfolgen, allerdings mit feinem Gespür und kritischem Verstand. Leitgefühle und Leitmotive dürfen uns nicht die Ziele vorgeben, ohne dass wir bedenken, ob sie uns dorthin führen, wo wir wirklich hin wollen. Sie dürfen uns nicht vereinnahmen. Wenn wir Gefühlen Macht über uns geben, können wir Glück nicht erreichen. Übermächtige Angst blockiert uns. Sie verhindert, dass wir uns überhaupt aufmachen zum Glück. Angst, die vereinnahmt, hemmt und bedrückt. Sie führt zu Trauer, Zaudern, Pessimismus, Misstrauen, Scheu, Kleinmut, Unterwürfigkeit, dazu, dass wir uns selbst nicht leiden können. Ähnlich ergeht es uns, wenn Scham oder Schuld übermächtig auf uns lasten. Sie rufen Beklemmung und Niedergeschlagenheit hervor, Kummer und Leid, Wehmut und Bitternis. Unkontrollierter Ärger hetzt in Konfrontationen, erniedrigt, enttäuscht, vergrämt, treibt uns fort von anderen Menschen, zerstört, isoliert, vereinsamt.

Die Macht der Gefühle bannt nicht der Verstand allein. Allein ist der Verstand hilflos, selbst wenn er genau benennen kann, wo die Übermacht der Gefühle beginnt. Wir brauchen den Verstand, um dies zu erkennen und zu begreifen, welche Wahrnehmungs- und welche Deutungsmuster zu einem Handeln verleiten, mit dem wir nicht glücklich werden können. Doch um es zu schaffen, die Muster zu überwinden und uns wirklich anders zu *verhalten*, brauchen wir die Urteilskraft der Gefühle und deren Energie. In guter Dosierung nutzen uns Gefühle, die im Übermaß nur Unglück bringen. So schützt Angst vor Gefahren. Sie öffnet uns die Augen. Wir erkennen besser, welche Risiken uns gewärtigen, was uns bedroht. Scham und Schuld bestärken Normen und Werte und markieren Grenzen, die helfen, mit anderen zurechtzukommen – um erst dann glücklich werden zu können.

Mit der Fähigkeit, Gefühle so zu managen, dass sie nicht von uns Besitz ergreifen, wehren wir das Unglück ab und sind bereits unterwegs zum Glück. Weiter voran kommen wir auf dem Weg jedoch nur, wenn wir gegen »negative« Gefühle, die,

die uns vereinnahmen, mit »positiven« Gefühlen, die, mit denen wir uns aus der Vereinnahmung lösen, angehen können. Zuversicht ist ein solches »positives« Gefühl, ebenso Optimismus, Mut, Ehrgeiz, Stolz, Sehnsucht, Begehren, Leidenschaft. Gut gemanagte Neugier erweist sich als Perpetuum mobile zum Glück, weil sie all diese positiven Gefühle auslöst. Wir müssen Neugier nicht nur zulassen, sondern fördern, uns offenhalten für neue Erfahrungen und dabei – gestützt von der Kraft der Neugier – Unsicherheiten aushalten.

Wir müssen aber ebenso spüren, wann Gefühle, die wir eher als positiv betrachten, beginnen, negative Wirkung zu entfalten – denn auch sie können uns vereinnahmen und ins Unglück treiben, etwa wenn zu umtriebige und wechselhafte Neugier uns nötigen Fokus, Nachdenklichkeit, Beständigkeit und Ausdauer nimmt, wenn zunächst begründeter Optimismus unbegründbarer Euphorie erliegt, berechtigter Stolz umschlägt in Hochmut, zielführender Ehrgeiz zu Selbstsucht ausartet, treibende Leidenschaft zum Zwang gerät.

Wir brauchen Spürsinn für all unsere Gefühle. Unser Verstand muss – und kann! – begreifen, was unsere Gefühle uns zu sagen haben. Nur dann kann er sie reflektieren, ordnen, abwägen, in Handlungsstrategien integrieren und zur Vernunft kommen.

Unsere Lebensumstände ändern sich immer wieder, und auch wir selbst verändern uns über verschiedene Lebensphasen hinweg. Deshalb gilt es fortwährend zu überprüfen, wie gut wir unterwegs sind; ob unsere Ziele für uns noch sinnvoll sind; ob die Art und Weise, wie wir sie zu erreichen suchen, angemessen ist; ob sich der Aufwand lohnt für den Ertrag, das Wohlbefinden, das wir damit erzielen. Bleibt nichts Wichtigeres auf der Strecke? Dazu müssen wir immer wieder aus der Umtriebigkeit unseres Alltags aussteigen und innehalten. Wir brauchen Ruhe, um die innere Bereitschaft und Offenheit zu finden, mit der wir unseren Gefühlen nachspüren, sie begreifen und reflektieren können. So kommen wir, mit klarem Verstand, zur Besinnung.

Wir müssen unser Leben mögen, um glücklich zu sein. Und umgekehrt: Wenn wir unglücklich sind, mögen wir unser Leben nicht. Unglücklich zu sein ist ja viel einfacher, als dauerhaft glücklich zu werden. Wir kommen dem Glück schon näher, wenn wir verstehen zu vermeiden, was uns unglücklich macht. Wahres Glück gelingt aber nur in sozialer Gemeinschaft. Daran scheitern Egozentriker, Narzissten, Menschen ohne Mitgefühl. Zum Glück gehört es, individuelle Besonderheiten zu schätzen, sich selbst zu lieben und andere zu lieben, so wie sie sind, mit all ihren Eigenheiten, ihren Stärken und Schwächen, denn Stärken sind ohne Schwächen nun mal nicht zu haben. Wahres Glück erlangen wir nur, wenn wir authentisch sind, wenn wir begreifen, was wir wollen, und haben können, wonach wir streben und wonach es sich für uns zu streben lohnt, welche Illusionen wir aufgeben müssen, was wir mit unseren Anlagen erreichen können, unter den Bedingungen, die sich *uns* bieten.

So begründen wir persönliche Ziele, die in unseren Werten ankern. So geben wir unserem Leben Sinn, und nur so werden wir glücklich. Denn Glück kann es nur in einem sinnvollen Leben geben. Und so ist Glück: ein gelingendes Leben.

23 Regeln zum Unglücklichsein

- Regel Nummer 1

  Vertrauen Sie auf Ihre fest gefügten Denkmuster. Gelernt ist schließlich gelernt. Sie haben sich doch bewährt. Sonst wären Sie nicht da, wo Sie sind, oder? Die einfache Formel lautet: Was nicht sein darf, kann nicht sein. Nehmen Sie sich ein Beispiel an den Investmentbankern. Sie überzeugten sich selbst, dass ihre Finanzakrobatik nie zum Absturz führen könne.

- Regel Nummer 2

  Lassen Sie sich von neuem Wissen nicht in Ihrer Grundhaltung erschüttern. Halten Sie Widersprüche aus, indem Sie so tun, als seien sie nicht vorhanden. Die Regel ist bei Partnerwahl oder Kindererziehung ebenso anzuwenden wie beim Anstieg auf der Karriereleiter. Topmanager pflegen das Credo, rein sachlich zu analysieren und völlig unabhängig davon aus dem Bauch heraus zu entscheiden. Die Haltung ist gerade auf Führungsetagen in Unternehmen und Organisationen verbreitet. Deshalb geht dort so herrlich viel schief.

- Regel Nummer 3

  Folgen Sie allein Ihrem Gefühl. Verlassen Sie sich vor allem dann blind auf Ihre Intuitionen, wenn Sie von dem, worum es geht, keine Ahnung haben. Dazu raten sogar Psychologieprofessoren. Bestsellerautoren bezeichnen das als »denken ohne zu denken«. Seien Sie sicher: Es geht bestimmt schief.

- Regel Nummer 4

  Sie haben kein Vertrauen zu Ihren Gefühlen? Dann vertrauen Sie ausschließlich auf Ihren Verstand. Wenn Sie viel über etwas wissen, erkennen Sie, wie viel mehr Wissen Sie sich noch beschaffen können. Wissen ist ja zum Glück unendlich. Folgen Sie den Regeln von »rational choice«, erarbeiten Sie sich vollständige Information, erforschen Sie jedes Detail, erwägen Sie jede denkbare Alternative. Lassen Sie sich dabei von keinem Gefühl irritieren. Achten Sie nur auf den korrekten Prozess, denn vor allem um den geht es. Steuern Sie nicht auf ein Ergebnis zu. So entscheiden Sie nichts, erwecken aber einen ungeheuer kompetenten Eindruck.

- Regel Nummer 5

Machen Sie andere für Misserfolge verantwortlich – nicht nur die Umstände, sondern vor allem Personen. Wenn sich zeigt, dass Sie mit ihrem Standardrepertoire von Mustern und Vorurteilen und der Trennung von Gefühl und Verstand nicht die gewünschten Ergebnisse erzielen, können Sie sich so bequem an ihnen schadlos halten. Schöner Nebeneffekt: So schaffen Sie sich treue Gegner und Feinde.

- Regel Nummer 6

Zeigen Sie, dass Sie sich nichts gefallen lassen. Lassen Sie jeden Ärger raus, und stellen Sie sich vor, so könnten sie ihn am besten loswerden. Wenn andere Ihnen dumm kommen, sind die selbst schuld, wenn Ihnen der Kragen platzt.

- Regel Nummer 7

Fordern Sie alles jetzt und sogleich. Wenn Sie kein Bedürfnis aufschieben, hetzen Sie jeder Belohnung nach, die Sie sich vorstellen und auf die Sie Anspruch zu haben meinen. Seien Sie sauer, wenn sie nicht so ausfällt, wie Sie es erwarten und beanspruchen. Kombinieren Sie maßlose Ansprüche mit konsequentem Risikomanagement, und gehen Sie bei allem, was Sie unternehmen, immer vom denkbar schlechtesten Ergebnis aus. Je weniger Sie erwarten, desto weniger werden Sie erreichen.

- Regel Nummer 8
  Verstehen Sie sich als Opfer Ihrer Gene. Im Internet finden Sie jede Menge Quellen, auch wissenschaftliche, die Ihnen erklären, dass wir uns der Macht der Gene nicht entziehen könnten. Deshalb darf auch niemand von Ihnen erwarten, dass Sie etwas ändern. Halten Sie sich von Erwartungen und Wünschen anderer fern. So scheitert jede Verständigung.

- Regel Nummer 9
  Wenn Ihnen etwas im Umgang mit anderen nicht passt, warten Sie darauf, dass zuerst die anderen sich ändern. Vernachlässigen Sie in diesem Zusammenhang Regel Nummer 8, die gilt nur für Sie selbst.

- Regel Nummer 10
  Geben Sie Verantwortung so lange weiter, bis Sie einen gefunden haben, der sie sich umhängen lässt. Geht es Ihnen so schlecht, dass Sie es auch bar jeder Verantwortung nicht mit sich aushalten können, suchen Sie einen Wunderheiler, greifen Sie zu einschlägigen Ratgebern, oder gehen Sie zu einem Arzt, der Sie umgehend von allen leiblichen und seelischen Übeln zu befreien hat. Dafür haben wir Mediziner schließlich studieren lassen. Kann er nicht helfen, gehen Sie zum nächsten Arzt. Nehmen Sie keine Medikamente, bevor Sie nicht im Beipackzettel bescheinigt bekommen, dass sie garantiert, aber wirklich garantiert, nie eine einzige Nebenwirkung haben werden.

- Regel Nummer 11
  Unterstellen Sie bei jeder Unannehmlichkeit, die Sie trifft, eine dahinterliegende Absicht. Menschen sind rücksichtslos. Glauben Sie nicht, dass andere arglos handeln. So finden Sie im Alltag unzählige Rechtfertigungen, Ärger abzulassen.

- Regel Nummer 12

  Suchen Sie in Ihrer Vergangenheit nach Enttäuschungen. Jeder Mensch verfügt über ein großes Traumarepertoire. Es kommt nur darauf an, jedes einzelne Erlebnis zu bergen, es erneut zu bedauern und zu betrauern und nicht mehr loszulassen. Sie finden mit wenig Anstrengung in Ihrem emotionalen Gedächtnis jede Menge Enttäuschungen, Niederlagen, Erlebnisse von Unzulänglichkeit. Erinnern Sie sich an jedes Gefühl von Versagen. Holen Sie sich alle Schmähungen zurück ins Bewusstsein, dann besteht eine gute Chance, dass Sie wieder darunter leiden.

- Regel Nummer 13

  Sie hatten in Ihrer Vergangenheit nicht ausreichend Elend? Dann gehen Sie zu einem Psychoanalytiker alter Schule. Der wird garantiert fündig oder hilft Ihnen, längst vergessene Ereignisse so zu rekonstruieren, dass Ihnen garantiert schlecht wird.

- Regel Nummer 14

  Verschwenden Sie keine Gedanken an die Gegenwart. Blenden Sie die Zukunft aus. Je intensiver und beharrlicher Sie Vergangenheitsbewältigung betreiben, umso besser gelingt Ihnen das. Die Technik können Sie für alle Lebenslagen nutzen. Bedauern Sie, was Ihnen früher in Ihrem Beruf entgangen ist. Halten Sie Ihrem Partner vor, wie unachtsam er schon vor Jahren mit Ihnen umgegangen ist. Klagen Sie Ihre Kinder an, welche nie wieder gutzumachenden Enttäuschungen sie Ihnen schon bereitet haben.

- Regel Nummer 15

  Beharren Sie darauf, dass Ihre Sicht und nur Ihre Sicht die richtige ist. Wenn Sie auf Ihresgleichen treffen, brechen Sie gemeinsam den heftigsten Streit vom Zaun. Nutzen Sie einzelne Verfehlungen Ihres Partners, um ihm generelle Vorwürfe zu machen. Kleine Wörter wie »stets« oder »immer« reichen.

Fällen Sie sogleich ein Urteil über seinen Charakter – dagegen kann keiner sich wehren.

- Regel Nummer 16
  Warten Sie darauf, dass das Glück Ihnen in den Schoß fällt, und beschweren Sie sich bei allen Menschen über Ihr Schicksal, wenn es nicht passiert. Trifft Sie dennoch das Glück, klagen Sie, dass es vergänglich ist und zu selten kommt. Vergleichen Sie sich stets mit denen, denen es ihrer Ansicht nach besser geht, und hinterfragen Sie nicht, ob das wirklich so ist.

- Regel Nummer 17
  Konzentrieren Sie sich immer nur auf eine Sache, ob das Ihr Beruf, Ihre Familie oder Ihr Hobby ist. Das Zauberwort heißt Fokussierung. Nur so entwickeln Sie wahre Meisterschaft. Denken Sie an Spitzensportler, große Künstler, Topmanager. Wenn Sie alles andere vernachlässigen, wird Ihnen irgendwann abgehen, worum Sie sich nicht rechtzeitig gekümmert haben. Sie können sich je nach Bedarf beschweren, dass Sie bei Ihrer Karriere die Nähe zu Ihrer Familie verloren haben, oder – ebenso wirksam – darüber klagen, wie sehr Sie auf Herausforderung und Anerkennung im Beruf verzichten.

- Regel Nummer 18
  Geben Sie sich keine Blöße. Das beste Mittel dagegen ist Perfektion. Nur wenn Sie perfekt sind, kann keiner etwas an Ihnen kritisieren. Der Vorteil: Sie müssen keine Fehler zugeben. Fehler und Blößen sind zwar unangenehm, aber immer perfekt sein zu wollen ist noch viel unangenehmer. Perfektionisten hadern zudem mit allen früheren Leistungen, die leider nicht mehr korrigierbar sind.

- Regel Nummer 19
  Lassen Sie sich von anderen nicht beeindrucken. Die Angeber werden doch immer mehr, und von solchen Leuten müssen Sie sich nichts sagen lassen. Wenn Sie etwas nicht wissen oder

nicht können, erklären Sie es für unbedeutend. Wenn dann etwas Unerwartetes eintritt, trifft es Sie umso härter.

- Regel Nummer 20
Kontrollieren Sie andere, denn auf die ist kein Verlass – aber lassen Sie sich nicht kontrollieren! Oder möchten Sie sich von jemandem, auf den kein Verlass ist, sagen lassen, wie Sie was wann zu tun haben? Wenn andere in diesem Spiel über mehr Macht verfügen, ballen Sie die Faust in der Tasche, und warten Sie auf die Gelegenheit zur Rache. Oder, auch sehr wirkungsvoll, zur Häme.

- Regel Nummer 21
Wenn Sie sich etwas gönnen wollen, suchen Sie unbeirrt nach der besten Option. Entscheiden Sie nie spontan. Studieren Sie alle möglichen Varianten. Holen Sie den Rat von Experten ein. Vergleichen Sie unterschiedliche Experten miteinander. Einem allein ist nie zu trauen. Mit der Entscheidung, die Sie schließlich treffen, werden Sie spätestens dann unglücklich, wenn Sie feststellen, dass Sie etwas übersehen haben oder etwas Neues auf den Markt gekommen ist.

- Regel Nummer 22
Bleiben Sie sich treu. Ihre Leitgefühle haben Sie sich schließlich mühsam erworben. Halten Sie an ihnen fest, und lassen Sie sich von ihnen festhalten. Wer will solch teuren Besitz schon aufgeben? Wenn Sie Angst haben vor Veränderung, umso besser. Je konsequenter Sie bei Ihrer Angst bleiben, desto stabiler bauen Sie Ihre ganz persönliche Festung. Dazu noch ein Tipp: Stellen Sie sich vor, dass alle großen und kleinen Katastrophen, von denen Sie wissen, dass sie möglich sind, auch wirklich eintreten. Dann können Sie gewiss sein: Das Unheil lauert überall.

- Regel Nummer 23

Fragen Sie sich nie: Wer bin ich? Gedanken daran machen Sie alltagsuntauglich. Sie funktionieren nie mehr wie zuvor. Denn hinter dieser Frage lauert der seelische Abgrund. Als wenn Sie dort zu sich selbst finden könnten! Lassen Sie sich nicht weismachen, es ginge um Authentizität. Was das ist, versteht sowieso kein Mensch. Es ist ein zungenbrecherisches Fremdwort, das für eine nicht erreichbare Forderung steht. Wenn Sie öffentlich erklären, Sie wollten sich bemühen, authentisch zu sein, und von anderen dasselbe erwarten, nimmt Sie keiner mehr ernst. Bleiben Sie sich lieber selbst fremd. Das ist etwas Reales, etwas Handfestes. Und vielleicht die zuverlässigste Art, unglücklich zu sein und zu bleiben.

Literatur

Akerlof, G. A./Shiller, R. J. (2009): Animal Spirits – Wie Wirtschaft wirklich funktioniert, Campus/Frankfurt a.M.

Anderson, A. K./Phelps, E. A. (2002): Is the Human Amygdala Critical for the Subjective Experience of Emotion? Evidence of Intact Dispositional Affect in Patients with Amygdala Lesions, Journal of Cognitive Neuroscience, 14:5, S. 709–720

Andreasen, N. C. (2005): The Creating Brain – The Neuroscience of Genius, Dana Press, New York/Washington, D.C.

Ariely, D. (2008): Predictably Irrational – The Hidden Forces That Shape Our Decisions, HarperCollins, New York

Ashkanasy, N. M./Cooper, C. L. (2008): Research Companion to Emotion in Organizations, Edward Elgar, Cheltenham, UK, Northamton, MA, USA

Avolio, B. J./Luthans, F. (2006): The High Impact Leader – Moments Matter In Accelerating Authentic Leadership Development, McGraw-Hill, New York

Baker, D./Grenberg, C./Hemingway, C. (2006): What Happy Companies Know – How the New Science of Happiness Can Change Your Company for the Better, Pearson/Prentice Hall, NJ

Bazerman, M. H. (2006): Judgment in Managerial Decision-Making, Sixth Edition, John Wiley&Sons, Hoboken, NJ

Bechera, A./Damasio, H./Damasio, A.R. (2000): Emotion, Decision Making and the Orbitofrontal Cortex, Cebral Cortex Vol. 10, No. 3, S. 295–307

Bechera, A. et al. (1999): Different Contributions of the Human Amygdala and Ventromedial Prefrontal Cortex to Decision-Making, The Journal of Neuroscience, July 1, 19(13), S. 5473–5481

Beer, M. (2007): Leading Change, Harvard Business School, 9–488–037, Rev: Jan. 12

Carlson, C. R./Wilmot, W. W. (2006): Innovation – The Five Disciplines for Creating What Customers Want, Crown Business, New York

Caruso, D. R./Salovey, P. (2005): Managen mit emotionaler Kompetenz – Die vier zentralen Skills für Ihren Führungsalltag, Campus, Frankfurt a. M./New York

Cialdini, R. B. (2007): Die Psychologie des Überzeugens – Ein Lehrbuch für alle, die ihren Mitmenschen und sich selbst auf die Schliche kommen wollen, 5. Auflage, Huber, Bern

Ciompi, L. (2005): Die emotionalen Grundlagen des Denkens – Entwurf einer fraktalen Affektlogik, Vandenhoeck & Ruprecht, Göttingen

Christensen, C. M./Raynor, M. E. (2003): The Innovators Solution – Creating And Sustaining Successful Growth, Harvard Business School Press, Boston, MA

Cohen, S. et al. (2003): Emotional Style and Susceptibility to the Common Cold, Psychosomatic Medicine 65, S.652–657

Collins, J. (2001): Good To Great – Why Some Companies Make the Leap and Others Don't, HarperCollins, New York

Csikszentmihalyi, Mihalyi (1992): Flow – Das Geheimnis des Glücks, Klett-Cotta, Stuttgart

Damasio, A.R. (2004): Descartes' Irrtum – Fühlen, Denken und das menschlich Gehirn, List, Berlin

Delong, T. J./Gabarro, J. J./Lees, R.J. (2007): When Professionals Have To Lead – A New Model For High Performance, Harvard Business School Press, Boston, MA

Diener, E./Biswas-Diener, R. (2008): Happiness – Unlocking the Mysteries of Psychological Wealth, Blackwell Publishing, Malden, MA

Engelen, E. M. (2007): Gefühle, Reclam, Stuttgart

Frederickson, B. L. (2003): The Value of Positive Emotions – The Emerging Science of Positive Psychology is Coming to Understand Why It's Good to Feel Good, American Scientist, Vol. 91, S. 330–335

George, B. et al. (2007): Discovering Your Authentic Leadership, Harvard Business Review, Feb., Reprint R0702H

Gladwell, M. (2009): Blink! Die Macht des Moments, Piper, München

Gilkey, R./Kilts, C. (2007): Cognitive Fitness, Harvard Business Review, Nov., S. 53–66

Girgerenzer, G. (2007): Bauchentscheidungen – Die Intelligenz des Unbewussten und die Macht der Intuition, Bertelsmann, München

Goleman, D./Boyatzis (2008): Social Intelligence and the Biology of Leadership, Harvard Business Review, Sept., S. 74–81

Hamel, G. (2008): Das Ende des Managements – Unternehmensführung im 21. Jahrhundert, Econ, Berlin

Gross, J. J. (Ed.) (2007): Handbook of Emotion Regulation, The Guilford Press, New York

Hastedt, H. (2005): Gefühle – Philosophische Bemerkungen, Reclam, Stuttgart

Healey; M. K./Campell, K. L./Hasher, L. (2008): Cognitive Aging and In-

creased Distractibility: Costs and Benefits, Progress in Brain Research, Vol. 169, S. 353–363
Heifetz, R. A./Linsky, M. (2002): Leadership On The Line – Staying Alive through the Dangers of Leading, Harvard Business School Press, Boston, MA
Hüther, G. (2006): Bedienungsanleitung für ein menschliches Gehirn, Vandenhoeck & Ruprecht, Göttingen
Iacoboni, M. (2007): Face to Face: The Neural Basis of Social Mirroring and Empathy, Psychiatric Annals, Vol. 37, No. 4, S. 236–241
Just, M. A./Keller, T. A./Cynkar, J. (2008), A Decrease in Brain Activation Associated with Driving when Listening to Someone Speak, Brain Research, 1205, S. 70–80
Kahneman, D./Diener, E./Schwarz, N. (2003): Well-Being – The Foundation of Hedonic Psychology, Russell Sage Foundation, New York
Kahneman, D./Tversky, A. (Eds.) (2000): Choices, Values and Frames, Cambridge University Press
Kandel, E. R. (2006): Psychiatrie, Psychoanalyse und die neue Biologie des Geistes, Suhrkamp, Frankfurt a.M.
Kets de Vries, M./Miller, D. (1989): The Neurotic Organization – Diagnosing and Changing Counterproductive Styles of Management, Jossey-Bass, San Francisco/London
Kim, W. C./Mauborgne, R. (2005): Der Blaue Ozean als Strategie – Wie man neue Märkte schafft, wo es keine Konkurrenz gibt, Hanser, München
Knutson, B. et al. (2001): Dissociation of Reward Anticipation and Outcome with Event-related fMRI, NeuroReport, Vol. 12, No. 17, S. 3683–3687
Kotter, J. P. (2002): The Heart of Change – Real-Life Stories of How People Change Their Organization, Harvard Business School Press, Boston, MA
Kotter, J. P./Schlesinger, L. A. (2008): Choosing Strategies for Change, Harvard Business Review, July-August
Kuo, W.-J. et al. (2009): Intuition and Deliberation – Two Systems for Strategizing in the Brain, Science 24, S. 519–522
Layard, R. (2005): Die glückliche Gesellschaft – Kurswechsel für Politik und Wirtschaft, Campus, Frankfurt a.M./New York
LeDoux, J. (2006): Das Netz der Persönlichkeit – Wie unser Selbst entsteht, dtv, München
Lewis, M. D./Todd, R. M. (2007): The Self-Regulating Brain: Cortical-Subcortical Feedback and the Development of Intelligent Action, Cognitive Development 22, S. 406–430
Lucas, R. E. et al. (2004): Unemployment Alters the Set Point for Life Satisfaction, Psychological Science, Vol. 15, No. 1, S. 8–13

Lykken, D./Tellegen, A. (1996): Happiness Is A Stochastic Phenomenon, Psychological Science, Vol. 7, No. 3, S. 186–189

Maccoby, M. (2007): The Leaders We Need – And What Makes Us Follow, Harvard Business School Press, Boston, MA

March, J. G. (1976): The Technology of Foolishness. In: March, J. G./Olsen, J. P. (Eds.): Ambiguity and Choice in Organisations, S. 69–81

McClure, S.M. et al. (2004): Separate Neural Systems Value Immediate and Delayed Monetary Rewards, Science, Vol. 306, S. 503–507

Miller, E. K./Cohen, J. D. (2001): An Integrative Theory of Prefrontal Cortex Function, Annual Review of Neuroscience, 24, S. 167–202

Mischel, W./Ayduk (2004): Willpower in a Cognitive-Affective Processing System: The Dynamics of Delay of Gratification, in: Baumeister, R. F./ Vohs, K. D.: Handbook of Self-Regulation, The Guilford Press, New York, S. 99–129

Naqvi, N./Shiv, B./Bechara, A. (2006): The Role of Emotion in Decision Making – A Cognitive Neuroscience Perspective, Current Directions in Psychological Science, Vol. 15, No. 5, S. 260–264

Nussbaum, M. (1999): Gerechtigkeit oder Das gute Leben, Suhrkamp, Frankfurt a.M.

Ochsner, K. N. et al. (2002): Rethinking Feelings: An fMRI Study of the Cognitive Regulation of Emotion, Journal of Cognitive Neuroscience, 14:8, S. 1215–1229

Pessoa, L. (2008): On the Relation Between Emotion and Cognition, Nature Reviews/Neuroscience, Vol. 9, S. 148–158

Pizzagalli, D. A. et al. (2005): Frontal Brain Asymmetry and Reward Responsiveness – A Source-Localization Study, Psychological Science, Vol. 16, No. 10, S. 805–813

Ricard, M.(2007): Glück, Nymphenburger, München

Rosenzweig, P. (2008): Der Halo-Effekt – Wie Manager sich täuschen lassen, Gabal, Offenbach

Roth, G. (2007): Persönlichkeit, Entscheidung und Verhalten – Warum es so schwierig ist, sich und andere zu ändern, Klett-Cotta, Stuttgart

Sanfey, A. G. et al. (2003a): The Neural Basis of Economic Decision-Making in the Ultimatum Game, Science, Vol. 300, S. 1755–1758

Sanfey, A. G. et al (2003b): Phineas Gauged: Decision-Making and the Human Prefrontal Cortex, Neuropsychologica 41, S. 1218–1229

Schmid, W. (2005): Schönes Leben – Einführung in die Lebenskunst, Suhrkamp, Frankfurt a.M.

Schmitz, M./Schmitz, M. (2007): Seelennahrung – Sich aufmachen zum Glück, Piper, München

Dies. (2006): Seelenfraß – Wie Sie den inneren Terror der Angst besiegen, Piper, München
Schroeder, A. (2008): The Snowball – Warren Buffet and the Business of Life, Bantam, New York
Schwartz, R. C. (2007): Systemische Therapie mit der inneren Familie, Klett-Cotta, Stuttgart
Seligman, M.E.P. (2005): Der Glücks-Faktor – Warum Optimisten länger leben, Bastei Lübbe, Bergisch-Gladbach
Shiv, B. et al. (2005): Investment Behavior and the Negative Side of Emotion, Psychological Science, Vol. 16, No. 6, S. 435–439
Shiv, B. et al. (2008): Price Changes Way People Experience Wine, zitiert in Stanford Report, Jan. 16, Stanford University
Shubik, M. (1971): The Dollar Auction Game: A Paradox in Noncooperative Behaviour and Escalation, Journal of Conflict Resolution, downloaded from http://jcr.sagepub.com
Stevenson, B./Wolfers, J. (2008): Economic Growth and Subjective Well-Being: Reassessing the Easterlin-Paradox, draft of May 9, Wharton, University of Pennsylvania
Taleb, N. N. (2008): Der schwarze Schwan – Die Macht höchst unwahrscheinlicher Ereignisse, Hanser, München
Thaler, R. H./Sunstein, C. R. (2009): Nudge – Wie man kluge Entscheidungen anstößt, Econ, Berlin
Twenge, J./Campbell W. K. (2009): The Narcissim Epidemic – Living in the Age of Entitlement, Free Press, New York
Urry, H. L. et al. (2006): Amygdala and Ventromedial Prefrontal Cortex Are Inversely Coupled During Regulation of Negative Affect and Predict the Diurnal Pattern of Cortisol Secretion among Older Adults, The Journal of Neuroscience, April 19, 26(16), S. 4415–4425
Urry, H. L. et al. (2004): Making a Life Worth Living – Neural Correlates of Well-Being, Psychological Science, Vol. 15, No. 6, S. 367–372
Veenhoven, R. (1997): Advances in Understanding Happiness, Québécoise de Psychologie, Vol. 18, S. 29–74
Wasserman, N. (2008): The Founder's Dilemma, Harvard Business Review, Feb., S. 102–109
Watzlawick. P. (1983): Anleitung zum Unglücklichsein, Piper, München
Weick, K. (1996): Prepare Your Organization to Fight Fires, Harvard Business Review, May-June, Reprint 96311
Weick, K. E./Sutcliffe, K. M. (2003): Das Unerwartete managen – Wie Unternehmen aus Extremsituationen lernen, Klett-Cotta, Stuttgart
Whitson, J. A./Galinsky, A. D. (2008): Lacking Control Increases Illusory Pattern Perception, Science Vol. 322. S. 115–117

Zaltman, G. (2003): How Customers Think – Essential Insights into the Mind of the Market, Harvard Business School Press, Boston MA
Zweig, J. (2007): Gier – Neuroökonomie: Wie wir ticken, wenn es um Geld geht, Hanser, München

Über die Autoren

Margot Schmitz ist Ärztin, Unternehmerin und Unternehmensberaterin. Sie habilitierte an der Medizinischen Universität Wien als Psychiaterin und Neurologin und war über 15 Jahre für Qualitätssicherung im Psychosozialen Dienst (PSD) der Stadt Wien zuständig. Sie vertritt eine ganzheitliche und vornehmlich auf Prävention ausgerichtete Medizin, in deren Mittelpunkt der Mensch steht und Patienten nicht als »Fall« behandelt werden. Sie lehrt und forscht an der Sigmund Freud Universität Wien. Sie veröffentlichte über 70 wissenschaftliche Publikationen und erforscht und behandelt u.a. Alzheimer, Angststörungen, Burn-out, Depressionen, Psychopharmakologie und kognitive Fitness. Sie ist Verfasserin des »1x1 der Psychopharmaka«.

Mit ihrem Team am »Psychosomatischen Institut« in Wien (www.schmitz.at), einer Einrichtung, die von ihr vor 15 Jahren gegründet wurde, führte sie zahlreiche klinische Studien durch. Das Psychosomatische Institut ist als Studien-Center geprüft und durch die US-Food and Drug Administration, die Sicherheit und Wirksamkeit von Medikamenten weltweit kontrolliert, anerkannt. Außerdem berief sie die European Medicines Agengy (www.emea.europa.eu) als Expertin. Die Behörde mit Sitz in London ist in der EU zuständig für »wissenschaftliche Spitzenqualität in der Beurteilung und Überwachung von Medikamenten zum Wohle der öffentlichen Gesundheit«. Margot Schmitz ist zudem Vertrauens-Ärztin für die UN und die Internationale Atomenergiebehörde (IAEO) in Wien.

Michael Schmitz ist Psychologe, Coach und Organisationsberater. Für ihn ist »Management Umgang mit Menschen. Wer nicht versteht, was in und zwischen Menschen vorgeht, dem fehlt Management-Wissen«, so Schmitz. Er berät und coacht Führungskräfte und Teams und bietet Expertise in Innovations-Management, Strategie- und Organisations-Entwicklung. Mit preventK (www.preventk.com) gründete er ein Beratungsunternehmen, das auf Konflikt- und Krisen-Management, Krisen-Prävention und Krisen-Kommunikation spezialisiert ist.

Michael Schmitz studierte Psychologie an der University of Chicago – unter anderen bei dem bekannten »Glücksforscher« Mihaly Csikszentmihalyi – sowie Management an der Chicago Graduate School of Business (der heutigen Booth School of Business) und Executive Education an der Harvard Business School. In Chicago graduierte er als »Master of Arts« (MA) und promovierte in Wien. An der Sigmund Freud Universität Wien gründete und leitete er mehrere Jahre das Projekt »Emotions-Management«. Er gehört dem wissenschaftlichen Direktorium der Lauder Business School Vienna an und lehrt dort als Professor Psychologie und Management (www.lbs.ac.at).

Vor seiner Karriere als Berater und Hochschullehrer arbeitete er als Korrespondent für das ZDF und berichtete unter anderem aus der ehemaligen DDR. Später schrieb er das Buch »Wendestress – die psychosozialen Kosten der deutschen Einheit«. In den 1990er Jahren war er Kriegsreporter im ehemaligen Jugoslawien, dann Korrespondent in Washington.

Gemeinsam führen **Margot Schmitz** und **Michael Schmitz** das Beratungs- und Coaching-Unternehmen Schmitz & Schmitz (www.schmitzundschmitz.at) in Wien.

Sie schreiben regelmäßig für Stern – *Gesund leben* und sind in den Medien als Autoren, Kolumnisten und Interviewpartner sowie als Vortragende (www.topspeaker.at) gefragt.

Sie veröffentlichten die Bestseller »Seelenfraß – Wie Sie den inneren Terror der Angst besiegen« und »Seelennahrung – Sich aufmachen zum Glück«.

»Seelenfraß« gibt Orientierung und praktische Tipps für den Umgang mit Ängsten. »Seelennahrung« bietet Anleitungen, dem Alltagstrott zu entkommen, der mürbe und unzufrieden macht. Es erklärt, wie Partnerschaft und Sexualität anhaltend lebendig und lustvoll bleiben, wie wir bessere Mütter und Väter werden und glücklich altern.

Das Paar hat fünf Kinder und lebt in Wien.

PIPER

Margot Schmitz, Michael Schmitz

Seelenfraß

Wie Sie den inneren Terror der Angst besiegen. 240 Seiten. Piper Taschenbuch

Jeder vierte Mensch leidet im Lauf seines Lebens unter Angst-Störungen. Viele merken es nicht einmal, sondern nehmen lediglich körperliche Symptome wahr wie Herz-Kreislauf-Beschwerden, Rücken- oder Kopfschmerzen, Einschlaf- oder Durchschlafschwierigkeiten und innere Anspannung. Selten stellen Ärzte die richtige Diagnose, und nur in vier von hundert Fällen verschreiben sie ein geeignetes Medikament. Dieses Buch zeigt, wie Sie die eigenen Ängste einschätzen und besser bewältigen können. Margot und Michael Schmitz erklären, wie unser »Angst-Hirn« und unser »Denk-Hirn« funktionieren, welche Therapien helfen, welche Medikamente nutzen und welche schaden. Mit Hilfe von Checklisten können Sie herausfinden, wer ein guter Therapeut, Psychologe und Psychiater ist. Noch besser als eine Therapie ist allerdings die Prävention: Angst-Coaching und Coolness-Training, die helfen, sich gegen Ängste zu wappnen. Häufig beginnt Seelenfraß kaum spürbar – lernen Sie deshalb rechtzeitig, Ihre Ängste zu besiegen.

01/1829/01/L